本书得到沈阳师范大学学术文库专著资助出版项目和
沈阳师范大学国家级重大孵化项目资助工程资助

邵祥东 著

"互联网+"
中国社会救助

图书在版编目（CIP）数据

"互联网＋"中国社会救助／邵祥东著 . —北京：中国社会科学出版社，2019.12

ISBN 978-7-5203-5356-4

Ⅰ.①互… Ⅱ.①邵… Ⅲ.①互联网络—应用—社会救济—研究—中国 Ⅳ.①D632.1-39

中国版本图书馆 CIP 数据核字（2019）第 230538 号

出 版 人	赵剑英
责任编辑	卢小生
责任校对	周晓东
责任印制	王 超

出　　版	中国社会科学出版社
社　　址	北京鼓楼西大街甲 158 号
邮　　编	100720
网　　址	http：//www.csspw.cn
发 行 部	010-84083685
门 市 部	010-84029450
经　　销	新华书店及其他书店

印　　刷	北京明恒达印务有限公司
装　　订	廊坊市广阳区广增装订厂
版　　次	2019 年 12 月第 1 版
印　　次	2019 年 12 月第 1 次印刷

开　　本	710×1000 1/16
印　　张	17
插　　页	2
字　　数	250 千字
定　　价	90.00 元

凡购买中国社会科学出版社图书，如有质量问题请与本社营销中心联系调换
电话：010-84083683
版权所有　侵权必究

前　言

一　"互联网+"社会救助的内涵

自从我国提出"互联网+"战略以来,民政理论政策研究学者和民政部门社会救助业务经办机构积极探索"互联网+"与各种社会救助业务的融合发展。"互联网+"城乡居民最低生活保障救助、"互联网+"自然灾害救助等"互联网+"社会救助的分支领域成为热门研究领域。但是,不少已有研究对"互联网+"社会救助的含义、框架、范畴、趋势等认识和理解有些滞后,甚至存在错误的看法。有观点认为,互联网只是新媒体时代的一种新型网络平台、网络基础设施和技术工具,所谓的"互联网+"社会救助无非就是把这种平台和工具引入线下的社会救助工作中,并不会改变社会救助工作的实质,没有太大的现实意义。也有观点认为,"互联网+"社会救助是政府的噱头,对"互联网+"社会救助线下业务改革和发展方向提出批评,甚至民政系统内部有些工作人员也对"互联网+"社会救助战略存在模糊认识,对"互联网+"社会救助的转型与可持续发展缺乏信心。概言之,这些观点和判断都没有准确地认识和深刻地理解"互联网+"社会救助的内涵。

"互联网+"社会救助的理论与政策含义、研究框架与范围至少有但不限于以下九个方面。

第一,"互联网+"社会救助不仅仅是新媒体时代的一种新型平台、基础设施、工具、渠道,它已经成为社会救助经办机构和从事社会救助事业的民间公益慈善机构的一种常态化工作方式,是一种不可缺少的社会救助行政管理制度、公共服务体系和业务模式。社会救助物品的智能化、善款的在线筹集与支付、移动智能终端型制的变化都已经使互联网技术工具色彩逐渐淡化。社会救助业务工作出现了颠覆性的变化。例如，互联网与医疗机构融合诞生了远程医疗救助，互联网与善款募捐融合产生了众筹模式，互联网与灾害救援融合诞生了无人机灾害救援，移动通信网络与卫星定位系统融合诞生了灾害救助LBS位置服务，射频识别技术（RFID）与灾害救助融合诞生了寻人救助服务。

第二，"互联网+"社会救助业务平台不只是民政部门和社会救助经办机构网站。它也不只限于PC机，还包括移动互联网技术支持的终端。例如，智能手机和技术支撑的微信公众号、客户端、微博；移动互联技术支撑的智能移动终端。2015年，民政部推出的自然灾害社会救助APP系统就是智能手机和客户端软件融合的产物。

第三，"互联网+"社会救助不只是将线下社会救助业务放在互联网上而产生的工作形态。它既有互联网深化发展需要社会救助业务融合牵引的必然趋势，又有社会救助业务发展需要互联网支撑的现实必然。两者相互需求，相互深度融合，不再是简单地嫁接，更不是民政部门和社会救助经办机构需要的时候使用互联网，不需要的时候可以抛弃互联网。如今，人们的日常生活和社会组织的运行已经离不开互联网，尤其是移动互联网以及它支撑的物联网。民政部门和社会救助经办机构不能、不应该也不敢抛弃互联网与社会救助业务的融合。当前，发端于微信朋友圈的谣言给民政部门施加的压力非常大，如果离开了微信公众号、政务微博、政务客户端、官方网站，民政部门辟谣难度会增大。

第四，"互联网+"社会救助不只是各级民政部门和社会救助经办机构的业务，它还是需要减灾部门、地震部门、气象部门、海洋部门、人力资源和社会保障部门、财政部门、国土资源部门、公安部门、卫生和计划生育部门、大数据管理部门、互联网信息管理部门及军队等各部门共同协作才能完成的事业。当前，这些部门也在积极推进互联网与本行业融合发展，民政部门、社会救助经办机构与这些部门的联系无法离开互联网。例如，社会救助经办机构对城乡最低生活保障救助对象的家庭经济核对工作就需要人力资源和社会保障部门、财政部门、公安部门、卫生和计划生育部门以及金融部门的配合，目前的"一门受理、协同办理"网络互联合作机制便由此而生。

第五，"互联网+"社会救助不只是政府独自大包大揽的事儿，更不是各级民政部门和社会救助经办机构一家包揽的业务。它还需要互联网公司、民间公益慈善组织、爱心人士以及其他各类企业的鼎力支持。例如，在芦山地震、鲁甸地震、西藏地震、阜宁风灾等灾害救助中，百度、腾讯、新浪等互联网公司在寻亲救人、众筹募捐、位置服务、信息传播、谣言纠正等方面的反应速度及效率都表现出了超越政府的优势，它们的参与正在逐渐改变政府主导灾害救助的原有模式。在汶川地震救助中，腾讯互联网善款众筹平台发挥了重要作用；在雅安地震救助中，百度在寻亲救人、众筹募捐、位置服务、信息传播、谣言纠正等方面发挥的作用得到了社会公众和政府部门的高度认可。

第六，"互联网+"社会救助改变了捐赠资金才是救助的理念。公益慈善机构通过互联网众筹平台募资救助困难群体，但是，筹集善款并非互联网的唯一作用。微课远程教育救助、微信视频辅导救助、在线就业中介救助、"互联网+"农产品销售的技术帮扶救助等都是"互联网+"社会救助的贡献。灾害救助中的远程医疗救助、寻亲救人、位置服务、心理疏导、精神慰藉、信息传播、谣言纠正等也是"互联网+"社会救助的贡献。

第七，"互联网+"社会救助不只是民政部门、国内公益慈善机构、爱心人士、爱心企业、互联网公司的事业，也是全世界人民的共同事业。如今，我国政府、公益慈善机构和境外一些国家、地区、国际组织建立了社会救助互援合作机制。如果只将目光放在国内的"互联网+"社会救助融合与发展，而忽视社会救助工作的国际化，则是一种落后的观念。境外一些国家、地区、国际组织也参与了我国的社会救助工作。社会救助的国际化发展自然离不开互联网，它有时候不仅是救助资金多少的事儿，更是国家形象和大国责任的体现。

第八，"互联网+"社会救助不需要人们纠结于互联网与传统业务的融合逻辑顺序。有研究强调必须分清"互联网+"社会救助和社会救助"+互联网"的区别,认为正确的逻辑顺序是社会救助"+互联网",而不是"互联网+"社会救助。认为前者是民政部门将互联网引入社会救助业务中,以提高工作效率和服务质量;后者是互联网行业向社会救助业务领域延伸。我们认为,辨析两者谁在前谁在后的意义不大。国家提出"互联网+"传统业务战略并没有强调指出必须厘清两者的逻辑顺序,更多的是强调需遵循"融合、共享、开放、发展"等指导方针和原则。互联网和社会救助业务融合也应遵从这些方针和原则。"互联网+"社会救助的考察视角是互联网企业向线下延伸,进入社会救助业务领域;社会救助"+互联网"的考察视角是民政部门和社会救助经办机构引入互联网,以提升工作效率、服务水平和业务质量。其实,互联网的贡献远不止这些。近些年来,互联网公司在灾害寻人、善款众筹、远程医疗救助、心理疏导、精神慰藉、远程教育救助、大数据服务、位置服务、信息传播、谣言纠正等方面都发挥了超越政府服务的优势。只要有利于社会救助事业健康发展,没有必要非得厘清两者的逻辑顺序。《社会救助暂行办法》确定了"8+1"社会救助框架,其中的"1"是指社会参与。互联网企业融入社会救助事业是利国利民之举,实在没有必要纠结于"互联网+"社会救助和社会救助"+互联网"中的哪一个是正确的说法。

第九,"互联网+"社会救助不只是一个互联互通的物理网络,也是一种新型的经济社会形态,是一种与人们日常生活和生产密切相关的新型经济社会形态。与信息化不同,它可以被视为一个被人们主观意识忽略的隐性的互联互通结合体,汇聚了金融支付、信息、新闻、娱乐、物流等在线下存在的各种资源。有研究认为,"互联网+"的本质是以互联网为主的移动互联网、大数据技术、云计算等一整套信息技术在经济、社会生活各部门的扩散与应用过程。所以,"互联网+"社会救助的本质是社会救助事业的在线化和数据化。这种偏重于技术性视角得出的"互联网+"社会救助本质的论断是不准确的。

二 "互联网+"社会救助的研究意义

目前,我国的互联网与传统政务的融合发展尚处于起步阶段。互联网和社会救助的融合也是如此,在基础理论研究、政策法规建设和实践工作探索三个方面仍存在很多亟须深入研究的重点问题和难点问题。当前，我国已经构建起了多元化社会救助网络体系，具体救助包括城乡居民最低生活保障救助、"五保"和"三无"特困人员救助、边缘户救助、重度残疾人救助、医疗救助、教育救助、住房救助、自然灾害救助、临时救助、司法救助、就业救助、流浪乞讨人员救助、救急难救助等。这些社会救助类型都与互联网实现了不同程度的融合。例如，互联网与城乡居民最低生活保障救助融合诞生了"一门受理、协同办理"跨部门合作机制；互联网与医疗机构融合产生了远程医疗救助模式；互联网与募集善款融合诞生了互联网众筹平台；互联网与灾害救助融合产生了寻人服务；互联网与贫困人群就业难融合形成了在线就业服务救助。从当前的发展现状来看，"互联网+"城乡居民最低生活保障救助、"互联网+"自然灾害救助、"互联网+"社会参与的融合发展速度相对快一些，效果略微好一些，但是，也依然存在很多问题。例如，"一门受理、协同办理"合作机制是多个部门长期努力才构建起来的互联网协同办公模式，但是，目前全国只有少数省级民政厅官方门户网站开通了此项服务。而且各个协作部门将平台使用范围限于政府内部。这样，最低生活保障救助对象、社会组织和公众就无法通过此平台远程办理相关事宜。再例如，微信朋友圈中的很多谣言（郭美美吃低保等），各级民政部门也知道移动互联网对民意的误导力量很大，可是，在全国31个省级民政厅中开通了微信公众号的只有北京市、浙江省、山东省等少数省份；开通微博政务的省份也只有1/3左右；而上线政务客户端的网站也很少；提供无障碍浏览服务的省份也只有上海市和福建省等少数省份。诸如此类的问题还有很多，这些问题不只是技术、资金、建设进度等方面的问题，还有理论、观念、法规等方面的问题。

如今，互联网与社会救助融合已经不再受民政部门和社会救助经办机构一方意愿控制。通过下面这组数据可以了解互联网与社会救助融合速度必须加快的原因。2016年7月，中国互联网络信息中心发布的《第38次中国互联网络发展状况统计报告》显示，截至2016年6月末，我国网民规模已经达到7.1亿人，手机网民规模达6.56亿人，使用手机上网人群占92.5%。在线政务服务用户规模达到1.76亿，占网民总数的24.8%。其中，通过政府微信公众号获得政务服务的使用率为14.6%，为网民使用最多的在线政务服务方式；通过政务微博获得政务服务的使用率为6.7%；通过政府手机客户端应用以及微信政务办事的使用率均为5.8%。这些数据虽然不是互联网和社会救助融合发展的独有数据，但却对各级民政部门和社会救助经办机构有较大的警示和启发意义。如何处理好新媒体时代的社会救助政务供给和社会多元化需求之间的动态均衡发展是一个必须高度重视且需深入研究的课题。例如，最低生活保障救助信息互联网经济核查系统就存在供给和需求失衡问题，街道最低生活保障科工作人员按照规范的表格填报数据，然后上报区县级民政部门，区县民政部门再上报市民政部门。可是，在回馈流程上却存在管理问题和技术问题，有些地区的区县民政部门用QQ回传截图，这既不规范也不安全。而且，区县民政部门打印出纸质版数据表，街道最低生活保障科工作人员需要到区县民政部门，从那些厚厚的纸质版数据表中逐个筛选哪一个属于本街道事项。这样的业务处理方式和管理机制必然导致工作量加大、效率低下。如果区县民政部门能充分考虑互联网供给方式和基层街道的互联网办公需求意愿，那么工作效率就可以大大提高。

  互联网和社会救助融合发展是一个全新的领域，本书按照《社会救助暂行办法》规定的"8+1"框架开展研究，但是并非全面论述互联网与每项社会救助制度融合发展，也不是综合分析所有参与社会救助的政府相关部门之间的互联互通；并非侧重于基础理论研究，而是偏重于民政部门实践工作研究。在研究内容方面，重点探析民政部门、减灾部门和社会救助经办机构互联网政务基础设施建设、"两微一端"、"互联网+"社会参与、"物联网+"自然灾害救助等内容。一方面，深入研究上述尚未被学术界系统探索的问题，考察归纳互联网和社会救助事业融合发展中现存的主要问题、面临的困境和未来趋势，为互联网和社会救助实践融合发展提供可操作性的政策建议。另一方面，希望抛砖引玉，也为更多学术团队开展深入研究提供一些积累。

本书的出版得到了中国社会科学出版社卢小生编审及有关同志的大力支持和帮助。在此一并致以衷心感谢。

本书在编写过程中，参考了国内外学者的有关论著及教材，难以一一标注，敬请谅解并致谢意。本书虽经多次审核、修改和征求意见，但因时间仓促，加之编写人员边学边干，水平有限，错误之处在所难免，敬请批评指正。

目 录

第一章 "互联网+"社会救助前沿趋势 …………………… 1

第一节 "互联网+"社会救助的战略地位和时代意义 ……… 2
一 "互联网+"社会救助是政府塑造新媒体
时代形象的需要 …………………………………… 2
二 "互联网+"社会救助是打造开放型法治
政府的需要 ………………………………………… 3
三 "互联网+"社会救助是引导社会舆论的新渠道 …… 4
四 "互联网+"社会救助是民政网站建设的重要内容 … 4
五 "互联网+"社会救助创新了政务服务方式 ………… 4
六 "互联网+"社会救助可发挥大数据资源作用 ……… 5

第二节 "互联网+"社会救助理论、政策研究与
实践发展 …………………………………………… 6
一 "互联网+"社会救助基础理论研究 ………………… 6
二 "互联网+"社会救助政策法规建设 ………………… 16
三 "互联网+"社会救助工作实践探索 ………………… 23

第二章 "互联网+"社会救助融合服务现状 ………………… 32

第一节 国家层面的"互联网+"社会救助融合服务现状 … 32
一 "互联网+"社会救助融合服务现状 ………………… 33
二 "互联网+"自然灾害救助融合服务现状 …………… 36

第二节 "互联网+"社会救助分省份融合服务现状 ……… 38
一 北京市"互联网+"社会救助融合服务现状 ……… 39
二 天津市"互联网+"社会救助融合服务现状 ……… 44

三　河北省"互联网+"社会救助融合服务现状 ………	45
四　山西省"互联网+"社会救助融合服务现状 ………	47
五　内蒙古自治区"互联网+"社会救助融合服务现状 …	48
六　辽宁省"互联网+"社会救助融合服务现状 ………	49
七　吉林省"互联网+"社会救助融合服务现状 ………	50
八　黑龙江省"互联网+"社会救助融合服务现状 ……	52
九　上海市"互联网+"社会救助融合服务现状 ………	54
十　江苏省"互联网+"社会救助融合服务现状 ………	55
十一　浙江省"互联网+"社会救助融合服务现状 ……	57
十二　安徽省"互联网+"社会救助融合服务现状 ……	59
十三　福建省"互联网+"社会救助融合服务现状 ……	60
十四　江西省"互联网+"社会救助融合服务现状 ……	64
十五　山东省"互联网+"社会救助融合服务现状 ……	65
十六　河南省"互联网+"社会救助融合服务现状 ……	66
十七　湖北省"互联网+"社会救助融合服务现状 ……	67
十八　湖南省"互联网+"社会救助融合服务现状 ……	68
十九　广东省"互联网+"社会救助融合服务现状 ……	69
二十　广西壮族自治区"互联网+"社会救助 　　　融合服务现状 ……………………………………	71
二十一　海南省"互联网+"社会救助融合服务现状 …	72
二十二　重庆市"互联网+"社会救助融合服务现状 …	73
二十三　四川省"互联网+"社会救助融合服务现状 …	74
二十四　贵州省"互联网+"社会救助融合服务现状 …	75
二十五　云南省"互联网+"社会救助融合服务现状 …	76
二十六　陕西省"互联网+"社会救助融合服务现状 …	78
二十七　甘肃省"互联网+"社会救助融合服务现状 …	80
二十八　青海省"互联网+"社会救助融合服务现状 …	81
二十九　宁夏回族自治区"互联网+"社会救助 　　　　融合服务现状 …………………………………	82
三十　新疆维吾尔自治区"互联网+"社会救助	

　　　　融合服务现状 ……………………………………… 83
　第三节　"互联网+"社会救助融合服务现状总评 ……… 84
　　　一　"互联网+"社会救助经办机构官方门户网站 …… 85
　　　二　"互联网+"社会救助政务微博和微信服务 ……… 93
　　　三　"互联网+"社会救助无障碍浏览服务
　　　　　设置和使用现状 ………………………………… 105

第三章　"互联网+"社会救助建设面临的主要问题 …………… 108
　第一节　"互联网+"社会救助网站建设 …………………… 108
　　　一　网站"僵尸"问题突出 …………………………… 108
　　　二　政务服务能力较低 ………………………………… 109
　　　三　移动政务服务水平较低 …………………………… 115
　　　四　网站设计、管理与安全亟待完善 ………………… 116
　　　五　政务公开与信息更新能力建设速度滞缓 ………… 119
　　　六　社会舆论引导能力较弱 …………………………… 120
　　　七　"移动互联网+"社会救助无障碍浏览
　　　　　服务标准建设滞后 ……………………………… 121
　第二节　"互联网+"自然灾害救助 ………………………… 124
　　　一　"互联网+"自然灾害救助规章服务力弱 ………… 124
　　　二　政府"互联网+"自然灾害救助观念滞后 ………… 126
　　　三　"互联网+"自然灾害救助基础资源薄弱 ………… 130
　　　四　"物联网+"自然灾害救助发展滞后 ……………… 131
　　　五　"互联网+"自然灾害救助大数据价值
　　　　　未得到充分使用 ………………………………… 132
　第三节　"互联网+"社会救助谣言治理 …………………… 134
　　　一　"互联网+"社会救助谣言实例及危害 …………… 134
　　　二　"互联网+"社会救助谣言治理难度大 …………… 142

第四章　"互联网+"社会救助服务体系建设基础 ……………… 145
　第一节　"互联网+"社会救助基础资源 …………………… 145
　　　一　域名总数 …………………………………………… 145

二　门户网站总数和网页总数 …………………………… 146
　　三　IP和国际出口宽带 …………………………………… 146
　　四　WiFi网络服务 ………………………………………… 147
　　五　互联网普及率 ………………………………………… 147
第二节　"互联网+"社会救助需求侧群体基础 ……………… 148
　　一　移动互联网发展迅猛 ………………………………… 148
　　二　在线需求多样 ………………………………………… 150
　　三　社会救助官方网站服务功能健全 …………………… 153
第三节　"互联网+"社会救助政策法规基础 ………………… 154
　　一　"互联网+"社会救助政策法规顶层设计 ………… 154
　　二　"互联网+"社会救助政策法规制定 ……………… 155
第四节　"互联网+"社会救助产业发展基础 ………………… 159
　　一　智能可穿戴产品快速发展 …………………………… 159
　　二　企业使用互联网比重高 ……………………………… 162
第五节　"互联网+"社会救助地区综合实力基础 …………… 162
　　一　"互联网+"指数 …………………………………… 162
　　二　各省份综合网络资源基础 …………………………… 168

第五章　"互联网+"社会救助服务体系完善方向 ……………… 172
第一节　加快"互联网+"社会救助平台建设 ………………… 172
　　一　提高官方网站运行维护与信息管理水平 …………… 172
　　二　提高在线政务服务能力 ……………………………… 175
　　三　加快"互联网+"社会救助"两微一端"建设 …… 179
　　四　互联网谣言治理和社会舆论引导 …………………… 181
　　五　建设"一网办理"政务体系 ………………………… 183
第二节　健全"互联网+"自然灾害救助政务服务体系 ……… 185
　　一　加快"互联网+"自然灾害救助网络基础
　　　　设施建设 ……………………………………………… 185
　　二　构建多支柱救灾保障机制和平台 …………………… 186
　　三　加快"移动互联网+"自然灾害救助体系建设 …… 187

  四 健全应用制度和标准规范体系 …………………………… 188
  五 完善信息技术系统和救助方式 …………………………… 188
  六 重视"物联网+"自然灾害救灾物资运输管理 …… 189
  七 重视全民参与救灾的时代趋势 …………………………… 190
  八 积极推动大数据科研成果转化应用 …………………… 191
  九 建立自然灾害救助预警人力资源平台 ………………… 192
 第三节 构建"互联网+"社会救助多方合作机制 ………… 192
  一 建立基层组织发现机制 …………………………………… 193
  二 构建互联网公司战略协作机制 …………………………… 194

第六章 "互联网+"社会救助典型范例 …………………… 196

 第一节 "互联网+"雅安地震灾害救助 ……………………… 196
  一 信息救助 ……………………………………………………… 197
  二 善款救助 ……………………………………………………… 201
  三 寻亲救助 ……………………………………………………… 202
  四 电商物流和位置服务 ……………………………………… 204
  五 总结与启示 …………………………………………………… 205
 第二节 "互联网+"社会救助众筹 ……………………………… 206
  一 互联网众筹平台 …………………………………………… 207
  二 互联网众筹项目 …………………………………………… 207
  三 网络众筹实效 ……………………………………………… 213
  四 社会救助众筹激励机制 …………………………………… 230
  五 网络众筹模式经验与启示 ………………………………… 237
 第三节 "互联网、物联网+"自然灾害救助 ………………… 239
  一 百度LBS+自然灾害救助 ………………………………… 239
  二 "物联网+"自然灾害救助 ……………………………… 240

参考文献 ……………………………………………………………… 244

第一章 "互联网+"社会救助前沿趋势

"互联网+"社会救助政务服务是指互联网的创新成果与社会救助业务深度融合，改变原有社会救助方式、操作流程、运作模式和管控机制，提升社会救助和减灾救灾工作效能与服务质量而形成的社会救助政务服务新形态。

"互联网+"社会救助政务服务体系建设已经成为中国"互联网+"战略规划的重要组成部分。《关于积极推进"互联网+"行动的指导意见》明确提出，民政部门要加快推进"互联网+"民政工作智能化服务体系建设，创新发展"互联网+"社会救助工作模式，充分发挥社会救助在保障贫困弱势群体等方面的重要基础作用。从当前互联网与传统政务融合发展趋势来看，云计算技术、大数据资源、移动互联网和物联网基础设施等新型网络要素在贫困弱势群体社会救助和防灾减灾救灾工作中的应用范围越来越广泛。这种融合的特征和趋势显著提升了这两个领域业务工作的网络化、智能化和协同化水平，也提高了"互联网+"社会救助工作的精准度。

党中央、国务院对"互联网+"民政业务、"互联网+"社会救助、"互联网+"减灾救灾等新型政务服务体系建设高度重视。学术界、政府政策研究机构、民间公益慈善组织、爱心企业和互联网公司都开展了广泛且颇具重要价值的创新性研究。各级民政部门、减灾部门和社会救助经办机构也积极探索互联网、物联网时代的社会救助业务模式和管理方式。这些研究取得了很多丰硕的创新性成果，充分表明"互联网+"社会救助基础理论研究、政策法规研究和实践工作服务体系建设具有重要战略地位和时代进步意义。

第一节 "互联网+"社会救助的战略地位和时代意义

"互联网+"政务服务是互联网、物联网时代的政府转型发展战略，其宗旨和任务是构建智能互联时代高质量的务实为民的行政管理体制和公共服务体系，也是一个透明、法治、共享的虚拟政府。"互联网+"社会救助是"互联网+"政务服务战略规划的组成部分。社会救助工作的服务对象是社会关注度很高的弱势贫困群体和遭遇突发性自然灾害急需临时救助的群体，"互联网+"社会救助政务服务体系的健全程度和质量高低既关乎"互联网+"政务服务战略成败，又决定社会救助对象的福祉。

一 "互联网+"社会救助是政府塑造新媒体时代形象的需要

在"互联网+"社会救助模式下，社会各界参与社会救助的范围扩大、深度增加，方式也更加直接和便捷，评价社会救助工作绩效的渠道和路径等都发生了显著变化，这些对民政部门、减灾部门和社会救助经办机构如何塑造受社会公众认可的虚拟政府提出了现实要求。

（一）"互联网+"社会救助是政府提高社会治理能力的必然要求

目前，我国政府已初步构建起一个融合官方门户网站、大数据资源、自媒体、云计算技术等新网络资源的新型社会治理服务体系。"互联网+"社会救助正是这一新型社会治理服务体系的组成部分。我国政府已经建立了从中央到乡镇的五级"互联网+"社会救助服务体系，民政部门的官方门户网站也从早期偏重信息发布服务转变成集互动回应、在线办公、征求民意、在线办事等服务功能于一体的综合性互联网工作平台。民政部门、减灾部门和社会救助经办机构的努力能否获得社会公众的认可和赞誉需要看互联网平台建设质量和服务水平。社会救助制度覆盖范围是社会中的弱势贫困群体，所以，城乡最低生活保障救助、医疗救助、自然灾害救助等救助制度都是全社会高度关注的焦点。若社会公众能通过此平台真切地感受到民政部门、减灾部门和社会救助经办机构务实为民的情怀，就会给予高度评价和认可。因此，"互联网+"社会救助服务体系建设的成败事关政府的社会治理能力和成效，也关乎政府的亲民爱民形象。

(二)"互联网+"社会救助是塑造虚拟政府形象的制度要求

"互联网+"社会救助服务体系建设在塑造虚拟政府形象方面能承担以下三种使命和责任。一是权威公正，客观真实。及时客观地发布备受社会救助对象和社会公众关切的信息；明辨是非，凝聚共识，禁绝谣言，确保信息不被错误解读，保障社会救助待遇落到实处。二是友善亲民。提供符合社会救助对象和社会公众现实诉求的内容与信息，以及通俗易懂、方便快捷的在线服务。三是务实创新。创新使用"互联网+"社会救助服务模式，提供丰富多彩的在线服务。

二 "互联网+"社会救助是打造开放型法治政府的需要

(一)打造开放型虚拟法治政府亟须完善"互联网+"社会救助体系

"互联网+"政务服务战略亟须打造一个符合互联网特征的、开放型、法治型的虚拟政府。"互联网+"社会救助服务体系建设应配合此战略，努力将民政部门、减灾部门的门户网站和社会救助经办机构的网页、子站、移动终端打造成社会救助对象、社会公众浏览获知官方信息的主渠道，不断加大社会救助和减灾救灾政策法规的解读深度及力度，扩大社会舆论引导范围和质量，逐步形成开放型、共享型、法治型的虚拟服务平台。

(二)"互联网+"社会救助是政务公开的突破点和要点

互联网政务信息公开的突破点和要点是关系民生发展的各类信息。社会救助对象是贫困弱势群体，在民生保障中关注度极高。民政部门、减灾部门和社会救助经办机构应积极做好以下两项工作：一是公开重点领域信息。重点领域信息是"互联网+"社会救助的要点、社会热点和政务工作突破点。社会公众高度关注城乡居民最低生活保障救助和大病医疗救助的范围、标准、待遇以及自然灾害救助财物使用情况、效果、公示。二是采取多元化方式，公开亲民政务信息。采用多媒体、多元化方式，开展信息解读和政策法规解析，通过视频、照片、发布会和立体化场景式导航增强在线办事的浏览者的亲切感。

使用表格、流程图解读最新政策法规、重要新闻、会议内容、热点事件、事件成因，让浏览者一目了然。

三 "互联网+"社会救助是引导社会舆论的新渠道

"互联网+"社会救助服务平台是政民沟通的桥梁，是社会救助业务和行业发展的窗口。社会救助对象和其他社会公众通过平台了解政策、查询信息，但有些要求和心声经常得不到社会救助经办机构的回应。这一问题阻碍了双方的有效沟通。自媒体和微媒体逐渐兴起，各种谣言和流言呈爆炸式增长，一些社会救助对象和社会人群由于心理焦躁，推波助澜，加剧了社会恐慌。这对社会救助经办机构的诚信度和网上服务质量建设都提出了严峻挑战。"互联网+"社会救助既能夯实社会基础和民意基础，也是精准决策的平台。推动"互联网+"社会救助服务体系健康发展可以为政府施政创造良好的环境。

四 "互联网+"社会救助是民政网站建设的重要内容

民政部门、减灾部门网站和社会救助经办机构网页、子站建设是完善政务服务体系的重点工作。"互联网+"社会救助政务战略已从全面服务转向重点服务；从提高覆盖面转向提高服务质量。一是规范网上办事大厅。解决过程监督机制不健全、入口多、交互渠道匮乏等突出问题。编制网上办理事项目录与内容体系，理顺网上大厅框架与前台门户、网上大厅服务效能监察等衔接工作。二是整合服务资源。将分散且不易查找的资源整合到相同栏目下，便于切换速度。总结成功经验，扩大服务内容覆盖面，提升服务专题美感和页面美观度。三是强化重点项目建设。解决涉及面广、业务量大、逻辑关系复杂的社会救助事项内容分散、办事指南粗糙、流程不清晰、未提供表格下载、服务客体未细化分类等突出问题，充分考虑和满足社会公众个性化、差异化需求。

五 "互联网+"社会救助创新了政务服务方式

自2015年以来，一些"互联网+"社会救助经办机构提高了新媒体技术和网络监测工具使用率，创新了公共服务和管理方式。

（一）智能搜索和智能问答

民政部门、减灾部门和社会救助经办机构不断提高智能搜索、微信、智能问答等技术使用率，并取得了一定的成效。一是推广移动APP。引导和推动社会公众安装社会救助政务移动应用程序。二是增强智能化站内搜索功能。提供高效搜索，确保搜索功能可用，搜索的办事服务资源丰富。三是提供智能问答。在门户网站上发布权威资源和信息，实现在线互动。提供客户端下载服务，让社会公众通过移动互联网了解社会救助业务、政策和知识。一些省级社会救助经办机构开通了智能化咨询和回应平台。有的是人工服务，有的提供自动化服务。四是设置微信公众号、微博和移动客户端服务[1]。目前，全国经办多数省级民政部门都提供了"两微一端"服务，有效地增强了社会救助经办机构的亲和力。

（二）自动化监测工具应用

民政部门、减灾部门网站和社会救助经办机构网页、子站建设是救助对象和社会公众在线办理业务、咨询交流等平台。为增强在线互动、在线办公等能力。民政部门、减灾部门和社会救助经办机构积极落实《关于进一步加强政府网站管理工作的通知》（国办函〔2011〕40号）中关于提供自动化监测、审核和保密审查服务的规定。同时，也积极贯彻中央网络安全和信息化领导小组在2014年5月发布的《关于加强党政机关网站安全管理的通知》（中网办发文〔2014〕1号）中的要求。这些举措有效地解决了网页空白、内容更新迟滞、互动回应类和调查征集类服务板块"僵尸"问题。这些自动化监测体系发挥了实时扫描监测功能，降低了人工方式耗费大量人力、财力、物力与监测结果不准确等问题。

六 "互联网+"社会救助可发挥大数据资源作用

全样本大数据资源已经成为网络时代的宝贵生产要素。民政部

---

[1] 2013年10月，国务院颁布了《关于进一步加强政府信息公开 回应社会关切 提升政府公信力的意见》（国办发〔2013〕100号），将微信公众号列为信息公开第三条渠道。2014年8月，国家互联网信息办公室发布了《即时通讯工具公众信息服务发展管理暂行规定》，要求各级政府开通微信公众号的设立。2016年7月12日发布的《中国电子政务年鉴（2015）》显示，截至2015年8月末，全国政务民生微信公众号已超过8.3万个。截至2015年6月末，新浪认证的微博为14.5万个，其中，政务机构官方微博10.8万个，公务人员微博3.7万个。2016年1月18日，腾讯公司发布的《2015年度全国政务新媒体报告》显示，政府微信公众号已经超过了10万个。

门、减灾部门和社会救助经办机构拥有最权威、最完整的社会救助数据。"互联网+"社会救助数据平台兼具开放、共享、共创等特征，可发挥如下优势：一是让社会公众更容易获取大数据资源。在门户网站内，可增强搜索引擎功能；在门户网站外，可将大数据和资料发布在公开共享的网页和刊物上。二是可完善政府大数据发展规划。目前，社会救助和救灾减灾大数据开放仍处在起步阶段。具有进步意义的是：2016年7月27日，国家发展和改革委员会发布了《国家信息化发展战略纲要》，提出在2018年前建成全国统一的大数据开放平台，明确了民政部门和减灾部门数据开放的进度和路线。这就要求社会救助和减灾救灾经办机构必须加快社会救助大数据资源开放步伐，尽快建立统一标准和技术支撑平台。

第二节 "互联网+"社会救助理论、政策研究与实践发展

互联网与社会救助业务的融合形式、服务内容、运行效果、协同机制等呈深化发展趋势。这对社会救助理论研究者、政策研究机构和社会救助经办机构开展创新性工作探索都提出了现实要求和严峻挑战。怎样建立健全"互联网+"社会救助政务服务体系，提升服务质量；怎样发挥"两微一端"提升移动端在线政务服务水平，满足行政相对方随时随地办理业务的需求；怎样把握互联网与社会救助众筹模式演变特征以及互联网向智能物联网转型升级方向；等等，都是"互联网+"社会救助领域的基础理论研究、政策研究和社会救助实践工作创新性发展的重要内容。令人欣喜的是，自2015年国家提出"互联网+"战略以来，国内"互联网+"社会救助的基础理论研究、政策法规研究和社会救助实践探索都取得了积极进展。

一 "互联网+"社会救助基础理论研究

"互联网+"社会救助基础理论研究是制定社会救助政策法规和开展社会救助实践工作的基石。目前，一些基础理论研究学者和政策

法规研究机构对"互联网+"的含义、社会价值和战略方向等存在分歧，故对"互联网+"社会救助的科学内涵、现实意义、发展方向等也存在较大争议。梳理国内主流研究文献可知，理论界存在如下颇具借鉴意义的研究成果。

（一）"互联网+"社会救助和大数据

"互联网+"社会救助基础理论研究已经进入大数据时代。这在"互联网+"自然灾害救助基础理论研究方面尤为明显。归纳而言，"互联网+"社会救助和大数据的基础理论研究主要有三个方向。

1. "互联网+"社会救助和大数据的关系

有观点认为，国内学术界长期使用随机抽样法获取社会救助数据并开展基础理论研究。然而，在"互联网+"时代，全样本大数据将取代抽样数据，一直被学术界视为主流社会研究方法之一的抽样调查法将被全样本大数据分析法替代。

不过，也有观点认为，抽样具有随机性，能反映总体情况，全样本不具有这样的随机性，不能很好地代表总体，全样本远未达到普查的高精度，暂不能代替抽样，抽样法仍具有不可替代的价值，如果抽样科学，研究结论并不比全样本研究结论的科学性差。

还有观点指出，"互联网+"社会救助尚未进入大数据时代，目前处于小数据和中数据时代，中数据通常是 TB 级而非 PB 级，其数据体积虽已超越单服务器处理上限，但无须使用数千台节点组成的集群来处理。也就是说，"互联网+"社会救助基础理论研究暂未受到大数据挑战，现在考察两者关系有点为时过早（杨现民、陈建英、马兆林等，2016）。

从上述三种观点可以看出，学术界对大数据、中数据和小数据存在分歧，导致对"互联网+"社会救助是否进入大数据时代存在不同观点。这就需要弄清楚两个基本问题：一是大数据、中数据、小数据的含义和区别是什么？二是"互联网+"社会救助究竟是否进入大数据时代？如果辨析了这两个基本问题，那么，"互联网+"社会救助和大数据的关系便可厘清。对于第一个问题，美国的数据分析学者汤姆·安德森（2013）做了划分，他认为，小数据是指数据集不足10

万，大数据是指数据集超过 1000 万，中数据是指数据集在小数据和大数据之间。他指出，抽取几千份调查问卷获取的样本数据是小数据，因为在数据规模上达不到大数据体量。辨别中数据与大数据的关键要素是成本和价值，前者是以时间或金钱计算的成本，后者是指经济收益期望价值。对于第二个问题，汤姆·安德森指出，大数据被过度炒作，从数据体量上分析，只有谷歌和脸书等极少数互联网公司达到 PB 级，全球尚未进入大数据时代。从中国"互联网+"社会救助实践发展情况来看，社会救助经办机构、自然灾害救助经办机构、民间公益慈善组织存储的数据仍为中小数据。

由此可知，学术界对"互联网+"社会救助和大数据的关系研究仍受到大数据理解分歧之限。除上述从数据体量角度定义大数据外，还有两个定义大数据的主流角度：一个是从数据属性和特征角度做出的界定。代表性学者是美国的道格·莱尼（2001），这个角度的定义指出，大数据是有体量大、速度快和多样性三个特点的数据。IBM 科研团队认为，大数据是具有数据体量大、多样性、速度快和真实性四个特征的数据，这是目前国内外学术界认可度较高的定义。2015 年 9 月 5 日，中国发布的《促进大数据发展行动纲要》（国发〔2015〕50 号）指出，大数据是具有容量大、类型多、存取速度快和应用价值高四个主要特征的数据。有的定义还把大数据基本特征扩展到十一个，增加了价值密度低、可视化、有效性等特征。另一个是从大数据处理水平角度做出的界定。这个角度的定义认为，大数据是指使用一般统计软件和既有计算能力难以分析而需升级软硬件才能处理的数据量。这个定义主要由信息技术公司和软件供应商等企业提出并推崇。不过，也有研究不同意上述几种观点，指出大数据概念、属性和特征都无法明确界定，其根据和判断是目前所谓的大数据的规模虽然会快速增大，但是，人类对迅速扩容的数据的分析效率也会快速提高，由于两者都处于动态化的迅速发展中，因此，无法明确划分大数据与其他数据类型的标准（鲍宗豪，2014；陈畴镛，2016）。

2. "互联网+"社会救助和大数据确权

尽管学术界对社会救助事业是否已经进入大数据时代存在争议，但主流观点认为，社会救助业务网络数据和电商领域的大数据一样，都已经成为一种重要的经济资源，而且成为一种影响国家发展的战略性新型资源。暂不辨析社会救助业务网络数据是否属于大数据，但就网络大数据资源而言，其增长是呈爆炸式的，价值巨大。大数据资源理论研究虽然无须考虑传统西方经济学提出的经济资源稀缺问题，但是，随着大数据资源的争夺战逐渐升温，大数据的产权和确权成为学术界重点研究的问题。2015年4月，贵州省率先在贵阳市成立全国首家大数据交易所，研究大数据产业链和大数据生态圈，制定了大数据交易规范和行业标准。2015年9月，四川省成都市筹备成立了大数据管理局。在此之前，广东省广州市和辽宁省沈阳市已经成立了大数据管理局。这些大数据行政管理机构同时还承担包括社会救助业务在内的基础理论研究。这些研究推动了"互联网＋"社会救助网络数据确权事业发展。

但是，大数据确权理论研究方面仍然存在很多亟须突破的问题。例如，大数据所有权的理论含义和政策规定、私有数据和公共数据的区分标准、公共数据资源的使用范围和收益归属等基础理论问题。《促进大数据发展行动纲要》虽然提及了大数据确权问题，但是，并没有对上述提到的各种理论问题作出具体规定。吴晓灵（2016）等学者基于这些焦点问题开展了具有创新性的研究。归纳而言，这些颇有价值的研究指出，数据所有权应如房地产领域的财产所有权一样，国家需依法明确数据产权，对数据产权的支配权、处置权、收益权、知情权、许可权、异议权、法律保护权、纠错权等权利作出明确规定。政府应明确公共性数据资源的产生主体、产生依据、共享范围、法定依据、筛选机制、运行成本以及引入独立第三方民间征信机构参与数据产权保护工作，以保障大数据资源产权清晰，充分发挥大数据资源服务政府政务和社会民生的巨大价值（汤珂、李天阳、曹磊等，2016；王俞、李亿豪等，2015）。

3."互联网＋"社会救助和大数据资源共享

目前，学术界的主流看法是互联网的核心发展理念是互联互通，网络大数据应能够开放共享。然而，当前的现状是很多政府部门建设信息系统的目的并不是为了数据资源的互联互通，遂导致大数据"孤岛"问题突出，这与互联网的互联互通与开放共享的理念不符。这在社会救助业务中的突出表现是：目前的城乡居民最低生活保障救助中的居民家庭经济核对机制网络平台已将多个政府部门的信息系统联通，但是，有的地区仍未与银行信息系统联通。在自然灾害救助中，政府减灾部门和社会救助经办机构与互联网巨头也未建立大数据互联互通合作机制，导致突发自然灾害事件应急救助不顺畅。针对这些突出问题，有研究提出，国家应成立全国性的大数据机构，做好顶层设计，制定对接标准，每个业务系统都要按照这个标准开展网络建设。在地方层面，将省、地市两级与国家层面互联互通，确保各类数据开放共享。这些理论研究已经对政策制定产生了积极的推动作用。一个标志性的成果是：2016年9月25日，国务院发布了《关于加快推进"互联网+政务服务"工作的指导意见》（以下简称《意见》）（国发〔2016〕55号）。《意见》明确提出，城镇地区的街道政务服务机构和农村地区的便民服务站应重点围绕社会救助和扶贫脱贫开展工作。加快老、少、边、穷、岛等偏远落后地区的"互联网+政务服务"体系建设速度，尽早实现网络全覆盖和数据资源共享（马化腾、张万洪、孔剑平、阿里研究院、叶峰等，2015）。

（二）"互联网+"社会救助政务公开

"互联网+"社会救助政务公开已在社会各界达成共识。但是，学术界仍有一些争议的理论问题。归纳而言，主要争议问题有以下三个方面。

1. "互联网+"社会救助政务公开究竟是工作任务还是工作方法

从本质上分析，政务公开应是工作方法，而不是工作任务（潘鑫和杨立发等，2016）。这种观点的主要依据是：中共中央办公厅、国务院办公厅在2016年2月17日公布的《关于全面推进政务公开工作的意见》（中办发〔2016〕8号）在第一条第二款的"基本原则"中指出，"以公开促落实，以公开促规范，以公开促服务"。这说明政务公开是一种工作方法。2016年8月23日，广西壮族自治区党委、人民政府印发的《〈关于全面推进政务公开的实施意见〉的通知》（桂办发〔2016〕39号）将政务公开解读为一种制度安排。同时也认为，政务公开的内涵丰富、外延复杂。从内涵上看，政务公开可定义为理念、行为、手段，究竟怎样理解则无定论。从外延上看，政务公开的边界较宽，难以准确界定（叶峰、侯书生、薛金福、姚乐、孔剑平等 2015；任仲文、腾讯研究院等，2016）。

2. "互联网＋"社会救助政务公开究竟是否为信息公开

归纳而言，两种观点的分歧主要表现在以下五个方面。

（1）对法定身份的认识存在分歧。政务公开论认为，政务公开没有法定身份；信息公开论认为，信息公开具有法定身份。就前者而言，全国首个政务公开制度即《关于在全国乡镇政权机关全面推行政务公开制度的通知》（中办发〔2000〕25号）没有对政务公开的含义作出规定和解释。之后出台的《关于进一步推行政务公开的意见》（中办发〔2005〕12号）、《关于深化政务公开加强政务服务的意见》（中办发〔2011〕22号）、《关于全面推进政务公开工作的意见》（中办发〔2016〕8号）等也都没有解释何为政务公开。学者对此见仁见智。就后者而言，2008年5月1日施行的《中华人民共和国政府信息公开条例》（国务院令第492号）第二条规定："本条例所称政府信息，是指行政机关在履行行政管理职责过程中制作或者获取的，以一定形式记录、保存的信息。"依此而论，行政机关依法律法规对政府信息进行公开的行为都应视为信息公开。

（2）对包含关系的认识存在分歧。2014年10月23日，中国共产党第十八届中央委员会第四次全体会议通过了《中共中央关于全面推进依法治国若干重大问题的决定》，决定第三章第六节提出，要全面推进政务公开，将信息公开纳入政务公开，即政务公开包含信息公开。《关于全面推进政务公开工作的意见》（中办发〔2016〕8号）将重点领域信息公开纳入政务公开。对比两者的信息形态和范围可知，政务公开的信息包括静态信息和动态信息两种类型，信息公开仅包含部分静态信息。政务公开须公开结果、决策和执行，信息公开一般只公开事后结果。政务公开还可开展政民互动、公开征求建议、听证会、论证会等信息公开没有的方式和途径。

（3）对成熟度的认识存在分歧。政务公开概念尚无法律法规规定，实践工作主要依据党和政府的文件精神不断摸索。后者早已法规化，信息公开的主体、范围、内容、流程、时限、形式等均已制度化，规范性和成熟度都优于政务公开。

（4）对法律法规救济途径的认识存在分歧。政务公开尚无关于法律法规救济途径的规定，监督力量主要来自内部，途径是自上而下，通常不涉及行政复议和行政诉讼。信息公开可通过法律法规救济，监督力量主要来自内部和外部，适用于行政复议和行政诉讼。

（5）对信息处理和发布义务的认识存在分歧。政务公开可对部分政务信息整合加工后公开，并负有解读政策法规的义务。信息公开则通常无须如此。政务公开暂无依申请公开法定责任；信息公开则负有依申请公开的法定义务（华海敏、王为等，2015；姜明安、李季、竹立家、王明哲等，2016）。

3. "互联网+"社会救助政务公开是否为政务服务

政务公开和政务服务两者都旨在提高社会服务水平和效能，但侧重点不同。前者偏重于公权力透明化，让更多的社会公众参与政务工作。后者偏重于规范公权力，改革行政审批机制，提高服务效能和社会公众满意度。当前，两者呈现融合发展趋势，其中的一个主要标志是：线下政务大厅和线上办事大厅共融发展。

（三）"互联网+"自然灾害救助

"互联网+"对社会救助行业发展产生了很大影响，使线下和线上的边界逐渐模糊化，社会救助主体结构出现多元化和协同化特征，网络公司等互联网救助力量崛起，在网络沟通、信息传递、在线众筹、寻亲救人等方面的作用越来越大（陈自满，2016）。从雅安地震和东日本地震等救助实例来看，网络救助力量在网络动员机制和特重大自然灾害救助的舆情引导控制方面有效地补充了政府救助工作中存在的速度过缓、信息不畅、舆情引导不及时等不足（黄锦仪，2014）。除此之外，学术界对"互联网+"自然灾害救助还开展了如下研究。

1. "互联网+"城市应急救助

此类研究主要关注地震、海啸、台风等灾害救援救助。例如，海地大地震、东日本大地震、雅安地震、尼泊尔地震等救助研究。研的重点是大数据时代的突发灾难救援与城市重建、城市突发灾害的应急技术和管理机制、高效救援与恢复交通秩序、灾民逃离行为、逃离路线、逃离距离、目标地区、返回受灾地区的时间长度，根据灾难地区大规模灾民迁移行为建立计量预测模型，探究建立互联网时代的城市突发灾害应急技术和管理机制。这些研究借助掌上电脑（PDA）、智能移动电话、移动互联网、社交网络和各类基于智能移动电话定位的数据、全球定位系统（GPS）轨迹数据、地铁公交刷卡数据、社交网络数据（宋轩，2013；黄锦仪，2014；吕欣、杨思全等，2015；范一大、陶亮等，2016）。

2. "互联网+"社区防灾减灾

此类研究主要关注城市社区和农村社区的互联网与防灾减灾的深度融合发展，目的是提高城乡社区突发的自然灾害救助能力。主要研究内容有：怎样建设一个智慧安全的城乡社区，怎样开展基于互联网的城乡社区突发自然灾害救助、防灾减灾宣传教育，构建什么样的新型城乡社区突发自然灾害救助的应急管控的组织架构、管理机制和运行服务体系，如何构建城乡社区突发自然灾害救助综合安全防控体制，怎样建立城乡社区突发自然灾害预警体系（文丹枫、哈奇、王国华等，2015；邵志国、李季、李友梅、刘兴隆等，2016）。

（四）"物联网+"社会救助

有研究指出，智能物联网已经呈现出取代互联网的趋势。物联网和自然灾害救助融合发展的研究方向主要有五个方面：一是受灾地区人员的转移安置和紧急救援救助。二是救助物资的动态调度管理。此类研究的反面例证是，在玉树地震救助时，标准帐篷不同部件由于没有采用射频识别技术，致使发放秩序混乱。这一事件促使学术界开始探索自然灾害救助食品和饮用水等生活物资的射频识别技术问题。三是灾情信息报送和发展趋势计量统计分析。四是物联网技术和灾害趋势研判、受灾地区生产和生活状况。五是物联网技术和救助调度、信息支持、灾害预警、灾情信息，物联网技术与模拟仿真等技术系统的融合、救助预案。这一视角研究还关注怎样构建立体化自然灾害救助体系以及物联网技术应用制度、标准规范、全国性灾害救助风控信息平台建设（刘三超，2011；谢俊祥、桑德森等，2015；陈敏、梅伊鲍姆等，2016）。

（五）"互联网+"山地应急救助

此类研究主要关注山地休闲旅游应急救援，认为目前的山地应急救助过于重视硬件建设，而忽视了软件建设，导致山地应急救助的信息化技术供给匮乏。解决此类问题的措施主要有：将北斗卫星导航技术引入山地应急救助，依托北斗卫星导航技术建立全方位、立体化、多元化的应急救援机制和技术路径，探索建立健全的游客应急救援保障体系（海斯特伯格、格雷厄姆、张毅、杨龙等，2015；陈敏等，2016）。

（六）"互联网+"社会救助服务能力建设

此类研究认为，"互联网+"社会救助服务的内容和形式呈现多元化发展趋势。主张政府应制定出台社会救助政策，以支持在线社会救助政务稳步发展。重点整合政府数据资源，实现不同层级、不同区域、不同部门之间的信息资源互通共享。同时，要逐步建立政府和互联网公司、民间公益慈善组织的合作平台。将微博、微信公众号、移动端作为"互联网+"社会救助服务体系建设的主要方向，逐步实现网上预约、网上审查审批、在线业务办理、办事查询、办事进度跟踪、资料下载等服务，提高移动端场景化服务平台服务质量（仲昭川、向坤、许勒尔等；王涛、杨道玲、魏洪伟等，2016）。

（七）"互联网+"社会救助发展方向

此类研究认为，"互联网+"社会救助发展方向主要有十个方面：一是互联网怎样在自然灾害救助救援信息传送中发挥更大作用。二是互联网技术、物联网技术、射频识别技术怎样和自然灾害救助救援物质的存储、调度、运输、分发、调配等工作精准结合。三是怎样发挥大数据资源在自然灾害救助舆情监控、谣言纠正、重点信息发布等工作中的作用。四是怎样融合互联网、视频监控、人脸识别等技术，提高寻亲实效性和成功率。五是发挥无人机在自然灾害救助救援和灾害预测预警工作中的作用。六是发挥机器人在救援搜救工作中的作用。七是提高互联网远程医疗在医疗救助工作中的作用。八是发挥互联网金融在善款捐赠工作中的作用。九是发挥互联网在灾害救助宣传教育培训工作中的作用。十是加大互联网在国际减灾救灾合作中的作用（艾格斯等，2015；陶亮、王瑾、侯建民等，2016）。

这一视角的研究也关注灾害救助信息化能力建设不足和对策，认为能力不足的主要表现是缺乏灾害救助数据共享平台。主张整合大数据、互联网基础设施、云计算技术等新媒体资源，重点建设灾害救助基础数据库，提高大数据服务灾害救助的综合能力建设（杨思全，2015）。同时，还关注"互联网+"社会救助的主要特征，认为政府应重点推进互联网与卫星导航定位系统、对地观测系统和空间地理信息系统之间的快速融合，提升动态跟踪和位置服务能力。并强调应培养掌握多领域技术的综合性人才（王磊、张伟等，2015；范一大、邵明宇、翟运开、袁海涛等，2016）。

除上述各个领域外，学术界还在以下几个方面开展了探索性的基础研究。例如，关于"互联网+"含义和政务转型的代表性研究有："互联网+"内涵及国家战略行动路线（马化腾，2015）、互联网与政务服务行动路线（竹立家，2016）。关于政府政务服务体系和立法建设的代表性研究有：政府网站绩效评估与政务服务效能（杨道玲，2016）、互联网与立法政策（腾讯研究院，2016）。关于互联网冲击社会变革的研究有：互联网与公益新媒体（王瑾，2016）、互联网与微媒体（刘兴隆，2016）、互联网与社会裂变式转型（格雷厄姆，2015；杨龙，2015；袁海涛，2016）、互联网与社群众筹（杨勇，2015；莫格，2015）、互联网与地震救灾（侯建民，2016）。陈金雄（2015）和文丹枫（2015）等学者研究了互联网与医疗健康；威廉·艾格斯（2015）等学者研究了互联网对社会研究方法的冲击；马明明（2011）等学者研究了网络与信息安全。这些研究有的涉及互联网与社会救助业务的融合发展，例如互联网与地震救助。有的研究涉及互联网与政府政务服务体系建设和政府网络服务效能，例如互联网与公益媒体、互联网与政务网站绩效评估。这些研究虽然不是针对互联网与社会救助融合发展的专题研究，但是，也或多或少地对"互联网+"社会救助研究提供了思路启发和基础认知（莫格、杨勇、陈金雄、赵占波、方丽菲、陈根、王先庆等，2015；卢彦、林辉、闫岩、陈爱民等，2016）。

二 "互联网+"社会救助政策法规建设

（一）全国层面的"互联网+"社会救助政策法规

目前，全国人民代表大会及其常委会、国务院尚未制定专门的"互联网+"社会救助法律和行政法规。归纳而言，"互联网+"社会救助立法精神、原则、要求、规定和条款主要分散在两类制度体系中。

1. 与"互联网+"社会救助相关的立法精神、原则、规定和要求蕴含在党中央、国务院的决定、意见、纲要、通知、办法、方案等正式公文中

例如，中共中央办公厅、国务院办公厅印发的《关于全面推进政务公开工作的意见》提出，要发展"互联网+"政务服务，在民生资金分配使用信息公开方面，要重点公开扶贫脱困救助信息。国务院办公厅发布的《关于在政务公开工作中进一步做好政务舆情回应的通知》（国办发〔2016〕61号）提出，相关部门要及时向社会回应自然灾害救助政务舆情，并依法查处针对自然灾害救助工作的造谣和传谣行为。国务院办公厅下发的《关于加快推进"互联网+政务服务"工作的指导意见》（国发〔2016〕55号）提出，以城乡基层政府的互联网为民服务平台，应重点关注社会救助和扶贫脱贫，向老、少、边、穷、岛等偏远贫困地区提供"互联网+"社会救助便民服务。《关于印发〈促进大数据发展行动纲要〉的通知》（国发〔2015〕50号）指出，要综合推广应用减灾救灾和社会救助大数据资源。《关于推进"互联网+政务服务"开展信息惠试点实施方案的通知》（国办发〔2016〕23号）提出，各级政府应建立"一号申请、一窗办理、一网通办"的"互联网+"社会救助便民服务体系。《关于积极推进"互联网+"行动的指导意见》（国发〔2015〕40号）提出，应发展"互联网+"医疗救助服务体系，完善社会救助门户网站或网页，发挥医疗救助大数据优势。社会救助领域层级最高的法律《中华人民共和国慈善法》规定，公益慈善组织应在民政部指定的互联网平台发布信息，募集社会救助善款。社会救助领域层级最高的行政法规《社会救

助暂行办法》提出，城乡基层政府应建立统一受理社会救助服务窗口。它就是目前"一门受理、协同办理"互联网服务平台的法规依据。

2. "互联网+"社会救助条款分散在国家各个部委的部门规章中

民政部是社会救助业务主管部门，"互联网+"社会救助规定和相关条款主要出自民政部制定实施的部门规章。例如，《关于推进社区公共服务综合信息平台建设的指导意见》（民发〔2013〕170号）提出，要建立"一门受理、分工协作"的运作模式，建设社区公共服务信息平台与相关部门信息平台的互联互通，健全"一站式"服务机制。《关于加快推广应用全国最低生活保障信息系统的通知》（民办函〔2015〕83号）提出，要提高本系统业务数据处理能力和数据交换数据能力，强化系统运行维护。《关于遴选慈善组织互联网公开募捐信息平台的通知》（民办函〔2016〕275号）提出了遴选全国首批从事公益慈善和社会救助活动的"互联网+"社会救助募捐信息平台的原则、范围、条件、程序、数量。《关于加强网信领域社会组织建设的通知》提出，建设城乡社区公益慈善社会救助组织的网上平台，逐步扩大政府向网信领域社会组织购买服务的范围和规模。《关于支持引导社会力量参与救灾工作的指导意见》（民发〔2015〕188号）提出，要为社会力量参与灾害救助搭建信息化平台。在其他部委的部门规章中也有"互联网+"社会救助的规定。例如，2013年9月5日，国家发展和改革委员会、工业和信息化部等14个部委联合下发了《2013—2015年物联网应用推广专项行动计划》，该行动计划包含10个物联网计划，其中有一个是"公共安全防范与动态监管"计划，该计划的应用领域正是"重大自然灾害预警与防灾减灾能力建设"。

3. "互联网+"社会救助的间接政策法规

上述政策法规并非直接针对"互联网+"社会救助而设。不过，其中的规定可间接地适用于"互联网+"社会救助。这些间接政策法规主要有以下两类。

（1）保障民政部门、减灾部门的网站以及社会救助经办机构的网页、子站安全的政策法规。这些政策法规对信息安全、技术安全、数据安全等都作了规定。例如，2015年2月，国家互联网信息办公室发布了《互联网用户账号名称管理规定》，提出要严查互联网用户账号混乱问题，规范微信账号和微博账号。同月发布的《中国互联网协会漏洞信息披露和处置自律公约》提出，要严格管控漏洞信息披露。同月，国务院办公厅发布的《关于运用大数据加强对市场主体服务和监管的若干意见》提出，要保障政府门户网站的数据安全、技术安全、网络安全、信息安全。7月实施的《中华人民共和国国家安全法》也提出，健全网络安全和信息安全，保护核心技术、关键性网络基础设施、重大信息的决定安全。8月29日，第十二届全国人民代表大会常务委员会第十六次会议通过的《中华人民共和国刑法修正案（九）》明确规定，编造虚假灾害救助信息和在互联网上传播灾害救助谣言的，要根据情节轻重，分别处以三年到七年有期徒刑、拘役、管制。9月国务院印发的《促进大数据发展行动纲要》提出，要确保网络安全和大数据安全。

（2）提高民政部门、减灾部门的网站以及社会救助经办机构的网页、子站建设与服务质量的政策法规。这些政策法规对网站、子站、网页的结构、内容、版面、互动回应、在线办公、监督投诉、信息发布、"两微一端"、政策发布及解读、行业动态、网络调查、经验介绍、网络安全等进行评估，设计的评估指标体系一般分为三级。例如，《关于加强政府网站信息内容建设的意见》（国办发〔2014〕57号）对政府网站信息更新、政策解读、热点回应、互动交流、传播渠道、联动机制、信息协调、信息流程、网上网下融合、内容管理、考核评价机制等作出了具体规定。《关于开展第一次全国政府网站普查的通知》（国办发〔2015〕15号）对普查目的、范围、方式、内容、网站普查评分表作了规定。其中，普查评分表设计了一级指标、二级指标、考察点、扣分细则、存在问题、扣分项，并对每一项做出了细致的解释说明。

（二）地方层面的"互联网+"社会救助政策法规

截至目前，全国31个省份的立法机关和人民政府都没有发布专门地方性的"互联网+"社会救助政策法规。只有甘肃省民政厅和山东省民政厅制订了《"互联网+"民政计划》，里面包含《"互联网+"社会救助计划》和《"互联网+"自然灾害救助计划》。

在国务院公布《关于积极推进"互联网+"行动的指导意见》（国发〔2015〕40号）后，各省份纷纷制订《"互联网+"行动计划》，有的省份还将"互联网+"社会救助和"互联网+"自然灾害救助列为重点行动，这是我国"互联网+"社会救助和"互联网+"自然灾害救助领域首次出现的政策建设高峰期。

2015年8月28日，甘肃省民政厅发布了《关于加快推进"互联网+"行动的实施意见》（甘民发〔2015〕128号）。在"互联网+"社会救助方面，提出了四个重点建设内容：一是构建"互联网+"最低生活保障低保救助信息系统，提升社会救助的信息化服务水平。二是构建"互联网+"救助组织框架。健全民政部门与慈善组织、社会服务机构之间的衔接机制，促进资源互通。三是构建"互联网+"信息核对机制。健全纵横两条线核对信息平台，纵向要实现部、省、市、县四级核对机构之间的数据交换和上下联动；横向要实现与相关部门在个人收入、财产等方面的信息共享共治和互联互通，做到精准救助。四是构建"互联网+"医疗救助服务体系。健全"一站式"即时结算机制，促进医疗救助与基本医疗保险、城乡居民大病保险、疾病应急救助、商业保险等信息管理平台互联互享。在"互联网+"自然灾害救助方面，提出了三个重点建设内容：一是构建"互联网+"导航定位系统。借助北斗卫星导航系统，完善自然灾害应急救助指挥技术系统，配置应急通信指挥车、卫星电话等必要装备，实现灾情、决策、指挥、物资调运等各类信息的及时发送与传递，提高应对突发性自然灾害的处置能力。二是依托国家和省级减灾遥感系统、地理信息系统、网络通信系统等现有相关系统，推进关键技术在防灾减灾领域的应用研究。三是加快建设"甘肃减灾救灾网站"，深入开展防灾减灾宣传。

2015年9月30日，山东省民政厅下发了《关于加快推进"互联网+民政"工作的意见》（鲁民〔2015〕64号），明确提出了发展"互联网+减灾救灾"和"互联网+社会救助"的重点任务，加快推进云计算、大数据、物联网、移动互联网等现代信息技术、资源和基础设施的广泛应用,做到精准、高效救助。此外,全国其他省份人民政府、省民政厅和地市民政部门也都积极推进"互联网+"社会救助政务服务体系建设,具体情况参见表1-1。

表1-1 全国部分省份及民政部门"互联网+"社会救助相关政策法规

发文时间	地区	名称	发文号
2015年6月29日	山东	关于印发《山东省"互联网+"发展意见》的通知	鲁信办字〔2015〕2号
2015年8月12日	深圳	深圳市"互联网+"行动计划	
2015年8月28日	江西	关于印发《加快推进"互联网+"行动实施方案》的通知	赣府发〔2015〕43号
2015年9月23日	广东	关于印发《广东省"互联网+"行动计划(2015—2020年)》的通知	粤府办〔2015〕53号
2015年10月8日	河南	关于印发《河南省"互联网+"行动实施方案》的通知	豫政〔2015〕65号
2015年11月17日	杭州	关于推进互联网+"行动的实施意见	杭政函〔2015〕151号
2015年11月30日	贵州	关于推进互联网+"行动的实施意见	黔府发〔2015〕34号
2015年12月4日	四川	关于印发《加快推进"互联网+"工作的实施意见》的通知(市东区)	攀东府办〔2015〕108号
2015年12月8日	云南	关于加快推进"互联网+"行动的实施意见	云政发〔2015〕92号
2015年12月12日	甘肃	关于印发《甘肃省深入推进"互联网+"行动实施方案》的通知	甘政发〔2015〕97号
2015年12月14日	甘肃	关于加快推进"互联网+"行动的实施意见(酒泉市)	酒政发〔2015〕248号
2015年12月24日	安徽	关于印发《安徽省加快推进"互联网+"行动实施方案》的通知	皖政〔2015〕127号
2015年12月25日	山西	关于积极推进"互联网+"行动的实施意见	晋政发〔2015〕57号
2015年12月25日	湖北	关于加快推进"互联网+"行动的实施意见	鄂政发〔2015〕80号

续表

发文时间	地区	名称	发文号
2015年12月25日	河北	关于推进"互联网+"行动的实施意见	冀政发〔2015〕51号
2015年12月30日	辽宁	辽宁省积极推进"互联网+"行动实施方案	
2016年1月6日	重庆	关于印发《重庆市"互联网+"行动计划》的通知	渝府办发〔2015〕210号
2016年1月18日	浙江	关于印发《浙江省"互联网+"行动计划》的通知	
2016年1月19日	北京	关于积极推进互联网+行动的实施意见	京政发4号
2016年1月20日	河北	关于推进"互联网+"行动的实施意见（石家庄）	石政发〔2016〕2号
2016年2月1日	上海	关于印发《上海市推进"互联网+"行动实施意见》的通知	沪府发〔2016〕9号
2016年2月5日	福建	关于印发《积极推进"互联网+"行动实施方案》的通知	闽政〔2016〕9号
2016年2月14日	江苏	关于积极推进淮安市"互联网+"行动实施意见	
2016年3月17日	广西	关于印发《广西积极推进"互联网+"行动实施方案》的通知	
2016年3月20日	陕西	关于积极推进"互联网+"行动的实施意见	陕政发〔2016〕11号
2016年3月31日	江苏	关于加快推进"互联网+"行动的实施意见	苏政发〔2016〕46号
2016年4月13日	内蒙古	关于加快推进"互联网+"工作的指导意见	内民政发〔2016〕39号
2016年4月13日	吉林	关于积极推进吉林省"互联网+"行动的实施意见	吉政发〔2016〕15号
2016年5月6日	安徽	关于印发《黄山市积极推进"互联网+"行动实施方案》的通知	黄政秘〔2016〕21号

续表

发文时间	地区	名称	发文号
2016年8月1日	新疆	关于积极推进"互联网+"行动的实施意见	新政发〔2016〕89号
2016年8月10日	天津	关于积极推进"互联网+"行动实施意见的通知	津政办发〔2016〕68号
2016年8月18日	重庆	关于积极推进"互联网+流通"行动计划的实施意见	渝府办发〔2016〕155号

各地区的"互联网+"行动计划中都不同程度地提出了"互联网+"社会救助和"互联网+"自然灾害救助行动计划。例如，贵州省提出了《"互联网+"精准扶贫专项行动计划》，对扶贫对象进行动态分类管理，健全扶贫项目、资金的联网审批与备案制度。提高动态监督检查频率。探索扶贫产业示范园区建设，加快引入互联网远程技术。运用门户网站和微信等新媒体技术，搭建扶贫信息发布与互动救助平台，积极构建社会力量参与的扶贫精准网络服务体系。

甘肃省酒泉市的"互联网+"行动计划提出，在减灾救灾、社会救助等领域，全面开展网络政务服务体系，整合传统公共服务数据与互联网、移动互联网、可穿戴设备等数据资源，开发各类便民应用，提升互联网服务水平。

河北省的"互联网+"行动计划提出，完善门户网站，提升互联网政务服务水平，构建"互联网+"精准扶贫体系，建设全省社会救助信息管理平台。

福建省的"互联网+"行动计划提出，"互联网+"社会救助建设工程，健全信息化社会救助体系，实现城乡社会救助精确管理和网络全覆盖，建立面向全社会的志愿者动员系统，打造福利、慈善、救助信息综合平台。

天津市的"互联网+"行动计划提出，充分运用智能穿戴设备和物联网等技术开展"救急难"服务。建立统一的防灾减灾、预警应急平台和互联网监测系统，融合气象、地震、水文、环境等数据资源。

建立应急管理数据库共建共享机制，实现各类应急数据的动态管理和实时更新。

总体而言，全国各地区民政部门都积极推进"互联网＋"民政政务平台建设，成立大数据交换中心，加强部门协同联动和数据交换共享。制定业务数据流程规范、软件平台建设标准规范、广域网络建设规范等标准。打破数据"孤岛"壁垒，构建"互联网＋"减灾救灾、"互联网＋"社会救助与公安部门、人力资源和社会保障部门、卫生和计划生育部门、住房和城乡建设部门、国土资源部门、工商管理部门、质量监督检验检疫部门等信息共享战略合作框架。加快"互联网＋"门户网站平台建设。将民政部门的网站栏目平铺布局的传统模式改版升级为导航式简洁页面，提供"一站式"便捷服务入口。建设以民政门户网站为依托、政务微博、微信公众号和政务客户端同频发声的民政全媒体传播平台，提升民政部门在"互联网＋"时代的传播能力和沟通能力。

此外，各省份还制定实施了互联网政务信息化建设政策，稳步推进"互联网＋"政务服务体系建设，实现社会救助服务事项"一网揽尽、一站办理"。加快农村和偏远地区网络基础设施建设。建立安全管理体系，全面持续监控网络安全。例如，青海省制定了《关于加强政务信息化实施意见》《关于促进云计算发展培育大数据产业实施意见》和《电子政务"十三五"和电子商务产业发展规划》等，健全政务网络基础设施，建设统一的电子政务云数据中心，提供网络存储、服务器、应用软件、运行保障、信息安全等基础设施云服务。

三 "互联网＋"社会救助工作实践探索

（一）民政部门的工作探索

1. "互联网＋"社会救助善款募捐信息平台建设

2016年7月21日，民政部办公厅下发了《关于遴选慈善组织互联网公开募捐信息平台的通知》（民办函〔2016〕275号）。本次通过遴选方式指定慈善组织互联网公开募捐信息平台，依据的法律是《中华人民共和国慈善法》，该法第二十三条规定，"慈善组织通过互联网开展公开募捐的，应当在国务院民政部门统一或者指定的慈善信息平台发布募捐信息"。8月17日，民政部发布了《关于组织评审互联网公开募捐信息平台的公告》，规定在8月20日对经过形式筛查的全国29家互联网公开募捐信息平台进行遴选评审。8月22日，民政部公示了13家全国首批慈善组织互联网募捐信息平台，其中包括国内知名的腾讯公益慈善基金会的腾讯公益网络募捐平台、阿里巴巴旗下的蚂蚁金服公益平台、京东旗下的京东公益平台、百度旗下的百度慈善捐助平台、淘宝旗下的淘宝网公益平台以及新浪微公益平台。民政部将对首批指定的13家互联网公开募捐信息平台进行后期动态监管，这是国家规范"互联网+"社会救助众筹平台的务实举措。

2. "互联网+"城乡居民最低生活保障救助模式探索

（1）"一门受理、协同办理"工作机制探索。自《社会救助暂行办法》颁布后，全国各地区纷纷探索建立"一门受理、协同办理"运作模式，取得了积极进展。例如，青海省在2014年开始在城镇地区探索"一门受理、协同办理"机制，先后下发了《关于全面建立社会救助"一门受理、协同办理"工作机制的通知》和《关于统筹社会救助资源全面推进"一门受理、协同办理"工作机制的意见》。2015年，建立起全省统一的"一门受理、协同办理"信息系统，并将其与城乡最低生活保障救助和"一站式"医疗救助等信息系统互联互通。2016年5月，又在西宁市城东区、海东市平安区和大通回族土族自治县三个地区试运行"一门受理，协同办理"信息系统。2015年11月24日，辽宁省民政厅、辽宁省教育厅、辽宁省财政厅、辽宁省人力资源和社会保障厅、辽宁省住房和城乡建设厅、辽宁省卫生和计生委六部门联合发布了《关于印发〈辽宁省社会救助"一门受理、协同办理"工作规程〉的通知》（辽民发〔2015〕85号）。此外，甘肃省、广西壮族自治区、黑龙江省等省份的建设成效也颇为显著。

（2）"互联网+"城乡居民最低生活保障对象家庭经济信息状况核对互联互通工作机制。例如，四川省广元市制定了《广元市居民家庭经济状况核对试点工作实施方案》和《关于整合社会救助资源完善社会救助体系的意见》，明确了地市、区县、乡镇三级、部门间社会救助信息联网共享目标和相关部门职责，为社会救助信息化提供了政策依据。建立了"党政领导、民政主管、部门尽责、社会参与"的社会救助统筹协调机制,形成了城乡居民最低生活保障救助、医疗救助、教育救助、司法救助、贫困残疾人救助、临时生活救助等社会救助信息"上下贯通、横向交流、信息共享、整体联动"救助服务网络。建成了四川省第一个地市级居民家庭经济状况核对信息系统,实现了民政部门、财政部门、公安部门、人力资源和社会保障部门、工商行政管理部门、税务行政部门等十多个部门和机构之间居民家庭经济状况信息的互联共享与协同比对机制,实现了全市"低保业务数据集中存储、动态管理及时更新、统计分析准确便捷"和群众网上申请查询、部门网上审核审批、政府决策科学高效的社会救助目标,全面提升了对救助申请对象的资格认定水平。

3. "互联网+"自然灾害救助的探索

2015年6月,民政部上线了移动报灾APP应用服务系统,乡村级报灾用户可通过手机报灾。该系统依托国家卫星灾情报送与服务综合应用示范项目,是自然灾害救助业务与移动互联网深度融合的产物。该系统提高了基层灾情报告的时效性,提高灾害信息员对灾害现场灾情的报送能力。首批上线的APP应用服务系统共有4个版本,分别为乡、村级的业务版和培训版,主要实现乡、村两级自然灾害现场数据与基于位置的灾情图片的即时报送,提高一线灾情信息报送的时效性。目前,移动报灾APP应用服务系统已在山东省、湖北省、贵州省、北京市、天津市、河北省等20个省份推广使用。国家地震局上线了灾后震区、洋流监测、气候预警等遥感大数据监测系统,减少了自然灾害损失,提高了救援效率,支持了灾后重建。

在地方层面,各省份民政部门也积极探索"互联网+"自然灾害救助。2016年3月,山东省民政厅在滨州市无棣县开展"互联网+"自然灾害救助试点,重点建立6个平台:一是建立"互联网+"自然灾害救助预警平台。通过网站、微博、微信公众号发布自然灾害救助预警信息。二是建立"互联网+"灾情信息播报平台。通过减灾微博和网站播报最权威的自然灾害救助信息。三是建立"互联网+"社会参与平台。制订《无棣县减灾救灾志愿者管理办法》,发挥自然灾救助志愿者队伍力量，自然灾害救助工作步入规范化发展轨道。四是建立"互联网+"自然灾害救助平台。开发社会救助平台软件管理系统，涵盖各项社会救助业务，实现了民政、税务、公安、住房和城乡建设等 22 个部门资源信息共享，系统实现了受灾困难群众的贫困指数排序、申请救助家庭经济状况核对、因灾受伤困难群众医疗救助"一站式"结算功能。五是建立"互联网+"救灾捐助平台。社会捐助机制公开透明。自然灾害救助经办机构的做法是：首先，将救助所需的物资汇总分类，通过互联网新媒体发布募集信息。其次，将社会各界捐赠的物资按照捐赠方的意愿和救助实际情况进行配置，在社会志愿者的监督和协助下送到灾区。最后，在互联网上公示所有救灾物资分配情况，确保捐赠方可以在线跟踪所捐物资的流向。六是建立"互联网+"舆情应对平台。通过减灾政务微博、微信公众号、网站等新媒体平台，科学引导并化解网络舆情危机。

4. "互联网+"社会救助政务大数据服务系统设计

民政部网站设有全国民政网站访问统计分析系统。对全国民政网站访问量月度走势、民政部门户网站最受欢迎信息排名、民政部门户网站最受欢迎栏目排名和全国民政网站站点浏览量排名四个指标进行动态监测。前两个监测指标统计分析了当日、最近一周、最近一个月的页面浏览量和所占比例；后两个指标统计分析了当日、最近一周、最近一个月的页面浏览量。在地方层面，黑龙江省民政厅网站和浙江省民政厅网站设有本省各个地市、县区民政部门网站运行监测统计分析系统。例如，浙江省民政厅网站设有省民政厅本级、地市级民政部门、区县级民政部门的网站流量监测统计数据，分别为当日、最近一周、最近一个月和本年度四类监测数据。监测内容是浙江省民政厅网站最受关注信息排名、栏目排名、关键字排名和来访省份排名四个指标的页面浏览量、所占比例和综合得分。

5. "互联网+"医疗救助

各地区民政部门主动把握"互联网+"方便快捷优势，积极探索医疗救助管理新方式，提升医疗救助服务效能。例如，宁夏回族自治区贺兰县的做法颇具代表性，其经验可主要归纳为三点：一是"互联网+"数据归集。利用综合管理平台，建立健全通过相关单位查询、交换涉及救助对象相关信息的机制，通过 QQ 群、电子邮件、民政公共信息平台等，收集各类数据，充分利用群组通话、文件发布、文件上传等功能，强化信息收集共享、联络员间的交流。同时，不定期通过民政网站、统计数据库等搜寻有效数据信息。二是"互联网+"数据分析。通过核查信息内网，将收集到的涉财信息、关联方信息、重大事项信息发送到乡镇民政所，后者对信息进行整合分析，对申请者做全面分析，再将分析结果通过内网反馈到民政局，实现了对重点救助对象现状及趋势二级跟踪监控，有效地增强了救助工作前瞻性。三是"互联网+"数据运用。自主开发"民政医疗救助管理平台"，将民政所分析结果输入系统，比对数据，寻找重点。对救助对象实现了全程动态管理，强化了医疗救助工作专业化管理手段。通过网络沟通交流机制，加强了重点救助工作管理力度。

6. "互联网+"社区救助工作探索

智慧社区模式正有效地提升社会救助管理服务效能。河南省郑州市金水区未来路银基社区开通了"智慧银基"微信公众号，如果社区居民拟申请最低生活保障救助对象，可通过微信公众号申请，并可以在平台上查看最低生活保障救助申请条件及程序，下载相关表格，填好以后在线发回表格。北京市西城区金融街丰汇园社区通过微信组织社区居民进行防灾减灾宣传与培训。目前，民政部门正积极推进智慧社区救助服务体系建设。2013 年 10 月 31 日，民政部、国家发展和改革委员会、工业和信息化部、公安部、财政部联合发布的《关于推进社区公共服务综合信息平台建设的指导意见》（民发〔2013〕170 号）要求街道建立社区公共服务综合信息平台，政府基本公共服务事项主要依托平台统一办理。有条件的地区要优先对困难群体、未成年人、残疾人开展救助服务。广东省佛山市禅城区依此建立了互联互通信息平台，将最低生活保障救助和防灾减灾救助等服务体系整合到互联网上，大大缩短了办事时间。有的社区还配备电子信息显示屏，安装便民缴费终端、微信或 APP 发布社区信息，打造立体化社区救助服务模式。有的社区与互联网企业合作，开展养老紧急救助和"物联网+"

智慧医疗救助,若老人在家里突然跌倒,地上的安全传感器会立即通知协议救助医疗机构;医疗机构通过智能手环时刻监测老人的血压、呼吸频率、心率、睡眠等身体状况,并实时上传至相关网络平台。

(二)民间组织和企业参与社会救助的探索

1. "互联网+"自然灾害救助

民间公益慈善组织、爱心企业和爱心人士等社会力量参与社会救助的领域主要是自然灾害救助、救急难救助、特困救助、临时救助和医疗救助。其中参与程度最深、成效最明显的是自然灾害救助。以2015年4月25日14时11分突发的尼泊尔8.1级地震灾害救助为例,本次地震波及西藏、孟加拉国、印度、不丹等地区和国家,国际社会高度关注。国内外的互联网公司在网络寻人、信息联络、筹集善款等方面发挥了重要作用。为解决灾民和灾区外的亲朋好友互通信息,谷歌公司推出 person finder 网络寻人工具,脸书公司也推出了类似的网络寻人工具,帮助人们与灾区亲朋取得联系。印度的 MTS India、Tata Teleservices、Airtel、Vodafone、BSNL & MTNL、Idea Cellular 等公司均将尼泊尔通话费率降至本地标准。腾讯、去哪儿、途牛等国内互联网公司也积极参与援外救灾。腾讯公益慈善基金会通过壹基金和中国扶贫基金会等灾害救助组织,为西藏和尼泊尔灾民募集200万元。同时启动腾讯互联网救助众筹公益平台筹集善款。去哪儿网除捐赠20万元善款外,还通过网站公告及移动客户端等渠道,向旅客和机票代理商发布改签等温馨提示信息。

一些互联网公司参与"互联网+"自然灾害救助运行机制探索的经验破解了信息不对称难题。在自然灾害突发以后,各地救援车辆纷纷涌入灾区,由于各个受灾点救灾物资余缺和交通堵塞等信息不对称,很多车辆都拥堵途中,运送药品、食品、帐篷、棉被等车辆无序调配问题突出。其根源在于灾害救助工作缺乏专业化协调。为此,有些参与自然灾害救助的互联网公司抓取微博和微信等自媒体大数据,归类和分析后制成有价值的数据表,为自然灾害救助提供支持。有些救助机构建立了联盟式信息共享协作机制,缓解信息不对称问题。例如,益云公益互联网中心绘制了自然灾害地图,将自然灾害信息和救助信息标注在网络地图上，便于人们链接使用。

一些互联网公司参与"互联网＋"自然灾害救助运行机制探索的经验还提高了网络信息安全治理和控制管理质量。自然灾害发生后，会流出很多虚假信息，误导舆论和救助工作方向。例如，西藏地震灾害突发后，微信圈盛传聂拉木县樟木镇有6人遇难，请微信圈好友帮忙辨析震中所在的准确地点。标注的信息发送人是县委领导。后经证实，这位领导并没有发送该信息。为此，有些参与救助的互联网公司便使用信息筛选机制过滤出虚假信息。首先，初步判断信息有效性；其次，使用三角信息验证和多信息复核匹配等方法进行甄别；最后，向参与救助的社会组织和乡镇政府核对信息。这样，就可以从碎片化的信息中提炼出有价值的数据。目前，国内救助组织正在探索战略联盟机制，避免松散合作，共享信息和数据，为政府部门决策提供有力支撑。

爱心个体也是"互联网＋"社会救助机制建设中不可或缺的力量。目前，我国已形成五级灾害救助网络。但是，自然灾害救助实践中一个重点和难点问题是灾区情况复杂多变，实情信息传递速度和准确度需要互联网保障。自然灾害发生后，电话通信基本中断，微博、微信、即时通讯等新兴互联工具成为灾区和外界互通信息的唯一渠道，而每个社会个体则恰恰是灾害救助信息的知情者。例如，在尼泊尔地震自然灾害救助中，有的救援队迷路，正是身处灾区的这些知情个体通过卫星定位等互联网技术辨析地形地貌，找到救援直升飞机升降地，救出了被困队员。

2. "互联网＋"社会救助善款众筹平台

国内公益慈善机构是互联网募捐的主体，依托的互联网募捐渠道主要有两条。

（1）在官方网站上开通募集救助善款平台。例如，中华社会救助基金会在官方网站上设置了在线捐助、慈善拍卖、短信捐助等捐款方式。深圳壹基金公益基金会在官方网站上设置了月捐等捐款方式。中国扶贫基金会在官方网站上设置了在线捐款、短信捐款、银行月捐、拉卡拉捐款、缴费易捐款等捐款方式。腾讯公益金基金会在官方网站上设置了月捐、乐捐、微爱等捐款方式。

（2）在知名的从事公益慈善活动的互联网公司和募捐机构筹款平台上募集善款。比较有代表性的平台是腾讯公益金基金会开通的社会救助善款募集众筹平台，旨在募集救助善款的公益慈善机构和自然人在通过腾讯公益基金会审查后可将救助项目发布在平台上，爱心网友便可以自由捐款。目前，国内公益慈善机构和爱心自然人开展的救助活动比较广泛，除自然灾害救助、救急难救助、教育助学救助、大病医疗救助、特困救助、就业救助等《社会救助暂行办法》规定的救助制度外，还涉及流浪乞讨人员救助、养老救助、贫困农村社区发展救助等领域。

3. "物联网+"自然灾害救助

在四川省汶川地震灾害救助中，帐篷发放工作有些混乱，有的零部件在发放过程中丢失，原因是这些零部件没有安装带有传感器之类的器件，没有使用物联网技术。救助工作结束后，有的民间组织和企业开始探索"物联网+"自然灾害救助。目前已有成功应用的实例。例如，长江三峡库区在特殊地带滑坡灾害监测预警中使用无线传感器网络（WSN）技术，利用各种传感器实时采集信息，通过无线方式将信息传输给控制中心，弥补了未设有线监测系统的缺陷，而且将其用于GMS网络信号无法覆盖的偏远山区滑坡灾害监测。

4. "互联网+"社会救助政务服务体系转型

除上述主要社会救助领域外，互联网公司和民间公益慈善机构还参与"互联网+"社会救助官方门户网站建设项目。例如，腾讯公司参与了民政部门官方门户网站的无障碍浏览技术标准研究，还关注社会救助移动互联网应用技术研发工作。百度研究院和阿里研究院等单位积极参与民政部门和社会救助经办机构的安全技术研发及大数据支撑合作项目。这些互联网公司和民间公益慈善机构在实际工作中形成了自己的独特优势。例如，腾讯公益基金会建立了制度完备的立体化救助体系。腾讯公司、新浪公司、新华网、人民网还积极参与民政部门的微信公众号、政务微博、移动客户端建设工作。截至目前，全国已经开通政务微博的省级民政厅网站都有腾讯微博和新浪微博。由此可见，互联网公司、民间公益慈善机构和社会救助事业的融合情况很好，为我国"互联网+"社会救助事业的稳定健康发展做出了不可替代的贡献。

通过对互联网与社会救助事业融合发展前沿及趋势的梳理可知，"互联网+"社会救助的基础理论研究、政策法规研究和实践工作探索都取得了积极进展。但是，这些颇具创新价值的已有研究中仍存在一些需要深入探究的理论问题和实务工作难点。例如，民政部门、减灾部门和社会救助经办机构的官方门户网站服务功能设置和服务质量、"两微一端"的普及度和绩效、官方门户网站或子站的无障碍浏览服务设置和实效。这些都亟须理论界进一步做基础性的探索研究。"互联网+"社会救助融合的一个重要领域和关键点是民政部门、减灾部门的官方门户网站以及社会救助经办机构的网页、子站、网页。目前，民政部、国家减灾委员会以及各省份民政厅的官方门户网站、子站和网页最能体现两者的融合发展现状、特点、成就以及存在的主要问题。

第二章 "互联网+"社会救助融合服务现状

"互联网+"社会救助是互联网与社会救助业务的融合。社会救助业务主管部门主要是民政部门和各级减灾委员会。本章主要讨论国家层级的"互联网+"社会救助的融合服务现状和各省份"互联网+"社会救助的融合服务现状①。

第一节 国家层面的"互联网+"社会救助融合服务现状

国家层面的"互联网+"社会救助融合服务内容范围以《社会救助暂行办法》中的规定为依据设定。根据《社会救助暂行办法》规定，社会救助的制度框架体系分为城乡居民最低生活保障救助、医疗救助、受灾人员救助、特困人员供养救助、临时救助、教育救助、住房救助和就业救助八个部分。在实践中，形成了"四位一体"社会救助网络体系。一是制度性救助，包括最低生活保障救助、"三无"人员救助、最低生活保障边缘户救助和重度残疾人救助（二级以上）。这四种救助制度是社会救助体系的基础。二是专项性救助，包括医疗救助、教育救助和住房救助。它们是社会救助体系的重点。三是应急

---

① 本章主要分析国家民政部、国家减灾委员会和各省份民政厅门户网站的"互联网+"社会救助服务体系建设。研究内容是民政部社会救助司负责的三项社会救助业务和救灾司负责的自然灾害救助。如无特殊说明，资料和数据的采集渠道为官方门户网站，采集日期均为2016年7月16—21日。由于西藏自治区民政厅没有网站，所以，本章不研究西藏自治区"互联网+"社会救助服务体系建设。

性救助，包括自然灾害救助和临时救济。它们是社会救助体系的辅助部分。四是配套性救助，包括政策减免、节日慰问、司法援助和就业援助。它们是社会救助体系的补充部分。

社会救助业务主管部门主要是民政部和国家减灾委员会，国家卫生和计划生育委员会、教育部、住房和城乡建设部、人力资源和社会保障部、国家地震局、国家气象局等部门在各自职责范围内管理相应的社会救助工作。在民政部内部，最低生活保障救助、医疗救助和临时救助由社会救助司负责；受灾人员救助由救灾司（国家减灾委员会办公室）负责；特困人员供养救助由社会福利和慈善事业促进司负责；生活无着人员救助工作由社会事务司负责。根据目前这种行政管理体制，本节首先研究社会救助司主管的社会救助业务，在结构安排上，用"互联网＋"社会救助论述。其次研究救灾司主管的自然灾害救助业务，在结构安排上，用"互联网＋"自然灾害救助论述，主要分析社会救助司和国家减灾委员会办公室的官方门户网站（网页）的总体架构、服务能力、建设质量、优缺点等内容。

一 "互联网＋"社会救助融合服务现状

（一）"互联网＋"社会救助的总体设计和服务功能

民政部目前未在官方门户网站设置独立的社会救助和自然灾害救助的子站或网页。在社会救助和自然灾害救助政务信息发布方面，网站设置了一些服务板块，分别发布各类信息。一是在"首页＞交流互动＞留言咨询"服务板块下发布了255条最低生活保障救助信息，时间跨度为2016年5月20日到7月19日。同时还发布了4条流浪人员救助信息。二是在"首页＞服务＞查询＞救助站"服务板块下公示了全国32个省级行政区划（含新疆生产建设兵团）救助站地址和联系电话。三是在"首页＞服务＞政策解答"服务板块下发布了19条社会救助问答信息、3条救灾捐赠问答信息、4条流浪救助问答信息。四是在"首页＞业务＞社会救助"服务板块下发布了39部法规文件、431部地方政策、27篇理论研究文章、157篇经验创新文献。五是在"首页＞业务＞减灾救灾"服务板块下发布了54部法规文件、1500多条灾情信息（2012—2016年）。

在政策法规制定与网络服务能力方面，网站共发布了39部社会救助政策法规，其中，行政法规4部，民政部部门规章35部。39部政策法规的年份分布结构为：2016年有1部，占2.57%；2015年有13部，占33.33%；2014年有5部，占12.82%；1999—2013年有20部，占51.28%。总体来看，近三年发布的占半数。这表明民政部对在线提供政策法规服务比较重视。

（二）"互联网+"社会救助服务的优势和劣势

1. "互联网+"社会救助服务的优势和特色

民政部的"互联网+"社会救助服务体系建设比较滞后，缺乏明显的优势和突出特色。这可以从网站的绩效评估排名中得到间接验证。近十年来，国内很多官方和非官方的机构对中央部委网站开展了绩效评估，民政部网站的评估结果都不尽如人意，在国家部委网站绩效评估结果排名中的位置比较靠后。2005—2015年，工业和信息化部中国软件评测中心连续开展了11年国家部委网站绩效评估，民政部网站排名都比较靠后。2009年排名最靠前，排在第16名。除2008年以外的其余9个年份中，有8个年份的绩效排名均未能进入前20名（见图2-1）。

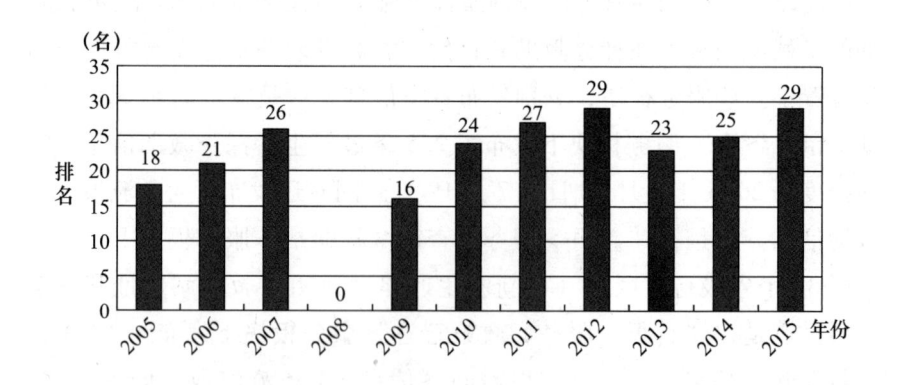

图2-1 2005—2015年民政部网站在国家部委网站绩效评估中的排名

注：2008年国家部委网站绩效评估结果只公布了前15名，未公布16名以后的网站。民政部未能进入前15名。

2015年8月,《人民日报》发布了《2015年上半年人民日报·政务微博影响力报告》,在全国政务微博百强中,民政部未能进入百强,也未能进入中央国家机关微博前10名。12月,新华网发布了《2015年全国政务新媒体综合影响力报告》,民政部也未能进入中央国家机关前10名。12月末,工业和信息化部电信研究院、中国日报网等第三方机构公布了"2015年中国优秀政务平台及互联网综合影响力"评估结果。民政部网站未能进入最具影响力中央国家机关网站前20名,优秀网站、优秀微博微信新媒体影响力和网站外文版国际化程度等指标排名也都比较靠后。在中央国家机关网站特色栏目排名中,民政部网站只有"专题专栏"一个栏目排在特色栏目第7名。"专题专栏"一共设置了4个政务板块,其中有两个板块属于公益慈善类专题,主管部门是社会福利和慈善事业促进司;1个板块属于社会组织发展类专题,主管部门是社会组织管理局;1个板块属于缅怀烈士类专题,主管部门是优抚安置局[1]。这4个板块的网页风格明朗、色彩鲜艳、结构整齐、主题突出、内容丰富,还设置有视频和图片,总体上看,特色较为突出。但是,这些业务都不是社会救助司和救灾司的业务。社会救助司和救灾司并未在民政部网站上设置如上4个板块那样的特色栏目,也没有独立网站和子站。综上分析,社会救助政务板块的优势和特色并不明显。

2. "互联网+"社会救助服务的劣势和不足

(1) 社会救助服务板块缺乏战略性统一规划,服务内容太少。社会救助业务没有设置专区专栏,内容匮乏,信息量少,便捷性差。法规政策解析答疑、工作动态、办事指南、通知公告、常见问题解答、查询服务、站内搜索服务、网上信访、数据服务、表格下载、领导信箱服务、宣传视频、咨询服务等互联网政务服务匮乏或处于"僵尸"状态。

(2) 新媒体平台和工具少,服务功能弱。没有在线即时咨询服务、政务微博、微信公众号、移动客户端、官方APP服务。

---

[1] 资料采集时间是2016年10月5日,资料来源是民政部网站。

(3) 互动回应和在线服务的功能仍然较弱。2015年3月11日，国务院办公厅印发了《关于开展第一次全国政府网站普查的通知》（国办发〔2015〕15号），普查评分表共设置了网站可用、信息更新、互动回应和服务使用4个一级指标。如果使用这个考评指标体系简单评估可知，民政部网站上的网站可用、信息更新和互动回应指标下的7个考察点达到了评估要求。不过，服务使用下设的办事指南、附件下载和在线系统3个二级指标未能达标。办事指南的第一个考察点是社会救助的事项名称、设定依据、申请条件、办理材料、办理地点、办理时间、联系电话、经办流程等办事指南要素类别是否缺失。第一个考察点是办事指南要素内容是否准确。就此而言，民政部网站下设的服务板块中恰恰没有社会救助服务板块。附件下载服务板块的考察点是所需的办事表格、文件附件等资料能否正常下载，社会救助业务所在网页没有设置任何下载服务板块和资料。在线系统的考察点是在线申报和查询系统能否正常访问，可是，民政部网站和社会救助所在网页都没有提供与社会救助业务工作相关的在线申报和查询系统服务板块。总体来看，"互联网+"社会救助的政务服务能力比较弱[①]。

二 "互联网+"自然灾害救助融合服务现状

（一）"互联网+"自然灾害救助的总体设计和服务功能

"互联网+"自然灾害救助服务的官方门户网站是国家减灾委员会的中国减灾网和民政部救灾司网页。救灾司没有独立的门户网站，其网页设在民政部官方网站下，服务板块、业务内容都比较少，所以，不纳入本书研究范围。目前，国家减灾委员会官方门户网站设置了机构概览、政策法规、减灾动态、社会参与、国际减灾、业务产品、科技减灾、专题专栏、科普宣教、通知公告、办事查询、互动交流12个服务板块。机构概览服务板块下设置了国家减灾委员会、减灾委员会专家委员会、国家减灾中心、减灾标准委员会。政策法规服务板块下设置了政策法规和解读。减灾动态服务板块下设置了减灾要

---

① 社会救助司无独立网站和子站，其网页设在民政部网站首页下，故将民政部网站上设置的共性服务板块视为社会救助政务服务板块。

闻、领导活动、部委动态、地方动态、社区减灾、产业动态、图片、视频。社会参与服务板块下设置了通知公告、新闻动态、救灾应急、减灾活动。国际减灾服务板块下设置了国际减灾动态、合作机制、减灾平台。业务产品服务板块下设置了灾情快报、最新灾情、监测评估。科技减灾服务板块下设置了技术装备、技术标准、科技减灾动态。专题专栏服务板块下设置了会议专题、重特大灾害专题、宣传活动专题、首页应急响应、灾害遥感专题。科普宣教服务板块下设置了读物挂图、知识技能、培训教育。通知公告服务板块下设置了办事查询服务板块下设置了报灾系统和全国综合减灾示范社区申报展示管理系统两个业务办事服务板块以及预警信息和科普知识查询两个服务板块。互动交流服务板块下设置了留言回复和调查征集两个服务板块。在链接路径长度方面，12个服务板块的链接路径长度都在三级链接以内。在浏览速度方面，每个服务板块的二级链接和三级链接页面的点击、浏览速度都非常快，页面和服务板块之间的切换、转换链接速度也很快。总体来看，"互联网+"自然灾害救助政务服务平台设计规范、内容丰富、方便快捷，形式多样、图文并茂、浏览舒适，服务体系建设质量较高。

（二）"互联网+"自然灾害救助服务的优势和劣势

1."互联网+"自然灾害救助服务的优势和特色

（1）服务内容极为丰富，页面转换浏览非常便捷。这一点在上文的总体设计和服务功能论述部分已有阐述。防灾减灾救灾业务内容和信息大多可以从该门户网站浏览和获取。无论是国内的自然灾害救助还是国外的自然灾害救助，无论是数据还是信息，无论是通知公告还是科普培训，无论是图片还是视频，无论是产业发展还是遥感监测，凡此种种业务均有相应服务板块。浏览者可享受"一站式"网络服务。该网站堪称国内"互联网+"自然灾害救助政务服务的高质量平台和百科全书。

（2）在线业务办公系统务实为民。网站设置有移动APP报灾网络系统和全国综合减灾示范社区申报展示管理系统。其中，移动APP报灾网络系统设有15个自然灾害种类以及受灾人口、因灾死亡人口、因灾失踪人口、被困人口、紧急转移安置、直接经济损失等统计指标。基层报灾人员可以使用文字、图片、视频等形式上传灾情。

（3）采用多媒体方式设置内容，图文视频并茂，浏览效果好。很多服务板块下都设有彩色图片、视频和细致的文字报道。例如，在减灾动态服务板块下设有483段自然灾害救助相关视频和近1万张图片。每个页面上安排的视频和图片都采取"八八布局"，即分为两行，每行四段视频或四张图片。空间结构合理，美感十足。在自然灾害遥感专题服务板块下设有很多彩色卫星遥感影像图片，清晰度很高，真实权威。

（4）数据和信息发布速度快，更新及时，质量很高。动态、信息、新闻、数据、快报等网络上传进度很多都与工作日同步，真正做到了"日新日换"。

2."互联网+"自然灾害救助政务服务的劣势和不足

（1）互动回应和在线办公服务功能仍然比较弱。留言回复和调查征集两个服务板块内容匮乏，在线互动性较差，不利于社会公众使用服务资源和在线办理相关业务。法规政策解析答疑、办事指南、查询服务、常见问题解答、网上信访、领导信箱、监督投诉、调查征集等服务匮乏或缺失。

（2）新媒体平台和工具少。没有诸如QQ等在线即时咨询服务和微信公众号。对智能移动"互联网+"自然灾害救助的服务能力建设仍缺乏必要的投入。总体来看，信息公开类服务功能强。但是，互动回应类和办事服务类功能仍需进一步强化。

第二节 "互联网+"社会救助分省份融合服务现状

在地方四级行政管理体系中，区县和乡镇民政部门的官方门户网站或者缺失，或者极为不健全，或者依法上收至地市级官方门户网站，而地市级官方门户网站政务服务板块也不健全甚至严重匮乏。在四级官方门户网站中,省级民政部门的"互联网+"社会救助服务在很大程度上代表着本级政府建设质量与区域服务能力的高低。

一 北京市"互联网+"社会救助融合服务现状

(一)"互联网+"社会救助的总体设计和服务功能

北京市社会救助互联网服务板块链接位置在北京市民政官方门户网站(北京市民政信息网)首页上方,较为醒目,属于一级链接,链接方便。直接点击后,可进入"社会救助"板块。社会救助业务共设置了工作动态、政策法规、常见问题、办事指南和绿色通道五个板块。

1. 工作动态

截至2016年7月16日,发布的工作动态信息总条数为888条,最早一条信息的发布时间是2011年9月30日,最新一条信息的发布时间是2016年7月15日,时间跨度为6年。

2012—2015年发布的信息条数平稳增长(见图2-2),2016年增速较快,截至本次统计时间,比2015年增长37.6%。这表明社会救助部门更加重视官方门户网站信息发布的重要作用。从社会救助内容方面看,888条信息涉及城市居民最低生活保障救助、自然灾害救助、医疗救助、教育救助、特困救助、临时救助、住房救助和就业救助八个社会救助类别。一方面反映了北京市社会救助部门的年度工作重心,另一方面透视出八种社会救助类别的社会曝光度、信息供给服务的可达广度和深度。对社会公众来说,社会救助部门通过官方网站

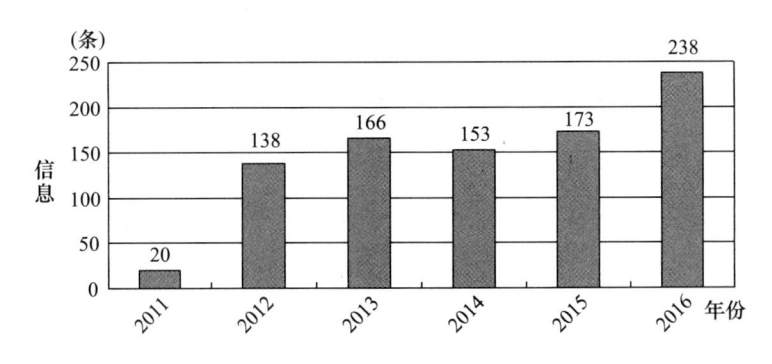

图2-2 2011—2016年信息条数

发布各类社会救助信息也可以满足行政相对方对信息需求的广度和深度。

2. 政策法规

截至 2016 年 7 月 16 日，发布的政策法规信息总条数为 155 条，最早一条信息的发布时间是 1995 年 2 月 1 日，最新一条信息的发布时间是 2016 年 6 月 10 日，时间跨度为 22 年。

社会救助法规制度的发布时间主要集中在 2007 年、2011 年、2012 年、2014 年 4 个年份（见图 2-3）。2007—2012 年的社会救助法规制度数量出现了一个中周期性变化趋势，2012—2014 年的社会救助法规制度数量出现了一个三年的短周期变化特征。2014—2016 年社会救助制度发布数量再次出现下滑趋势。这三个阶段的变化趋势表明，北京市的社会救助制度供给可能具有周期性特征。

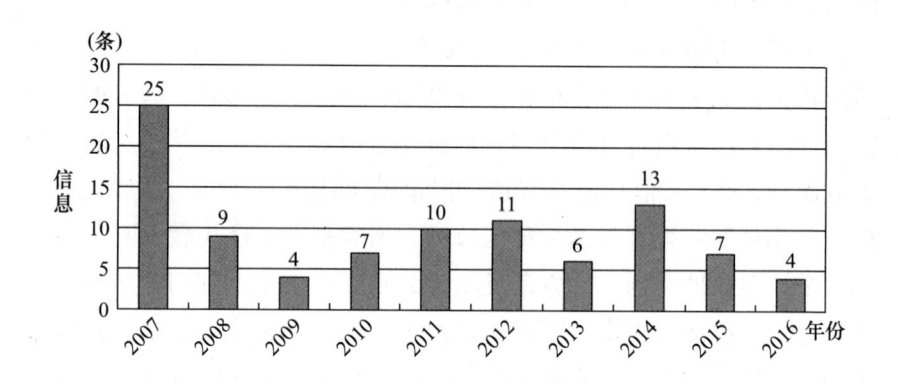

图 2-3　2007—2016 年信息条数

3. 常见问题

截至 2016 年 7 月 16 日，发布的常见问题信息总条数是 31 条，最早一条信息的发布时间是 2011 年 10 月 13 日，最新一条信息的发布时间是 2013 年 4 月 8 日，时间跨度为 3 年。3 个年份的信息条数发布情况为：2011 年是 30 条，2012 年是 0 条，2013 年是 1 条。这表明北京市社会救助部门对使用官方门户网站提供常见问题服务的重视程度较低，官方门户网站服务社会的重要作用尚未充分发挥出来。

4. 办事指南

截至 2016 年 7 月 16 日，发布的办事指南信息总条数是 9 条，发布时间都是 2011 年 10 月。这表明北京市社会救助部门对使用官方门户网站提供办事指南服务的重视程度不够，官方网站服务社会的重要作用也没有充分发挥出来。

从上述工作动态、政策法规、常见问题和办事指南四个板块发布的信息数量统计情况分析，北京市社会救助部门比较重视领导视察、基层工作与经验、行业动态等内容的宣传，服务供给具有"一厢情愿"的色彩，政府服务供给和社会公众需求呈现出非均衡特征。对社会公众亟须得到解决的常见问题并未给予足够的重视，政府和公众的交互性较差。这表明北京市社会救助部门仍然未对互联网时代的社会公众需求方式的变革给予高度重视，线上服务和线下服务的角色错位问题较为突出。

5. 绿色通道

绿色通道设在最低生活保障信息公示专区，截至 2016 年 7 月 16 日，发布的信息总条数为 512 条，最早一条信息的发布时间是 2014 年 3 月 20 日，最新一条信息的发布时间是 2016 年 7 月 12 日，时间跨度为 3 年。3 个年份的信息条数发布情况为：2011 年是 202 条，2015 年是 196 条，2016 年是 114 条。总体来看，北京市社会救助部门通过官方网站提供最低生活保障信息公示服务已经形成制度化。最低生活保障信息公示覆盖了东城区、西城区、朝阳区、海淀区、丰台区、石景山区、门头沟区、房山区、通州区、顺义、大兴区、昌平区、平谷区、怀柔区、密云区和延庆区 16 个行政管辖区的最低生活保障救助对象，服务供给面比较宽。

（二）"互联网+"社会救助服务的优势和劣势

1. "互联网+"社会救助服务的优势和特色

（1）链接路径短，界面工整，方便快捷。社会救助服务板块为一级链接，位于北京民政信息网首页上方，浏览社会救助服务具体内容只需两级路径就可到达。也就是说，在一级链接社会救助下设的工作动态、政策法规、常见问题、办事指南和绿色通道五个板块都只需两级路径就可以阅读到所需的信息。

（2）提供了 LBS 网络位置服务。在"办事指南"下设有灾民救助、城乡低收入、城市最低生活保障、农村最低生活保障、农村医疗救助、城市医疗救助、教育救助、农村住房救助和临时救助 9 个服务项目中，除"灾民救助"外，都提供了办理地点的地理位置图和具体街路牌号，社会公众可据此找到办事地点。

（3）办事流程和事项明确具体。以城市最低生活保障为例，在"办事指南"下只需点击"城市最低生活保障"，就可看到办理依据、办理机构、办理地址、办理电话、办事时间、办理时限、收费标准及依据、办理条件、所需材料、办理程序等项目。路径层级为三级，比较简洁。

（4）设有最低生活保障救助服务专区。最低生活保障救助是我国社会救助体系中制度化最高的项目，是全部社会救助制度的核心，社会关注度最高。北京市民政部门在门户网站上提供了最低生活保障救助经办服务和救助信息公示服务，基本上可以满足社会公众的需求。为接受社会监督，北京市社会救助部门还将"最低生活保障信息公示"设置在北京市民政信息网的首页，点开后，可以看到北京市 16 个区县的"最低生活保障信息公开表"，该表更新速度快，并已制度化上传。此外，还提供直接下载服务。公示内容包括最低生活保障救助对象姓名、所在区县和乡镇、保障人口数、家庭月保障金额。

2. "互联网+"社会救助服务的劣势和不足

（1）新媒体服务平台和工具较少，交互性差，在线服务功能弱。北京市社会救助部门使用的新媒体服务平台和工具主要是官方门户网站、官方微博、移动 APP 服务（见表 2-1）。对于微信公众号、信访和咨询信箱、在线 QQ 服务三项服务平台和工具，或者没有设置或者设置了但未启用。微信公众号、官方微博、信访和咨询信箱、移动 APP 服务并非社会救助部门独立设置，而是由北京市民政局统一设置，四者的社会服务功能基本没有发挥出来。尤为严重的是，信访和咨询信箱服务形同虚设，社会公众的咨询基本得不到答复。还需强调的是，在线即时通讯服务（本书考察的是 QQ 服务）项目暂未开通。

表 2-1　北京市"互联网+"社会救助官方新媒体服务平台

	微信公众号	官方微博	信访和咨询信箱	移动 APP	在线 QQ
有或无	有	有	有	有	无
位置	网站首页下方	网站首页上方	网站首页左下方	网站首页右下方	无
应用	未启用	启用	"僵尸"状态	启用	无
评价	差（内设，非独立）	差（内设，非独立，下同）	同前	同前	无

资料来源：北京民政信息网，整理时间为 2016 年 7 月 16 日。

（2）服务项目少，信息更新速度迟缓，信息陈旧。北京市社会救助服务平台没有设置论坛、领导信箱、业务宣传视频、电子月报、政策理论研究、法规政策与解析答疑等服务栏目。虽然设置了"网上信访"服务栏目，但基本未启用。虽然设置了"常见问题与解答"栏目，但是，截至 2016 年 7 月 17 日，在"救灾救济"（社会救助包含在本项内）项目下提供的常见问题服务条数仅有 8 条，社会公众咨询时间都是 2012 年 7 月 7 日，在"回复内容"一栏中未见社会救助部门回复时间、负责人、审核人、咨询人满意度评价等项，回复内容也比较简单[①]。

对社会公众而言，无论是在线即时咨询、常见问题咨询还是微博信息阅读，都希望得到政府提供的"一站式"服务，希望自己咨询的问题能迅速得到"一次性"回复或解决，不愿意反复"折腾"。社会救助部门不应只追求高大上的"新媒体形象工程"以及"一厢情愿"式的单项供给服务，应把社会公众的合理诉求和利益需求放在第一位，常态化地提供基本服务项目。

---

① "常见问题与解答"下设的服务项目除救灾救济外，还有优抚安置、殡葬服务、结婚登记、收养登记、救灾救济、见义勇为、离婚登记、社团管理、福利事业。这些项目的咨询和回复时间都集中在 2012 年 7 月 7—9 日。回复内容也较为简洁，情况与救灾救济近似。服务内容的更新迟缓，信息陈旧。

二 天津市"互联网+"社会救助融合服务现状

（一）"互联网+"社会救助的总体设计和服务功能

天津市社会救助部门没有在"天津·民政"官方门户网站首页设置"社会救助"一级链接，仅在首页右侧"政务公开"板块中设置了"最低生活保障数据公示"，在二级链接中可以看到"最低生活保障救助公示表"，内容包含区县、街道、居委会、户主姓名、最低生活保障对象姓名和最低生活保障金额。覆盖范围是和平区、河东区、河西区、南开区、河北区、红桥区、东丽区、西青区、津南区、北辰区、武清区、宝坻区、宁河县、静海县、蓟县和滨海新区16个行政区划。不过，公示的最低生活保障救助数据并非时间序列数据，仅有2016年一个自然年度的数据。

如果要浏览社会救助的业务内容，社会公众只能在一级链接"政务公开"下的二级链接"内设机构"中通过三级链接看到救灾处和社会救助处两个处室的业务内容与部门职责、联系方式、地址和邮政编码。

（二）"互联网+"社会救助服务的优势和劣势

1. "互联网+"社会救助服务的优势和特色

门户网站设置有微信公众号、腾讯微博和新浪微博三个新媒体平台与工具。腾讯微博的创建时间是2013年3月27日，截至2016年7月17日，腾讯微博的广播数是2693条，听众数是15348个。新浪微博等级是22级，粉丝是93387人，微博数是4048条。

2. "互联网+"社会救助服务的劣势和不足

（1）社会救助服务板块缺乏战略性和统一规划。社会救助业务没有专区专栏，链接路径长达三级，内容匮乏，信息量少，便捷性差，不利于社会公众使用服务资源。门户网站上也没有设置法规政策解析答疑、工作动态、办事指南、通知公告、查询服务、站内搜索服务、常见问题解答、网上信访、数据服务、表格下载、宣传视频等服务栏目。

（2）新媒体平台和工具少，交互性差，服务功能弱。没有提供在线即时咨询服务、领导信箱服务、咨询服务，官方APP服务仍在建设中。即便是腾讯微博和新浪微博也都是天津市民政局统一建设,并非天津市社会救助经办机构独立设置。

(3) 社会救助服务板块不健全。门户网站上没有提供法规政策与解析答疑、工作动态、办事指南、通知公告、查询服务、站内搜索服务、常见问题解答、网上信访、数据服务、表格下载、宣传视频等服务栏目。微信公众号、新浪微博和腾讯微博三个新媒体平台与工具也存在一些问题。例如,微信公众号基本处于"僵尸"状态,新浪微博和腾讯微博发布的信息繁杂,囊括了天津市民政局各部门业务,社会救助业务很少。总体来看,天津市"互联网+"社会救助政务服务体系建设任重道远。

三 河北省"互联网+"社会救助融合服务现状

(一) "互联网+"社会救助的总体设计和服务功能

社会救助业务分布在几个板块中,社会救助处室主要职责介绍板块设置在网站首页一级链接"机构概览"下的二级链接"内设处室"中,链接层级为三级。救灾处的设置情况与之相同。城乡最低生活保障统计业务设置在首页一级链接"政府信息公开"下的二级链接"最低生活保障信息"中,链接层级为三级。城乡最低生活保障政策法规公示业务设置在首页一级链接"政策法规"下的二级链接"城乡最低生活保障"中,链接层级为三级。救灾救济业务的设置情况与之相同。城乡最低生活保障业务设置在首页一级链接"民政业务"下的二级链接"城乡最低生活保障"中,链接层级为三级。救灾业务的设置情况与之相同。城乡最低生活保障三级链接下的内容较少,包括城乡最低生活保障救助、城市医疗救助、"五保"供养对象和办公信息四个部分。城乡最低生活保障救助板块公示了享受城市最低生活保障的条件、办理最低生活保障的流程、家庭收入与核算、最低生活保障标准制定方法。城市医疗救助服务板块公示了救助对象、救助方式、程序、办理救助流程。"五保"供养对象板块公示了对象、待遇、"五保"供养形式、供养标准。办公信息板块公示了办公地址、通信方式、邮政编码、联系电话。网上咨询、网上信访、厅长信箱、意见建议箱设置在首页一级链接"网上互动"下,为二级链接。

（二）"互联网+"社会救助服务的优势和劣势

1. "互联网+"社会救助服务的优势和特色

网上咨询服务机制成熟，这个板块设置有咨询标题、咨询发布日期、咨询人、咨询内容以及民政部门相关业务处室回复内容和处室名称。信息更新速度比较快，内容新颖，信息回复及时准确。截至2016年7月17日，信息回复最新日期是2016年7月14日，最早一条信息的回复时间是2009年2月13日。在这八年中，回复的信息总条数是7271条。虽然这些信息并不都是社会救助和救灾救助两个经办机构回复的全部信息，但可以看出河北省社会救助和救灾救助两个经办机构也和其他业务处室一样，兢兢业业地维护"网上咨询"板块，践行"为民解愁"宗旨与核心理念，打造出了"互联网+"咨询服务这一特色服务板块。

2. "互联网+"社会救助服务的劣势和不足

（1）最低生活保障救助服务板块设置重复，网站整体设计缺乏科学统一规划。城乡最低生活保障信息公开分设两处，一处设置在首页一级链接"政府信息公开"下的二级链接"最低生活保障信息"下，链接层级为三级。另一处设置在首页一级链接"城乡最低生活保障信息公开"下，链接层级为二级。这导致有限的页面资源未被科学分配，整合效果欠佳。此外，网上咨询、网上信访和厅长信箱三个板块的设置也存在相同的问题。

（2）新媒体平台和工具少，交互性差，服务功能弱。没有提供在线即时咨询、官方APP服务以及微博、微信公众号等新媒体平台和工具。

（3）社会救助服务板块不健全。门户网站上没有社会救助的法规政策与解析答疑、工作动态、办事指南、通知公告、查询服务、站内搜索服务、常见问题解答、数据服务、表格下载、宣传视频等服务栏目。虽然设置了领导信箱服务和网上信访两个服务板块，但是，两者并没有发挥出应有的作用，基本处于"僵尸"状态。总体来看，天津市"互联网+"社会救助政务服务体系建设同样是任重道远。

四 山西省"互联网+"社会救助融合服务现状

（一）"互联网+"社会救助的总体设计和服务功能

山西省社会救助互联网政务服务没有专门的专栏，各项业务分布在几个板块中。国家实施的制度规章和山西省制定的制度规章设置在首页一级链接"民政法规"下。最低生活保障救助、临时救助、医疗救助、农村"五保"供养四项业务设置在首页上方一级链接"办事指南"下的二级链接"社会救助"中，链接层级是三级。最低生活保障救助监督咨询电话设置在首页一级链接"业务连线"下，链接层级是三级，公示了各市区县社会救助部门的电话。

（二）"互联网+"社会救助服务的优势和劣势

1. "互联网+"社会救助服务的优势和特色

（1）开通了电子期刊《山西民政》。虽然期数少，但却是一个值得探索的方向，这也是山西省"互联网+"社会救助的服务特色之一。

（2）注重理论与政策研究成果供给。在首页设置了访谈直播和理论探讨、省外经验等专栏板块，介绍民政部相关业务司所做的在线业务访谈内容、国内社会救助理论研究成果和国内各省份社会救助业务改革探索与经验。

2. "互联网+"社会救助服务的劣势和不足

（1）缺乏统一规划设计，重复设置业务板块。最低生活保障救助、临时救助、医疗救助和农村"五保"供养四项业务分别设置在三处，第一处在首页上方一级链接"办事指南"下的二级链接"社会救助"中。第二处设在首页一级链接"职能概览"下的二级链接"救灾防灾"中。第三处设在首页中部左侧一级链接"办事指南"下。这导致有限的页面资源未能充分发挥作用。

（2）便民服务内容空洞。首页设置了"便民服务"栏目，但内容是地市要闻和会议报道，没有直接为民服务的业务。"互联网+"社会救助的服务功能之一是便于社会公众远程登录、无纸化操作、在线办事。社会救助机构虽然公布了各地市、县区的社会救助业务电话，但是这并不能满足社会公众的真正需求。

（3）新媒体平台和工具少，交互性差，服务功能弱。没有提供在线即时咨询、官方APP服务及微博、微信公众号等新媒体平台和工具。

（4）社会救助服务板块不健全。门户网站上没有提供社会救助法规政策与解析答疑、常见问题解答、表格下载、宣传视频等服务栏目。虽然设置了网上咨询和网上信访等服务板块，但是并没有发挥出应有的作用，基本处于"僵尸"状态。总体来看，山西省"互联网+"社会救助服务体系建设也是长路漫漫。

五 内蒙古自治区"互联网+"社会救助融合服务现状

（一）"互联网+"社会救助的总体设计和服务功能

内蒙古自治区的"互联网+"社会救助服务有独立网页，在内蒙古自治区民政官方网站上直接点击一级链接"社会救助"就可进入社会救助业务独立页面。全部业务分为经验交流、地方政策、政策法规、政策问答及解读、通知公告、最低生活保障户信息公示、基层信息和工作动态八个板块。经验交流板块提供了22条信息，时间跨度为2015年6月22日至2016年4月29日。地方政策板块提供了14条信息，时间跨度为2015年6月24日至2016年6月28日。政策法规板块提供了53条信息，时间跨度为2011年1月19日至2016年6月13日，跨度为6年。政策问答及解读板块提供了5条信息，时间跨度为2015年7月30日至2016年5月20日。通知公告板块提供了19条信息，时间跨度为2013年5月10日至2015年7月30日。最低生活保障户信息公示板块内容空白。基层信息板块提供了915条信息，时间跨度为2014年4月8日至2016年7月13日，跨度为3年。工作动态板块提供了180条信息，时间跨度为2014年3月6日至2016年7月1日，跨度为3年。

（二）"互联网+"社会救助服务的优势和劣势

1．"互联网+"社会救助服务的优势和特色

（1）建有独立页面，服务内容丰富，结构工整，方便快捷。页面结构和风格与民政部社会救助司网页的页面结构和风格相似，这也是内蒙古自治区的"互联网+"社会救助的服务特色之一。

（2）建有蒙文版页面。页面结构工整，方便快捷，这一设置考虑

了蒙古族居民的利益诉求和需求。

（3）建有网站地图。链接层级为一级，点击后可以看到社会救助部门主要职责介绍、政策法规、在线办理等板块（三级链接）。网站地图采用表格式样式，简洁明晰。

（4）信息更新速度较快，信息量较大。经验交流、地方政策、政策法规、政策问答及解读、通知公告、最低生活保障户信息公示、基层信息和工作动态八个板块合计发布信息超过了1200条。尤其是"基层信息"在三年中发布了915条信息，平均每天发布信息条数接近一条。由此可见，内蒙古自治区民政部门比较务实，脚踏实地，持之以恒地推进"互联网+"社会救助新型业务模式。

（5）设有高级搜索功能。很多地区的民政门户网站都设置了搜索功能，但是没有细化高级搜索功能。然而，内蒙古自治区社会救助部门设置的高级搜索功能却较为实用，包括所属站点、标题包含、文章类型（普通、图片、视频、专题、访谈）、开始时间与结束时间、关键词、文章来源。所属站点分为本站和全部站点，后者包含民政部几十个站点，搜索范围广泛，内容丰富且专业。

2."互联网+"社会救助服务的劣势和不足

（1）便民服务内容少。侧重于政策、经验、信息传递，但是却忽略了便民服务，直接服务居民的业务板块少，不能满足社会公众远程登录、快速便捷、无纸化操作等实际需求。门户网站上没有设置社会救助法规政策与解析答疑、常见问题解答、表格下载、宣传视频、网上咨询等服务栏目。网上信访板块处于"僵尸"状态。

（2）新媒体平台和工具少，交互性差，服务功能弱。没有提供在线即时咨询服务、官方APP服务、微博、微信公众号等新媒体平台和工具。总体来看，内蒙古自治区"互联网+"社会救助服务体系建设同样是任重道远。

六 辽宁省"互联网+"社会救助融合服务现状

（一）"互联网+"社会救助的总体设计和服务功能

辽宁省"互联网+"社会救助互联网政务服务没有按照业务类型和业务处室设置服务板块，而是按照行政区划设置服务栏目。辽宁省

14个地级市独立建设门户网站，而且颇具特色。这样设计有利于各个地级市本级居民登录网站查询信息和在线办事。

（二）"互联网＋"社会救助服务的优势和劣势

1. "互联网＋"社会救助服务的优势和特色

（1）开通了96100便民服务电话。为辽宁省居民提供智能化信息服务，方便社会公众查询民政政策法规，参与紧急困难救助，投诉监督。

（2）由地级市社会救助部门独立建设网站，提供网络服务，有利于本地区居民登录网站，查询信息和在线办事。

2. "互联网＋"社会救助服务的劣势和不足

（1）官方门户网站首页的一级链接"政务咨询"下的结果公示仅有10条信息，与社会救助相关的条数只有一条（最低生活保障救助），发布时间是2015年6月11日。社会救助业务部门职责介绍板块设置在网站首页一级链接"机构概览"下"社会救助处"，属于二级链接。

（2）省民政厅本级门户网站的便民服务内容少。偏重于地市级独立建设门户网站，但是却忽略了省民政厅本级门户网站的便民服务，特色不太明显。这反映出辽宁省民政厅本级门户网络平台建设滞后。

（3）新媒体平台和工具少，交互性差，服务功能弱。没有提供在线即时咨询服务、官方APP服务、微博、微信公众号等新媒体平台和工具。

（4）社会救助服务板块不健全。门户网站上没有设置社会救助法规政策与解析答疑、常见问题解答、表格下载、宣传视频、网上咨询、网上信访等服务栏目。总体来看，辽宁省"互联网＋"社会救助服务体系建设同样是任重道远。

七 吉林省"互联网＋"社会救助融合服务现状

（一）"互联网＋"社会救助的总体设计和服务功能

吉林省"互联网＋"社会救助服务板块的整体规划设计程度一般，各项业务分布在不同的板块下。城乡居民最低生活保障救助、医保救助、"五保"供养救助、流浪救助都是一级链接。以"城乡最低生活保障救助"为例,二级链接有办事依据、办事指南和表格下载三个板块。"办事指南"下设置了14项服务内容(三级链接),发布时间都是2014年。"表格下载"下设置了9项服务内容(三级链接),发布时间都是2015年。临时救助、医疗救助、流浪救助和"五保"供养救助四个服务板块的情况与其基本相同。受灾人员救助、农村特困人员救助、城乡居民最低生活保障救助、临时救助、医疗救助的数据发布设置在网站首页的"信息公告"下,五个救助类别的公示信息较为细致。

(二)"互联网+"社会救助服务的优势和劣势

1. "互联网+"社会救助服务的优势和特色

(1)突出了"互联网+"自然灾害救助服务板块。官方网站首页上的一级链接"应急管理"下设置了救灾预案、减灾知识和地方减灾专用装备配备标准三个板块。救灾预案发布的是应急响应、防雷减灾、地震、防汛等政策法规。减灾知识发布的是应急避险、台风、冰雹、火灾、暴雨等自然灾害类型的防灾减灾实用知识。地方减灾专用装备配备标准服务板块公示了工作防护装备、应急通信装备、应急交通工具、计算机网络设备和音像录制设备五项救灾专用装备配备标准,详细且具体。

(2)在线咨询服务板块务实为民,颇具特色。截至2016年7月17日,这个板块发布的信息总条数超过了230条,最早一条信息的发布时间是2012年11月22日,最新一条信息的发布时间是2016年4月8日,时间跨度是5年,覆盖了社会救助的各个类别。其特点是回复内容全面,依据合法,详细且明确。

(3)设置了网站导航。采用树形结构显示,清晰明了。应急管理、新浪微博、腾讯微博等服务板块分层有序。

2. "互联网+"社会救助服务的劣势和不足

(1)更新速度慢,信息量较小。城乡居民最低生活保障救助板块下设置的一级链接"办事依据"中仅列出2005—2010年7项吉林省本级制定的最低生活保障救助制度,2011—2016年的国家层级政策法规和吉林省地方政策法规都没有列出,提供的法规信息滞后问题突出。"应急管理"下设的救灾预案共发布了9项政策法规，其中有8项预案的发布时间是2008年，约占总数的90%。减灾知识共发布了7个小知识，其中有5个是2008年发布的，占70%。可见，服务信息数量少，更新速度慢。

（2）新媒体平台和工具少，交互性差，服务功能弱。没有提供在线即时咨询服务、官方APP服务、微信公众号等新媒体平台和工具。

（3）社会救助服务板块不健全。网站上没有设置社会救助法规政策与解析答疑、常见问题解答、表格下载、宣传视频等服务栏目。微博、领导信箱、网上信访、在线办理和监督投诉五个服务板块基本处于"僵尸"状态。总体来看，吉林省"互联网+"社会救助服务体系建设仍需加大力度。

八 黑龙江省"互联网+"社会救助融合服务现状

（一）"互联网+"社会救助的总体设计和服务功能

城乡社会救助和救灾救济服务板块设置在网站首页上方，只要直接点击，就可以进入二级链接服务板块。城乡社会救助板块下设工作动态、基层文件、保障标准和典型经验四个板块。工作动态板块发布了77条信息，最早一条信息的发布时间是2005年5月9日，最新一条信息的发布时间是2015年5月11日，时间跨度是11年。基层文件板块公示了5项制度，发布时间都是2009年。保障标准板块发布的是2010—2014年黑龙江省最低生活保障救助标准，不过，信息简单，没有最低生活保障对象姓名、户主名、所在街道居委会或村等信息。典型经验板块发布了10条信息，其中7条信息的发布时间是2015年，占70%。救灾救济服务板块下设置了救灾救济工作动态、通知公告和灾情信息三个部分。救灾救济工作动态板块发布了205条信息，最早一条信息的发布时间是2006年9月15日，最新一条信息的发布时间是2015年8月3日，时间跨度是10年。通知公告板块发布了47条信息，最早一条信息的发布时间是2009年3月16日，最新一条信息的发布时间是2015年8月17日，时间跨度是7年。灾情信息板块发布了67条信息，最早一条信息的发布时间是2007年7月5日，最新一条信息的发布时间是2015年8月10日，时间跨度是9年。

第二章 "互联网+"社会救助融合服务现状

（二）"互联网+"社会救助服务的优势和劣势

1. "互联网+"社会救助服务的优势和特色

（1）设置了地图式站群导航板块。该导航的背景图是黑龙江全省行政区划，上面列出了15个地市级行政区划，每个地市都标注了不同的颜色。登录者只要点击对应的地市名，就可以进入该地市的民政部门官方网站。

（2）网站的信息化考评监督机制健全程度处于全国前列。为了更好地建设全省民政系统网站建设，黑龙江省民政厅建立了网站信息化量化考评体系，设置了网站运维及安全工作、网站域名是否符合政府类规定、网站是否取得工信部备案、网站信息更新频率、重大新闻时效性和向省厅报送信息量六大类指标。按季度测评各地市民政部门网站，并通报测评结果。同时，还开展全省民政网站集群检测评比，督促各地级市更好地建设网站。这一做法具有全国特色。

2. "互联网+"社会救助服务的劣势和不足

（1）灾情信息存在空白文档问题。在发布的67条信息中，有11条没有数据，占16.4%。

（2）网页服务板块的结构不尽合理，有限的网页资源未得到最有效的使用。城乡社会救助和救灾救济两个板块设置在网站首页，链接层级为一级，但进入二级链接界面后，页面的左侧、上方、下方设置了过多的栏目，占近50%的页面，致使城乡社会救助和救灾救济两个业务板块的二级链接下的内容展示区域较小，字体过小，视觉美感下降。

（3）新媒体平台和工具少，交互性差，服务功能弱。没有提供在线即时咨询、官方APP服务及微信公众号等新媒体平台和工具。

（4）社会救助服务板块不健全。网站上也没有设置社会救助法规政策与解析答疑、常见问题解答、表格下载、宣传视频等服务栏目。微博、领导信箱、网上信访、在线办理和监督投诉五个服务板块基本处于"僵尸"状态。

（5）信息量小。在网站首页的"减灾备灾"服务板块下面设置的救灾救助、城市最低生活保障救助、农村最低生活保障救助、农村

"五保"救助、医疗救助和流浪救助六个链接下的信息量小,服务内容少。救灾救助服务项下只有两项制度,城市最低生活保障救助服务项下只有8个咨询问题,农村最低生活保障救助服务项下只有1项制度,农村"五保"救助服务项下只有1项制度,医疗救助服务项下只有1项制度,流浪救助服务项下只有两项制度和1个救助站联系表。总体来看,黑龙江省"互联网+"社会救助服务体系建设也需加大力度。

九 上海市"互联网+"社会救助融合服务现状

(一)"互联网+"社会救助的总体设计和服务功能

上海市"互联网+"社会救助服务主要分设在民政业务和网上办事两个板块下。民政业务下设的社会救助板块公示了上海市城乡居民最低生活保障情况,包含可扶家庭、不可扶家庭、重残无业人员的户数、人数、金额以及三类人群的总救助金额。网上办事板块公示了城乡居民最低生活保障申请指南、医疗救助指南、重残无业人员补助指南、粮油帮困指南、临时救助指南、因病支出型贫困家庭生活救助指南、救助渐退指南、城市生活无着的流浪乞讨人员救助指南、救助查询等服务板块。每个板块内设的条目非常清楚,例如,城乡居民最低生活保障申请指南板块内设有项目名称、政策依据、受理条件、申请材料、办理程序、受理部门、办结时限、收费标准、特别说明等流程环节,每个环节下都详细地标注出政策法规的具体内容和办理时限等内容。

(二)"互联网+"社会救助服务的优势和劣势

1."互联网+"社会救助服务的优势和特色

上海市"互联网+"社会救助政务服务的人性化程度高,注重细节,能让浏览者快速、舒服地找到需要的信息。

(1)网上办事板块下设的城乡最低生活保障申请指南等9个服务板块的右侧都同时设有"办事指南"的具体项;当浏览者查看某一个具体项时,点击后的内容会在左侧弹出,变成当前浏览页,当浏览者更换别的具体项时,点击后的内容便会在左侧弹出,变成当前浏览页,之前阅读的那个浏览页就会消失。这样,可以最大限度地发挥有限网页资源的价值。浏览者可以自由切换，非常舒服地阅读、变换想要阅读的内容。

（2）网上咨询和咨询投诉服务板块下设的内容以展开式弹出，便于阅读。每次展开一个，在点击第二个以后，先前展开的那个内容就会自动收缩到未展开时的状态。

（3）办事者既可以自己登录查询申办事项，又可以跟踪申办事项的办理进度。例如，想要查看"结果反馈"，则可以使用用户名、密码、验证码登录查询。再例如，"状态查询"一项，可以使用统一审批编码登录查询。

（4）设有网站导航和962200上海社区热线（官方微博）服务板块。网站导航结构图逻辑清晰，行间距宽，一目了然。官方微博信息更新速度较快，能时时传递最新信息。截至2016年7月17日，官方微博等级为27级，粉丝34006人，官方微博数2395条。

（5）设有场景式在线业务服务。浏览者可以进入立体化的在线场景，可以选择点击一个悬挂的表格中的拟办事项，按照流程办理相关业务。

（6）设有上海市社会救助与救灾减灾独立网站。设置了工作动态、网上办事、信息公开、救灾捐赠公告、便民问答、无障碍浏览、最低生活保障数据等服务板块。

2. "互联网+"社会救助服务的劣势和不足

（1）新媒体平台和工具少，交互性差，服务功能弱。没有提供在线即时咨询服务、官方APP服务、微信公众号等新媒体平台和工具。

（2）社会救助服务板块不健全。网站上没有设置社会救助法规政策与解析答疑、常见问题解答、宣传视频等服务栏目。领导信箱、网上信访、在线办理和监督投诉四个服务板块基本处于"僵尸"状态。总体来看，上海市"互联网+"社会救助服务体系还算比较健全，但仍应加快建设步伐。

十　江苏省"互联网+"社会救助融合服务现状

（一）"互联网+"社会救助的总体设计和服务功能

江苏省"互联网+"社会救助服务没有设置专门的服务板块，各项业务分布在政策法规、统计数据、公共服务平台等板块中。在网站首页中间设有公共服务平台（一级链接），点击后进入二级链接的"服务目录"，再点击左侧的"主题服务事项"（三级链接），才能进入"社会救助"（四级链接）板块，进入五级链接以后才能阅读到仅有的临时救助政策、医疗救助政策、最低生活保障政策、最低生活保障基本政策、医疗救助基本政策和临时生活救助基本政策六个服务板块的内容。每个服务板块下设事项明细和我要咨询两个链接。事项明细下设业务名称、审批部门、收费金额、申请受理地点、救助对象、救助标准、政策依据、相关政策文件等几个具体项。我要咨询链接到"咨询与投诉"板块。救灾减灾服务板块的设置和社会救助路径相同，都是在进入五级链接以后才能阅读到具体内容，公示的内容基本上是空白的。

（二）"互联网+"社会救助服务的优势和劣势

1. "互联网+"社会救助服务的优势和特色

（1）"咨询与投诉"栏目务实为民，颇具特色。截至2016年7月18日，发布的信息数共计超过了1500条。最早一条信息的发布时间是2009年6月9日，最近一条信息的发布时间是2016年4月20日，时间跨度是8年。而且，相关处室回复及时，回复的内容具有针对性。

（2）微博更新速度较快。江苏省民政厅官方门户网站的微博等级是20级，级别比较高。截至2016年7月18日，微博信息条数1171条，粉丝数27358人。同时还设置了"民政微语"服务栏目。

2. "互联网+"社会救助服务的劣势和不足

（1）路径长，浏览程序烦琐，服务内容少。很多省份民政部门都是按照民政业务设置链接，然而，江苏省"互联网+"社会救助的做法与众不同，在网站首页上无法直接找到社会救助服务和救灾减灾服务板块。正如上文所述，阅读社会救助和救灾减灾信息需要六级连接才能到达目标页，而且内容很少。

（2）便民服务设置太少，在线办理服务功能匮乏。在便民服务和在线办理服务板块中竟然没有社会救助和救灾减灾服务板块。

（3）新媒体平台和工具少，交互性差，服务功能弱。没有提供在线即时咨询服务、官方APP服务、微信公众号等新媒体平台和工具。

(4) 社会救助服务板块不健全。网站上没有设置社会救助宣传视频等服务栏目。领导信箱、网上信访、在线办理和监督投诉四个服务板块基本处于"僵尸"状态。总体来看，江苏省"互联网+"社会救助服务体系更应加快建设步伐。

十一 浙江省"互联网+"社会救助融合服务现状

（一）"互联网+"社会救助的总体设计和服务功能

浙江省"互联网+"社会救助服务没有设置独立的页面和专区，也没有按照民政服务分类设置服务板块，社会救助服务分布在各个板块中。在网站首页"政策法规"下设最低生活保障救助和救灾工作板块，最低生活保障救助板块下设61条政策法规，最新一条信息的发布时间2015年7月29日，最早一条信息的发布时间是2008年2月28日。救灾工作服务板块下设30条政策法规，最新一条信息的发布时间是2016年5月11日，最早一条信息的发布时间是2008年5月16日。社会救助业务和救助信息分布在不同的服务板块中。

（二）"互联网+"社会救助服务的优势和劣势

1. "互联网+"社会救助服务的优势和特色

（1）设置有浙江省民政地图[①]。地图为一级链接，点击进入后可看见页面的右侧是彩色的浙江省电子地图，左侧是避灾安置场所、救灾仓储、全省救助站等9个业务板块。浏览者在任意一项前面的方框内打对号，地图上就会出现全省分布图。浏览者如果在搜索栏中输入地址、行政区划和关键字，就看到相应的信息。美中不足的是没有设置除自然灾害救助之外的社会救助业务板块。

（2）设有在线视频服务板块。共上传了63个视频，包含雷电、洪水、雨雪、泥石流、森林明火、雾霾等自然灾害救助，还设有社会

[①] 根据浙江省民政厅与省测绘和地理信息局2014年1月签订的《进一步加强合作实现信息资源共建共享合作备忘录》精神，在厅局两个部门的共同合作下，浙江省民政地图进入试运行阶段，共包括公众版和政务版两个版本，前者在厅门户网站上线，后者在厅办公内网上线。目前，该地图已标注全省避灾安置场所15141个、救灾仓储299个、养老机构2236个、儿童福利机构65个、救助站76个、烈士纪念设施130个、殡仪馆76个、婚姻登记机构105个和光荣院69个九大类。

救助知识竞赛、会议、领导讲话、救助文化等服务内容。

（3）设有台风路径预报服务板块。设有实时水情、实时雨情、实时风情、台风路径、卫星云图、雨量等值线服务板块。每个服务板块下都设有彩色的地图和表格，表格内是具体的灾情信息。例如，实时风情表格中标注了站名、风力、风速、风向，同时可在地图上显示风速曲线走势图。

（4）设有《浙江民政》电子版服务板块。截至2016年7月18日，共计发布97期。最新一期是2016年第1期，2008—2015年的第1期到第12期都可以浏览，网站提供在线阅读和下载阅读服务。

（5）设有RSS订阅服务板块。社会救助和救灾工作业务都有RSS订阅服务板块，而且这项业务的RSS订阅服务链接路径短，仅需要二级链接。

（6）设有监督投诉板块。截至2016年7月18日，监督投诉板块发布信息360条，最早一条信息的发布时间是2009年8月19日，最新一条信息的发布时间是2016年7月5日。浏览者还可输入"查询号码"查询内容。相关业务部门的回复内容准确、及时。

（7）设有网上咨询服务板块。截至2016年7月18日，共发布信息967条，且均已办结。最早一条信息的发布时间是2009年7月2日，最新一条信息的发布时间是2016年7月7日。

（8）设有厅长信箱服务板块。截至2016年7月18日，共发布信息1030条，社会公众咨询的事项均已办结。最早一条信息的发布时间是2009年7月13日，最新一条信息的发布时间是2016年6月19日。

（9）设有微博服务板块。截至2016年7月18日，2013年10月29日上线的腾讯微博共发布信息2219条，听众数达189335人，微博等级为A.5级。新浪微博共发布信息1744条，粉丝数27439人，微博等级为A.16级。

2."互联网+"社会救助服务的劣势和不足

（1）设置有网上办事服务板块。其下设的办事指南、在线办理、最新办理、结果反馈、表格下载和监督投诉六个服务板块内容较少，仍需进一步完善。

(2)交互性差,即时服务功能弱。没有提供在线即时咨询服务等新媒体平台和工具。微信公众号和在线办理等服务板块仍未发挥出应有的作用。

综上所述,浙江省社会救助部门对公众参与极为重视,切实做到了"务实为民,为民分忧"。为了保障网站服务质量,浙江省民政厅还在全省民政系统内开展各地市民政网站群监测排名工作,督促各地市不断健全门户网站。总体来看,浙江省"互联网+"社会救助服务体系建设成效显著,可以看作全国民政系统"互联网+"社会救助政务服务体系建设的表率。

十二 安徽省"互联网+"社会救助融合服务现状

(一)"互联网+"社会救助的总体设计和服务功能

安徽省"互联网+"社会救助服务比较分散,主要服务设置在安徽社会救助专题板块中,其下设有综合动态、最低生活保障救助、特困人员供养救助、医疗救助、临时救助、受灾人员救助、政策法规等服务板块。综合动态板块发布信息317条(2013年1月9至2016年7月12日),最低生活保障救助板块发布信息419条(2013年1月5日至2016年7月7日),特困人员供养救助板块发布信息222条(2013年1月21日至2016年7月7日),医疗救助板块发布信息172条(2013年1月9日至2016年7月4日),临时救助板块发布信息48条(2013年3月12日至2016年6月14日),受灾人员救助板块发布信息74条(2013年1月8日至2016年7月12日),政策法规板块发布信息69条(2012年12月27日至2016年6月14日)。同时,还在其他多处设置有社会救助业务板块。例如,在首页一级链接"民政业务办事指南公共服务"板块下设置了城乡最低生活保障救助、医疗救助、临时救助、流浪救助。城乡最低生活保障救助下设9部政策法规(2013年11月13日至2016年6月14日)。医疗救助下设8部政策法规(2012年12月27日至2016年3月8日)。临时救助下设两部政策法规(2015年8月到9月)。流浪救助下设5部政策法规(2013年1月10日至2016年3月8日)。此外,社会救助信息设置在首页一级链接"社会救助信息公开"服务板块下,截至2016年7月18日,共发布信息248条(2012年12月14日至2016年7月15

日），包含社会救助工作的方方面面。社会救助政策法规设置在"政策法规"服务板块下，并非独立设置。救灾工作设置在"民政工作政策查询"服务板块下，只设有两部政策法规和两部政策法规解读。

（二）"互联网+"社会救助服务的优势和劣势

1. "互联网+"社会救助服务的优势和特色

（1）与安徽农村广播阳光热线合办《民政之音》栏目（2013年3月12日至2015年9月7日，共上线32期），社会救助处和救灾处负责人都曾在本栏目与社会公众在线交流。

（2）较为重视民意。在互动交流服务板块下设置了厅长信箱、网上信访、意见建议、留言咨询、民意征集和在线访谈六个服务板块，共发布信息近400条（2013—2016年4月）。对咨询人的咨询回复内容比较详细。

2. "互联网+"社会救助服务的劣势和不足

（1）网站首页服务板块结构不尽合理，栏目重复设置。一是表现在首页中间设置了中国政府网、安徽政府网、民政部网等网站链接页面，面积较大，占用了有限的页面资源。这些网站的链接页面可以缩小面积，设置在首页的顶部、底部或某个边缘且较为醒目的位置上。二是表现在社会救助业务服务板块分散在多处，不利于浏览者迅速点击阅读。

（2）便民服务设置太少，在线办理服务功能匮乏。社会公众无法在线办理社会救助和救灾减灾业务。

（3）新媒体平台和工具少，交互性差，服务功能弱。没有提供在线即时咨询、微博、官方APP服务、微信公众号等新媒体平台和工具。

（4）社会救助服务板块不健全。网站上没有设置社会救助宣传视频等服务栏目。在线办理和监督投诉服务板块基本处于"僵尸"状态。总体来看，安徽省"互联网+"社会救助服务体系也应加快建设步伐。

十三　福建省"互联网+"社会救助融合服务现状

（一）"互联网+"社会救助的总体设计和服务功能

在"首页>网上办事>绿色通道>最低生活保障群体>城乡最低生活保障"路径下可以看到政策法规、通知公告、办事指南、表格下载、最低生活保障救助标准和常见问题六项服务板块。政策法规板块发布有信息 15 条，通知公告板块发布有信息 18 条，办事指南板块发布有信息 1 条，表格下载板块发布有信息 2 条，最低生活保障救助标准板块发布有信息 3 条，常见问题板块发布有信息 14 条。这些信息发布时间为 2010—2015 年。在首页"网上办事"下面按照业务主题分类，设有最低生活保障对象、医疗救助和临时救助三个业务服务板块。

（二）"互联网 +" 社会救助服务的优势和劣势

1. "互联网 +" 社会救助服务的优势和特色

（1）设置有场景式服务导航服务板块，服务内容详细具体。在"首页 > 网上办事 > 场景式服务导航 > 社会救助"路径下可以看到城乡最低生活保障救助、低收入居民医疗救助和农村"五保"供养救助三项链接，在技术层面，采用的是向下逐级弹开式设计，节省了页面资源。点开最后一级业务板块的链接后，可以看到具体的办事指南项目。以城乡居民最低生活保障救助待遇申请指南为例，这些具体的办事指南项目包括事项名称、事项编码、事项类别、法定依据、收费标准及依据、申报条件、申报材料、办理流程、数量限制、法定期限、承诺期限、办理机关、责任部门、受理地址、办公时间（夏季、冬季上午和下午工作时间）、联系电话、监督电话、受理形式。

（2）提供移动智能手机客户端服务。浏览者可以在网站首页点击"手机用户"进入客户端和手机版服务页面，通过下载安卓系统或扫描二维码享受政务服务。

（3）提供 RSS 订阅服务。浏览者可以在网站上下载和安装一个 RSS 新闻阅读器，然后从网站提供的聚合新闻目录列表中订阅感兴趣的新闻栏目的内容。订阅后，将会及时获得所订阅新闻频道的最新内容。

（4）检索平台有特色。设置了普通检索和高级检索平台。高级检索平台又分为综合类、文件类、办事类和动态类四个服务板块，每个板块的界面各有特色（见表 2 - 2）。

表2-2 福建民政厅网站高级检索平台

	综合类		文件类	
检索位置	检索词框	□不限 □标题 □文号 □关键词 □发布机构 □附件名 □索引号	检索词框	□不限 □标题 □文号 □关键词 □发布机构 □附件名 □索引号
发布时间	□----□（软键盘输入）		□----□（软键盘输入）	
所属栏目	□不限 □信息公开 □公众参与 □网上办事 □专题专栏			
排序方式	□时间降序 □时间升序 □相关度 □每页显示（1—20）		□时间降序 □时间升序 □相关度 □每页显示（1—20）	
	搜索按钮	重置按钮	搜索按钮	重置按钮
	办事类		动态类	
检索位置	检索词框	□不限 □标题 □关键词 □附件名	检索词框	□不限 □正文 □来源 □附件名
资源类型	□不限 □办事 □表格 □样表			
职权类型	□不限 □行政许可 □行政裁决 □行政确认 □行政强制 □行政处罚 □行政监督检查 □行政给付 □管理服务 □便民服务			
发布时间			□----□（软键盘输入）	

续表

办事类		动态类	
办事类型	□不限 □个人 □婚姻登记 □收养登记 □退役士兵对象 □爱心捐赠 □最低生活保障对象 □优抚对象 □临时救助 □医疗救助 □法人 □社会团体 □民办非企业 □基金会 □殡葬机构 □福利机构 □地方政府	所属栏目	□省厅信息 □市县动态 □媒体关注
排序方式	□时间降序 □时间升序 □相关度 □每页显示（1—20）	排序方式	□时间降序 □时间升序 □相关度 □每页显示（1—20）
搜索按钮	重置按钮	搜索按钮	重置按钮

（5）咨询投诉有特色。2011—2016 年，共计受理办结社会救助和救灾业务咨询投诉 148 条。2011—2016 年，共发布"在线访谈"文字直播、图片直播、视频直播等信息 57 条。

（6）提供办件统计服务。在网站首页上设置有累计收件、累计办件、昨日收件、昨日办结以及办理情况查询（输入申报号、输入查询号）服务。

2."互联网+"社会救助服务的劣势和不足

（1）门户网站首页上的服务板块结构不尽合理，栏目重复设置，链接路径较长，不利于浏览者迅速点击阅读。

（2）便民服务设置太少，在线办理服务功能匮乏。社会公众无法在线办理社会救助业务和救灾减灾业务。

（3）新媒体平台和工具少，交互性差，服务功能弱。没有提供在线即时咨询服务、微博、官方 APP 服务、微信公众号等新媒体平台和工具。

（4）社会救助政务服务板块不健全。社会救助宣传视频和在线办理服务功能较弱。总体来看，福建省"互联网+"社会救助服务体系仍应加快建设步伐。

十四　江西省"互联网+"社会救助融合服务现状

（一）"互联网+"社会救助的总体设计和服务功能

江西省"互联网+"社会救助服务较为分散，服务板块也不多。主要设置在网站首页"办事指南"服务板块下，分为城乡最低生活保障申请、大病医疗救助申请、"五保"供养申请和灾害救助申请四个板块。城乡最低生活保障申请板块中只有城乡居民最低生活保障救助申办一项服务，大病医疗救助申请、"五保"供养救助申请和灾害救助三个板块中仅有几项申请问答，内容极少。

（二）"互联网+"社会救助服务的优势和劣势

1."互联网+"社会救助服务的优势和特色

网上信访服务板块较具特色。很多省份的网上信访工作都由对应的业务处室负责回复，江西省民政厅的网上信访工作由信访处专门负责，分设建议咨询、信访热线、厅长信箱、监督投诉等服务板块。截至 2016 年 7 月 17 日，共计发布 3226 条信息，时间段为 2010 年 12 月 14 日至 2016 年 7 月 18 日。虽然这些信息中有关社会救助的条数占比不太高，但是，这充分表明江西省民政部门比较重视"互联网+"社会救助工作。

2. "互联网+"社会救助服务的劣势和不足

（1）未设置社会救助专区服务板块。虽然在网站首页下方设置有"江西社会救助信息网"链接，但是，并未开通，形同虚设。

（2）在线办理服务功能匮乏。社会公众无法在线办理社会救助和减灾救灾相关业务。

（3）新媒体平台和工具少，交互性差，服务功能弱。没有提供在线即时咨询服务、微博、官方 APP 服务、微信公众号等新媒体平台和工具。

（4）社会救助服务板块不健全。社会救助宣传视频、统计数据、RSS 订阅和电子期刊等服务板块缺乏。总体来看，江西省"互联网+"社会救助服务体系建设正可谓长路漫漫。

十五 山东省"互联网+"社会救助融合服务现状

（一）"互联网+"社会救助的总体设计和服务功能

山东省"互联网+"社会救助服务主要设置在官方门户网站首页的"民政业务"服务板块下，分为社会救助和减灾救灾两个部分。社会救助板块包含两个法规文件板块和数据统计服务板块。法规文件板块公示了 32 项法规制度（2012 年 5 月 10 日至 2016 年 1 月 19 日）；数据统计板块主要公示了最低生活保障救助情况，信息总数 33 条（2012 年 5 月 10 日至 2015 年 12 月 4 日）；减灾救灾板块公示了 64 条政策法规（2012 年 5 月 10—25 日）。另外还设置了"灾情快报"板块，不过，内容是空白的。

（二）"互联网+"社会救助服务的优势和劣势

1. "互联网+"社会救助服务的优势和特色

山东省"互联网+"社会救助服务体系建设比较滞后，基本上没有什么优势和特色。2013 年 10 月 18 日开通的官方微博（A.4 级）也未获得更高关注度，截至 2016 年 7 月 18 日，共发布广播 758 条，听众 70902 人。

2. "互联网+"社会救助服务的劣势和不足

（1）新媒体平台和工具少，交互性差，服务功能弱。未提供在线即时咨询服务、官方 APP 服务、微信公众号等新媒体平台和工具。

（2）社会救助服务板块不健全。未设置社会救助常见问题解答、表格下载、宣传视频、网上咨询、网上信访、厅长信箱、咨询投诉、网上监督、在线办理、办件查阅、RSS 订阅、电子报刊、导航地图等便民服务栏目。总体来看，山东省"互联网+"社会救助服务体系建设严重滞后①。

十六　河南省"互联网+"社会救助融合服务现状

（一）"互联网+"社会救助的总体设计和服务功能

河南省"互联网+"社会救助服务板块主要设置在官方门户网站首页公共服务板块下，分为城乡居民最低生活保障救助、救灾救济、医疗救助和"五保"供养四个服务板块。城乡居民最低生活保障服务板块下只公示了两部政策法规，时间分别是 2009 年和 2012 年。救灾救济服务板块下发布了 6 条信息，内容涉及自然灾害救助报告、救灾款物分配流程、捐助点分布等内容。医疗救助服务板块下发布了 8 条信息，内容涵盖工作总结、通知、简报、荣誉表彰，时间是 2013—2014 年。"五保"供养服务板块下发布了 12 条不相关的信息。

（二）"互联网+"社会救助服务的优势和劣势

1. "互联网+"社会救助服务的优势和特色

河南省"互联网+"社会救助服务体系建设比较滞后，基本没有什么明显优势和突出特色。

2. "互联网+"社会救助服务的劣势和不足

（1）对"互联网+"社会救助服务体系建设缺乏应有重视。例如，点击"'五保'供养"服务板块，显示的内容竟然是"规划财

---

① 2016 年 10 月 7 日再次登录该网站时发现，网站已经改版，改版后的社会救助业务板块的地位还不如此前。由此可见，山东省民政厅在"互联网+"社会救助政务服务体系建设方面不但没有进步，反而有些倒退。

务",发布的12条信息中有8条信息是"三公"经费调整和部门预决算,有1条信息是彩票公益金使用情况公告,另外3条信息是2013年1—3月的社会服务统计月报。上述12条信息与"五保"供养并无直接关联。点击"医疗救助"服务板块,显示的内容竟然是"界线管理",发布的8条信息中有两条是2014年第1—2期的简报,其余6条信息分别是省界联检工作总结、省界线管理办公室2013年上半年工作总结、关于表彰全省行政区域界线管理工作先进集体和先进个人的决定、加强领导狠抓落实全面推进平安边界建设工作、关于做好第三轮市县两级行政区域界线联合检查工作的通知、关于对平安边界建设等项工作进行检查的通知。由此可见,河南省民政厅和社会救助业务处室对"互联网+"社会救助服务体系建设不重视。

(2) 新媒体平台和工具少,交互性差,服务功能弱。没有提供在线即时咨询、官方APP服务、微信公众号等新媒体平台和工具。

(3) 社会救助服务板块不健全。网站上没有设置社会救助常见问题解答、表格下载、宣传视频、网上咨询、网上信访、厅长信箱、咨询投诉、网上监督、在线办理、办件查阅、RSS订阅、电子报刊、服务导航地图等便民服务栏目。总体来看,河南省"互联网+"社会救助服务体系建设严重滞后。

十七 湖北省"互联网+"社会救助融合服务现状

(一) "互联网+"社会救助的总体设计和服务功能

湖北省"互联网+"社会救助服务主要设置在官方门户网站首页的办事服务和业务处室两个服务板块下。办事服务服务板块下设了社会救助和减灾救灾两个服务板块,社会救助板块包含城市最低生活保障救助、农村最低生活保障救助、农村"五保"救助、医疗救助、临时救助;减灾救灾板块仅包含自然灾害救助。6个救助类别都设置了设定依据、申请条件、办理材料、办理地点、办理时间、联系电话和办理流程7个子项,每个子项下公示的内容比较明晰。业务处室服务板块下设了社会救助、减灾救灾和备灾捐赠三个服务板块。社会救助信息超过了1300条(2013—2016年),其中1200条信息为工作动态和地方信息;政策法规和工作交流信息不足100条。

(二)"互联网+"社会救助服务的优势和劣势

1. "互联网+"社会救助服务的优势和特色

湖北省"互联网+"社会救助服务体系建设也比较滞后,基本没有什么明显优势和突出特色。

2. "互联网+"社会救助服务的劣势和不足

(1)公众互动栏目形同虚设。公众互动栏目下设有厅长信箱、咨询投诉、在线沟通、来信选登、在线访谈和在线举报六个板块。但是,这些板块并没有发挥出应有的作用,基本属于"僵尸"服务项目。

(2)新媒体平台和工具少,交互性差,服务功能弱。没有提供在线即时咨询服务、官方APP服务、微信公众号等新媒体平台和工具。

(3)社会救助服务板块不健全。网站上也没有设置社会救助常见问题解答、表格下载、宣传视频、网上咨询、网上信访、厅长信箱、咨询投诉、网上监督、在线办理、办件查阅、RSS订阅、电子报刊、导航地图等便民服务栏目。总体来看,湖北省"互联网+"社会救助服务体系建设比较滞后。

十八 湖南省"互联网+"社会救助融合服务现状

(一)"互联网+"社会救助的总体设计和服务功能

湖南省"互联网+"社会救助服务主要设置在官方门户网站首页的"业务专栏"下,包含社会救助和减灾救灾两个板块。社会救助板块公示了31项政策文件和城乡医疗救助、农村"五保"供养、城乡最低生活保障救助申请指南。减灾救灾板块公示了80项重点工作(2014—2016年)、13条防灾减灾科普知识和22条交流经验。另外,民政快讯和信息公开等服务板块中也包含社会救助相关服务事项,便民服务板块下公示了湖南省救助站的地址和电话。

(二)"互联网+"社会救助服务的优势和劣势

1. "互联网+"社会救助服务的优势和特色

湖南省"互联网+"社会救助服务体系建设也比较滞后,基本没有什么明显优势和突出特色。不过,政民互动服务板块还是部分发挥了应有的作用。该栏目下设了厅长信箱、留言咨询、网上信访、在线调查和政务访谈五个服务板块。其中,"留言咨询"还算不错,共有

2768条记录。在站内搜索框中，输入关键字"低保"，共显示84条记录，最近一条回复信息是2016年8月4日。输入关键字"救助"，共显示36条记录，不过，最近一条回复信息是2015年10月25日。输入关键字"五保"，共显示21条记录，不过，最近一条回复信息是2016年3月11日。输入关键字"灾害"，共显示5条记录，不过，最近一条回复信息是2014年9月1日。从这四项搜索结果分析，社会救助业务处室的工作态度还是积极的、认真的，能够及时地、动态地回复信息。"网上信访"板块下共有2066条记录。在站内搜索框中，输入关键字"低保"，共计显示207条记录，最近一条回复信息是2016年9月29日。不过，输入"救助""五保""灾害"后显示的记录和输入"低保"后显示的记录完全相同[①]。

2. "互联网+"社会救助服务的劣势和不足

（1）政民互动服务板块并未充分发挥应有的作用。该栏目下设的厅长信箱、在线调查和政务访谈三个服务板块并没有发挥明显作用，基本属于"僵尸"服务项目。

（2）新媒体平台和工具少，交互性差，服务功能弱。没有提供在线即时咨询、官方APP服务、微信公众号等新媒体平台和工具。

（3）社会救助政务服务板块不健全。社会救助表格下载、宣传视频、网上信访、厅长信箱、咨询投诉、网上监督、在线办理、办件查阅、RSS订阅、电子报刊、导航地图等便民服务栏目也比较缺乏，微博的公共服务功能也较弱。总体来看，湖南省"互联网+"社会救助服务体系建设比较滞后。

十九 广东省"互联网+"社会救助融合服务现状

（一）"互联网+"社会救助的总体设计和服务功能

广东省"互联网+"社会救助服务板块设计侧重于自然灾害救助业务，这和全国很多省份以城乡居民最低生活保障救助为核心的社会救助板块设计定位不同。同时也没有针对社会救助开设专栏专题或独立网页。自然灾害救助服务主要分布在防灾减灾和灾情快报两个服务

---

① 本处数据采集时间是2016年10月7日。

板块中。防灾减灾下设工作动态、预警信息和应急预案。其中，工作动态板块发布了2009—2016年的近300条信息。此外，还设有应急指南板块，提供警报系统、求救电话、撤离路线、家庭应急、预警信号、求救信号、避难场所、重返家园。这些服务板块中包含各种自然灾害预警信号种类、求救信号种类以及避难防灾科普知识。在网站首页的"业务概览"中虽然也介绍了社会救助、灾害工作、流浪救助，但基本属于部门职责公示。灾情快报板块发布了200多条信息，包含各种灾害预警预报、灾害损失、新闻报道、工作简报、应急响应、救灾工作。

（二）"互联网+"社会救助服务的优势和劣势

1. "互联网+"社会救助服务的优势和特色

（1）建立了网络发言人制度。公示了网络发言人的QQ号码和电子邮箱。

（2）建有官方微博。2013年7月4日上线的腾讯微博如今已经发布广播1659条，听众数为201631人，微博等级为A.4级。新浪微博发布信息1672条，粉丝26752人，微博等级为A.17级。总体来看，广东省社会救助服务的官方微博服务质量和影响力位居全国前列。

（3）提供RSS订阅和民政论坛服务，虽然两者目前的运行情况不尽如人意，但却是一个可喜的开端。

2. "互联网+"社会救助服务的劣势和不足

（1）互动回应服务功能仍需强化。互动回应类服务功能设有厅长信箱、投诉举报、网上咨询、建言献策、问题列表、回复列表、网上调查、意见征集和在线访谈九个板块。其中，点击厅长信箱和建言献策后显示的页面相同，只有登录者注意事项和需要填写的信息。投诉举报链接到各地市网站。网上咨询板块和厅长信箱、建言献策板块显示的页面相同。问题列表共列出7条记录，时间段为2016年8月9—25日，内容均和社会救助服务无关。回复列表中的内容和问题列表公示的内容完全相同。网上调查发布了5份调查问卷，内容均和社会救助服务无关。意见征集列出了7部规章，其中有两部是贫困人员救助制度。在线访谈列出10条信息，其中只有1条是社会救助服务，访谈时间是 2012 年 6 月。由此可知，互动回应服务板块功能只是部分得以发挥，这也表明广东省民政厅和社会救助业务处室的重视程度仍然不够。

（2）新媒体平台和工具少，交互性差，服务功能弱。没有提供在线即时咨询服务、官方 APP 服务、微信公众号等新媒体平台和工具。

（3）社会救助服务板块不健全。社会救助表格下载、宣传视频、网上信访、网上监督、在线办理、电子报刊、导航地图等便民服务栏目或缺乏或功能匮乏。总体来看，广东省"互联网+"社会救助服务体系建设比较滞后。

二十　广西壮族自治区"互联网+"社会救助融合服务现状

（一）"互联网+"社会救助的总体设计和服务功能

广西壮族自治区"互联网+"社会救助服务主要设在首页的"民政业务"服务板块下，包括城乡居民最低生活保障、医疗救助、"五保"供养救助、减灾救灾救助。不过，各项业务在线办理基本处于停滞状态。同时，还设置了灾情快报服务板块，截至 2016 年 7 月 19 日，共计公布自然灾害信息 63 条，时间段为 2015—2016 年。

（二）"互联网+"社会救助服务的优势和劣势

1. "互联网+"社会救助服务的优势和特色

广西壮族自治区的"互联网+"社会救助服务体系建设也比较滞后，基本上没有什么明显的优势和突出特色。

2. "互联网+"社会救助服务的劣势和不足

（1）互动回应和在线办事服务板块功能仍需强化。城乡居民最低生活保障救助服务办理虽然设置了网上预约项，但是，没有实际开通服务。厅长信箱、民政信箱、我要写信、写信指南、便民问答、办事指南、便民查询、回应关切、网上调查等服务板块并没有发挥出应有的作用。便民问答板块共发布了 76 条信息，其中有 22 条信息属于社会救助业务，占 28.9%；办事指南板块发布了 18 条信息，社会救助信息有 5 条；便民查询板块发布了 2 条信息，社会救助信息 1 条，回应关切板块发布了 5 条信息，社会救助信息 1 条；网上调查板块发布了 4 条信息，社会救助信息 1 条。各个服务板块的功能尚未得到应有的发挥，社会公众和组织无法在线办理业务。

（2）新媒体平台和工具少，交互性差，服务功能弱。没有提供在线即时咨询服务、官方 APP 服务、微博、微信公众号等新媒体平台和工具。

（3）社会救助服务板块不健全。社会救助表格下载、宣传视频、网上信访、网上监督、网上投诉、建言献策、在线办理、进度查询、办结回馈、电子报刊、导航地图等便民服务栏目或缺乏或形同虚设。总体来看，广西壮族自治区"互联网＋"社会救助政务服务体系建设比较滞后。

二十一　海南省"互联网＋"社会救助融合服务现状

（一）"互联网＋"社会救助的总体设计和服务功能

海南省"互联网＋"社会救助服务板块的位置较为明显，在官方门户网站首页上方设置了"社会救助"一级链接。不过，其下包含的内容却很少，主要是城乡最低居民生活保障表和社会救助统计表，提供在线阅读和下载服务。两个统计表内设置的项目非常详细，如救助对象占非农人口比例、救助类别、当月救助户数、当月救助对象人数、累计救助对象人次、救助对象类别、当月资金支出、累计资金支出数、月人均救助水平、救助标准等。另外，在网站首页设置的"政策法规"中包含约 80 部社会救助和救济救灾政策法规。

（二）"互联网＋"社会救助服务的优势和劣势

1. "互联网＋"社会救助服务的优势和特色

海南省"互联网＋"社会救助服务体系建设也比较滞后，基本上没有什么明显优势和突出特色。

2. "互联网＋"社会救助服务的劣势和不足

（1）社会救助服务板块和内容设置匮乏。网站首页上设置的一级链接"互动交流"板块共包括投诉热线、人大建议、政协提案、网上信访、业务问答、在线访谈和网络视频七个板块。投诉热线板块公示的是包含社会救助处在内的八个部门的电话。人大建议板块只有几条信息。政协提案板块公示的提案很多，但它是海南省人民政府的政协提案办理回复平台，回复部门是海南省各个委办厅局，并非海南省民政厅一家单位。网上信访和业务问答两个板块显示的是海南省人民政府的网上投诉和业务问答平台，不是海南省民政厅自己设立的平台。在线访谈板块发布的23项民政部的正副部长们的在线访谈实录，并非是海南省民政厅社会救助处室和救灾处室工作人员的在线访谈视频。网络视频板块发布了13段民政部、公安部、CCTV工作视频和报道视频，其中CCTV的新闻报道视频有11段，内容为自然灾害救助和流浪乞讨人员寻亲救助。由此可见，海南省民政厅网站上设置的服务板块和发布很多都与社会救助服务没有关系，符合海南省地方情况的社会救助服务极为匮乏。这也可以看出，民政厅和社会救助处对"互联网+"社会救助服务体系建设不够重视。

（2）新媒体平台和工具少，交互性差，服务功能弱，互动交流和在线办事服务板块功能仍需强化。

（3）社会救助服务板块不健全。网站没有提供厅长信箱、民政信箱、网上咨询、在线沟通、来信选登、即时咨询、官方APP服务、微博、微信公众号等新媒体平台和工具，也未设置社会救助表格下载、宣传视频、网上信访、RSS订阅、网上监督、在线办理、电子报刊、导航地图等便民服务板块。总体来看，海南省"互联网+"社会救助服务体系建设严重滞后。

二十二 重庆市"互联网+"社会救助融合服务现状

（一）"互联网+"社会救助的总体设计和服务功能

重庆市"互联网+"社会救助服务板块的位置较为明显，在官方网站首页上方设置了"主题服务"一级链接。设置的服务板块有最低生活保障救助、医疗救助、临时救助、救灾减灾救助、流浪乞讨人员救助，共公布了33项政策法规和便民问答。还设有社会救助和自然灾害救助的政策解读。

（二）"互联网+"社会救助服务的优势和劣势

1. "互联网+"社会救助服务的优势和特色

重庆市"互联网+"社会救助服务体系建设也比较滞后，基本上没有什么明显优势和突出特色。不过，局长信箱板块中关于社会救助的回复还是不错的，该板块共有2938条记录，在站内搜索框中，输入"低保",得到590条记录;在站内搜索框中,输入"医疗救助",得到21条记录;在站内搜索框中,输入"灾害",得到3条记录;在站内搜索框中,输入"救灾",得到1条记录;在站内搜索框中,输入"临时救助",得到两条记录。以上各项搜索记录占21%。此外,网站还提供邮件的办结情况查询,用户可以使用邮件查询码和手机号查询。

2. "互联网+"社会救助服务的劣势和不足

(1) 交流互动服务板块功能仍需强化。网站首页下设的交流互动服务板块包括便民问答、局长信箱、热线中心。便民问答中发布了23条信息,有9条是自然灾害救助和特困人员救助信息,时间跨度是2013年7—12月,但2014年至今的信息缺失。热线中心板块公示的是重庆市民政救助热线号码66001919。

(2) 新媒体平台和工具少,交互性差,服务功能弱。没有提供在线即时咨询服务、官方APP服务、微博、微信公众号等新媒体平台和工具。

(3) 社会救助服务板块不太健全。社会救助表格下载、咨询投诉、在线沟通、来信选登、在线访谈、宣传视频、网上信访、RSS订阅、网上监督、在线办理、电子报刊、导航地图等便民服务板块或者缺失或者基本处于"僵尸"状态。总体来看,重庆市"互联网+"社会救助服务体系建设严重滞后。

二十三 四川省"互联网+"社会救助融合服务现状

(一) "互联网+"社会救助的总体设计和服务功能

四川省"互联网+"社会救助服务板块的位置较为明显,在网站首页设置了"社会救助"一级链接,下设的服务板块有工作动态和政策法规。截至2016年7月19日,共发布了工作动态信息109条,政策法规26部。内容涉及最低生活保障救助、"五保"供养救助、医保救助、特困人员救助等社会救助制度。

(二) "互联网+"社会救助服务的优势和劣势

1. "互联网+"社会救助服务的优势和特色

四川省"互联网+"社会救助服务体系建设也比较滞后,基本上没有什么明显优势和突出特色。

2."互联网+"社会救助服务的劣势和不足

（1）互动交流功能亟须快速强化，交互性差。网站首页设置有"互动交流"一级链接，下设网上信访和问题解答。网上信访只有信访者需要填写的信息栏，没有回复信息。问题解答中有18条记录，"五保"救助记录为3条，其中，两条记录的发布时间是2016年。在首页设置有"民政论坛"，下设建言献策板块，不过，显示的页面是信访者需要填写的信息栏，没有回复信息。

（2）新媒体平台和工具少，网站也没有提供在线即时咨询、官方APP服务、微博、微信公众号等新媒体平台和工具。

（3）社会救助服务板块不健全，服务功能弱。社会救助表格下载、厅长信箱、咨询投诉、宣传视频、网上信访、RSS订阅、网上监督、在线办理、电子报刊、导航地图、在线沟通、来信选登、在线访谈等服务板块或者缺失或者基本处于"僵尸"状态。总体来看，四川省"互联网+"社会救助服务体系建设严重滞后。

二十四　贵州省"互联网+"社会救助融合服务现状

（一）"互联网+"社会救助的总体设计和服务功能

贵州省"互联网+"社会救助服务板块的位置较为明显，在网站首页设置有"业务工作"一级链接，下设的服务板块有社会救助和减灾救灾两个板块。社会救助板块下发布了192条信息（2005年2月22日至2016年7月15日），内容覆盖范围广泛，有社会救助法规、领导视察、培训、会议、资金支付、临时救助等内容。减灾救灾板块下发布了213条信息，信息发布时间段、内容覆盖范围、板块结构与社会救助板块基本相同。

（二）"互联网+"社会救助服务的优势和劣势

1."互联网+"社会救助服务的优势和特色

贵州省"互联网+"社会救助服务体系建设也比较滞后，基本上没有什么明显优势和突出特色。

2."互联网+"社会救助服务的劣势和不足

（1）互动交流和在线办事服务板块功能亟须强化。网站首页设置有"交流互动"服务板块，下设厅长信箱（又名基层民意网络直通车)、投诉举报、廉政建设意见（又名党风廉政建设意见箱）、意见征集、投票调查和咨询电话六个版块。厅长信箱版块发布的信件数为1608条，但是回复工作不尽如人意，有的信件的"处理情况"一栏中显示文字为"处理完成"，点击后会发现，其实并没有真正处理完成，或者显示为正处于受理状态，或者显示为"内容未被公开！"有的信件直接显示为"正在处理"。投诉举报板块发布的信件数为189条，回复情况和厅长信箱中信件的回复情况基本一致。廉政建设意见板块发布的信件数为1条，回复情况栏显示为"处理完成"，点击后可见显示状态为"内容未被公开！"意见征集板块发布了5条信息，均与社会救助业务无关。投票调查板块设3个调查问卷，都是关于网站建设的调查。咨询电话板块设包括社会救助业务部门在内的4个部门的电话号码。首页设置有"在线服务"板块，下设的网上办事大厅、办事指南、便民问答、表格下载、监督保障。网上办事大厅采用立体化场景式设计，视觉感很好，现有6项业务，但是没有社会救助业务。便民问答中发布了67条信息，社会救助信息是15条。办事指南、表格下载、监督保障下设的内容均与社会救助业务无关。

（2）新媒体平台和工具少，交互性差，服务功能弱。没有提供在线即时咨询服务、官方APP服务、微博、微信公众号等新媒体平台和工具。

（3）社会救助服务板块不健全。社会救助表格下载、咨询投诉、在线沟通、来信选登、在线访谈、宣传视频、网上信访、RSS订阅、网上监督、在线办理、电子报刊、导航地图等便民服务板块或者缺乏或者基本上处于"僵尸"状态。总体来看，贵州省"互联网+"社会救助服务体系建设严重滞后。

二十五 云南省"互联网+"社会救助融合服务现状

（一）"互联网+"社会救助的总体设计和服务功能

云南省"互联网+"社会救助服务板块的位置较为明显，在网站首页设置了"城乡社会救助系统"[①] 和"防灾减灾救灾"两个一级链

---

① 由于城乡低保救助系统需要用户名和密码，故没有阐述该板块服务内容。

接。防灾减灾救灾板块设有独立子站，设置有机构概况、工作动态、通知公告、政策法规、专题专栏、领导讲话、教育培训、资源下载、他山之石、灾情专报、减灾备灾、救灾捐赠和州市动态13个服务板块。截至2016年7月19日，共计发布灾情简报、款物捐赠、动态信息、法规政策等近200条。同时，在首页设置有"民政工作"一级链接，下设有社会救助板块，包含社会救助综合业务、社会救助相关政策法规、社会救助基础数据、社会救助业务承办机构、城市居民最低生活保障救助、农村居民最低生活保障救助、城市医疗救助、农村医疗救助、农村"五保"户救助、60年代精简退职职工生活补助标准和临时救助。社会救助综合业务发布了18条综合性信息，社会救助相关政策法规发布了14条政策法规，社会救助基础数据中公示了3条信息，社会救助业务承办机构公示了各个地市民政部门最低生活保障处室、科室电话，城市居民最低生活保障救助中发布了6条综合性信息，农村居民最低生活保障救助中发布了6条综合性信息，城市医疗救助中发布了7部政策法规，农村医疗救助中发布了7部政策法规，农村"五保"户救助中发布了7条信息，60年代精简退职职工生活补助标准中发布了3项规定，临时救助发布了4项规定。

（二）"互联网+"社会救助服务的优势和劣势

1. "互联网+"社会救助服务的优势和特色

云南省"互联网+"社会救助服务体系建设也比较滞后，基本上没有什么明显优势和突出特色。不过，防灾减灾救灾板块下设的机构概况、工作动态、通知公告、政策法规、专题专栏、领导讲话、教育培训、资源下载、他山之石、灾情专报、减灾备灾、救灾捐赠和州市动态13个服务板块中的内容还算比较丰富，数据翔实。

2. "互联网+"社会救助服务的劣势和不足

（1）社会救助服务板块功能亟须强化。例如，"民政工作"下设的社会救助板块中各项业务的发布时间有些滞后，社会救助综合业务的发布时间主体都在2009—2012年，2013年没有发布信息，2014年发布的信息只有3条。社会救助相关政策法规发布的14条信息中，2009年发布的信息数为6条，2015年发布的信息条数为8条，其他年份没有发布信息。社会救助基础数据发布的3条信息中，2009年发布的信息数为1条，2011年发布的信息数为两条。城市居民最低生活保障救助发布的6条信息中，2009年发布的信息数为5条，2010年发布的信息数为1条。农村居民最低生活保障救助发布的6条信息中，2009年发布的信息数为4条，2010年发布的信息数为两条。城市医疗救助发布的7条信息中，2009年发布的信息数为6条，2010年发布的信息数为1条。农村医疗救助发布的7条信息中，2009年发布的信息数为6条，2010年发布的信息数为1条。农村"五保"户救助发布的7条信息中，2009年发布的信息数为5条，2010年发布的信息数为3条。60年代精简退职职工生活补助标准发布的3条信息中，2009年发布的信息数为3条。临时救助发布的4条信息中，2009年发布的信息数为4条。由此可见，信息更新的速度过于迟缓，从2014年至今没有发布任何信息。2015年，国务院下发通知开展全国政府官方门户网站政务服务功能普查，这项工作历时将近一年，许多政府网站都在这期间完善了各项服务功能，可是，云南省民政厅社会救助政务服务体系建设情况却未见任何改观，最终还通过了本次评估。这表明省民政厅和社会救助业务经办部门并未给予足够重视。

（2）新媒体平台和工具少，交互性差，服务功能弱。没有提供在线即时咨询服务、官方APP服务、微博、微信公众号等新媒体平台和工具。

（3）社会救助服务板块不健全。社会救助表格下载、宣传视频、网上信访、RSS订阅、网上监督、在线办理、电子报刊、厅长信箱、咨询投诉、在线沟通、来信选登、在线访谈、导航地图、在线调查等便民服务板块或者缺失或者基本处于"僵尸"状态。总体来看，云南省"互联网+"社会救助服务体系建设严重滞后。

二十六　陕西省"互联网+"社会救助融合服务现状

（一）"互联网+"社会救助的总体设计和服务功能

陕西省"互联网+"社会救助服务板块的位置较为明显，在官方门户网站首页设置了"民政业务"和"民政服务"两个一级链接。民政业务下设城乡最低生活保障救助、"五保"供养救助、医疗救助、临时救助、救助管理和救灾减灾救助六个服务板块。城乡最低生活保障救助板块发布了 23 部政策法规，"五保"供养救助板块发布了 12 部政策法规，医疗救助板块发布了 6 部政策法规，临时救助板块发布了 8 部政策法规，救助管理板块发布了 6 部政策法规，救灾减灾救助板块发布了 23 部政策法规。民政服务下设网上咨询和办理程序两个服务板块，对城乡最低生活保障救助、"五保"供养救助、医疗救助、临时救助对象、申报条件、救助标准、办事流程、救助金发放等做了解读。救灾减灾救助对自然灾害救助原则、灾害种类、应急响应分类、应急避难场所、自然灾害统计、救助资金、救助范围、救助标准、救灾款的拨付发放时限、救灾款物使用、程序、救灾物资储备等规定做了解读。此外，公众互动栏目下的网上信访大厅共计发布了 2342 条信访回复记录，其中城乡最低生活保障救助、"五保"供养救助、医疗救助、临时救助、救助管理等社会救助类信访回复记录总条数是 164 条，占 7%。

(二)"互联网+"社会救助服务的优势和劣势

1. "互联网+"社会救助服务的优势和特色

陕西省"互联网+"社会救助服务体系建设也比较滞后，基本上没有什么明显优势和突出特色。不过，网站首页设置的公众互动板块下设的网上信访大厅的回复工作还是不错的。截至 2016 年 10 月 8 日，全部民政业务的信访回复记录总数为 2319 条。在搜索框中，输入关键字"低保"，显示的回复条数是 145 条，最近一条信访记录的回复时间是 2016 年 7 月 15 日，最早一条信访记录的回复时间是 2011 年 1 月 6 日，这一期间的各个年份都有回复记录。在搜索框中，输入"医疗救助"，显示的回复条数是 17 条，最近一条信访记录的回复时间是 2016 年 2 月 20 日，最早一条信访记录的回复时间是 2010 年 12 月 30 日。在搜索框中，输入"救灾"，显示的回复条数是两条，回复时间是 2011 年和 2014 年。在搜索框中，输入"五保"，显示的回复条数是 21 条，最近一条信访记录的回复时间是 2016 年 8 月 4 日，最早一条信访记录的回复时间是 2011 年 11 月 19 日。由此可知，各个年份都有回复记录，虽然总数少了一些，但可以说明社会救助经办机构对信访回复工作还是比较重视的，从而使此项工作具有连续性。此外，微博等级 A.6 级，听众数 179472 人，初具成效。

2. "互联网＋"社会救助服务的劣势和不足

（1）社会救助服务板块不健全。社会救助表格下载、救助财政支出公示、救助标准、救助人数、宣传视频、RSS 订阅、咨询投诉、在线沟通、在线访谈、网上监督、在线办理、电子报刊、导航地图等便民服务或者缺失或者基本处于"僵尸"状态，没有发挥应有的作用。

（2）互动交流服务功能亟须强化。网站首页的"公众互动"一级链接下设有网上信访大厅、厅长信箱和意见征求三个服务板块。厅长信箱板块都是需要写信人填写的各条信息，没有回复记录。意见征求板块发布了 20 项信息，社会救助信息条数为 4 条，占 20%。各项信息的时间分布结构为：2016 年 3 项，2010 年 1 项，其他年份没有信息。也就是说，除网上信访大厅板块外，其他的互动交流服务功能并未充分发挥出来。

（3）新媒体平台和工具少，交互性差，服务功能弱。没有提供在线即时咨询服务、官方 APP 服务、微信公众号等新媒体平台和工具。总体来看，陕西省"互联网＋"社会救助服务体系建设严重滞后。

二十七 甘肃省"互联网＋"社会救助融合服务现状

（一）"互联网＋"社会救助的总体设计和服务功能

甘肃省"互联网＋"社会救助服务未设独立网页和专栏专区，主要设置在网站首页的"民政业务"服务板块下，包含社会救助和救灾减灾两个板块。社会救助板块公示了 40 部政策法规，救灾减灾板块公示了 26 部政策法规。其他业务分布在工作动态、民政要闻、通知公告、最新发文等服务板块中。

（二）"互联网＋"社会救助服务的优势和劣势

1. "互联网＋"社会救助服务的优势和特色

甘肃省"互联网＋"社会救助服务体系建设也比较滞后，基本上没有什么明显优势和突出特色。不过，微博数位居全国前列，设有新浪微博、腾讯微博、新华微博、人民微博，微博数量位居全国各省份之首。新浪微博等级为 A.8 级，粉丝 113704 人；腾讯微博听众 33325 人。

2012年4月9日上线的人民微博的粉丝数高达183444人。同时，还设有民政微语服务板块。这表明微博新媒体的服务功能较强。

2. "互联网+"社会救助服务的劣势和不足

（1）社会救助服务板块不健全。社会救助法规政策解读、统计数据、救助标准、表格下载、宣传视频、RSS订阅、网上监督、咨询投诉、在线沟通、在线访谈、在线办理、电子报刊、导航地图等便民服务板块或者缺失或者基本处于"僵尸"状态。

（2）交流互动功能仍需强化。网站首页的"交流"一级链接下设有领导信箱、信访举报和网上调查三个服务板块。领导信箱和信访举报板块都是需要写信人填写的信息，没有回复记录。网上调查板块没有任何信息。此外，还设有在线投票、依申请公开、信息公开意见箱。在线投票的内容是征求用户对网站满意度评价的调查。依申请公开和信息公开意见箱板块中都是需要写信人填写的信息，没有回复记录。各项服务皆没有发挥出应有的作用。

（3）新媒体平台和工具少，交互性差，服务功能弱。没有提供在线即时咨询、官方APP服务、微信公众号等新媒体平台和工具。总体来看，甘肃省"互联网+"社会救助服务体系建设严重滞后。

二十八　青海省"互联网+"社会救助融合服务现状

（一）"互联网+"社会救助的总体设计和服务功能

青海省"互联网+"社会救助服务主要设置在官方门户网站首页的民政业务、办事指南和"一门受理、协同办理"服务板块下。民政业务板块下设城乡最低生活保障救助、救灾工作和农村"五保"救助三个板块，三个板块共计发布信息132条。办事指南板块下设城乡居民最低生活保障救助和救助站。"一门受理、协同办理"式社会救助专区公共服务平台，下设有救助智能引导、在线申请预约和申请进度查询三项服务。

（二）"互联网+"社会救助服务的优势和劣势

1. "互联网+"社会救助服务的优势和特色

青海省"互联网+"社会救助服务优势和特色是"一门受理、协同办理"式社会救助专区公共服务平台。在救助智能引导板块，申请人需要选答残疾、劳动能力、生活来源、职业、家庭经济、家庭住房、住房类型、最低生活保障户等信息。选答方式较为便捷，只有"是或否"两个按钮。当选择结束后，点击下方的"政策查询"便可弹出一个对话框，告诉申请人可以申请哪些社会救助待遇。在线申请预约需填写申请人本人信息、居住地、户籍类型和性质、家庭类型、参合参保、银行账号信息、社会保障号、申请理由、申请救助类型（最低生活保障救助、特困供养、受灾救助、临时救助、医疗救助、教育救助、住房救助、就业救助）、致贫原因、救急难及说明等信息。同时，申请认还可以查询进度。

2. "互联网+"社会救助服务的劣势和不足

（1）社会救助服务板块不够健全。厅长信箱、社会救助法规政策解读、在线咨询、投诉监督、建言献策、在线沟通、在线访谈、统计数据、救助标准、表格下载、宣传视频、RSS 订阅、在线办理、电子报刊、导航地图、调查投票等便民服务板块或者缺失或者基本处于"僵尸"状态。例如，调查投票板块的调查内容用户对网站的满意度评价及改进建议，没有包括社会救助在内的任何民政业务。

（2）交流互动功能仍需强化。交流论坛中都是需要用户填写的信息，没有回复记录。

（3）新媒体平台和工具少，交互性差，服务功能弱，没有提供在线即时咨询服务、官方 APP 服务、微博、微信公众号等新媒体平台和工具。总体来看，青海省"互联网+"社会救助服务体系建设极为滞后。

二十九　宁夏回族自治区"互联网+"社会救助融合服务现状

（一）"互联网+"社会救助的总体设计和服务功能

宁夏回族自治区"互联网+"社会救助服务主要设置在官方门户网站首页的个人办事和专题聚焦服务板块下。个人办事服务板块包括城乡最低生活保障和医疗救助，共发布了 10 条信息。专题聚焦下设了灾情快报与灾害救助，发布了两条信息。

（二）"互联网+"社会救助服务的优势和劣势

1. "互联网+"社会救助服务的优势和特色

宁夏回族自治区"互联网+"社会救助服务体系建设也比较滞

后，基本上没有什么明显优势和突出特色。

2. "互联网+"社会救助服务的劣势和不足

（1）社会救助服务板块不够健全。社会救助法规政策解读、统计数据、救助标准、表格下载、宣传视频、RSS 订阅、网上监督、厅长信箱、咨询投诉、在线沟通、在线访谈、在线办理、电子报刊、导航地图等便民服务板块或者缺失或者基本处于"僵尸"状态。

（2）交流互动功能仍需强化。网站首页设置的"交流互动"板块下设厅领导简介、在线调查、个人办事、机构办事。厅领导简介中有厅长和副厅长简介、分管部门与业务。在线调查中的内容是空白的。个人办事中包含城乡最低生活保障救助和医疗救助。城乡最低生活保障救助中公布了 5 条办事指南，例如办公电话、申办程序、救助标准、救助审批。医疗救助只公布了 1 项制度。机构办事中只有 1 条信息，但此信息和社会救助业务无关。

（3）新媒体平台和工具少，交互性差，服务功能弱。没有提供在线即时咨询服务、官方 APP 服务、微博、微信公众号等新媒体平台和工具。总体来看，宁夏回族自治区"互联网+"社会救助服务体系建设极为滞后。

三十　新疆维吾尔自治区"互联网+"社会救助融合服务现状

（一）"互联网+"社会救助的总体设计和服务功能

新疆维吾尔自治区"互联网+"社会救助服务主要设置在官方门户网站首页的"民政业务"服务板块下，包含社会救助和减灾救灾。社会救助服务板块公示了部门职责和"五保"供养救助、城乡医疗救助、城乡最低生活保障救助的申办流程以及救助管理站的办事流程。减灾救灾服务板块公示了部门职责。

（二）"互联网+"社会救助服务的优势和劣势

1. "互联网+"社会救助服务的优势和特色

新疆维吾尔自治区"互联网+"社会救助服务体系建设也比较滞后，基本上没有什么明显优势和突出特色。

2. "互联网+"社会救助服务的劣势和不足

（1）社会救助服务板块不健全。社会救助法规政策解读、咨询投诉、在线沟通、在线访谈、统计数据、救助标准、表格下载、宣传视频、RSS 订阅、网上监督、在线办事、电子报刊、导航地图等便民服务基本处于"僵尸"状态。例如，在线办事板块中只公布了基金会年检和社会团体年检两项服务，均和社会救助服务无关。

（2）交流互动功能亟须强化。网站首页设有厅长信箱、网上调查、视频在线访谈和访问统计四个板块。厅长信箱中共有152 条回复记录，在搜索框中入输入"低保"，显示记录为 4 条，2013 年和 2015 年各有 2 条记录；在搜索框中入输入"医疗救助"，显示记录为 0 条；在搜索框中输入"救灾"，显示记录为两条，均为自然灾害救助业务；在搜索框中输入"五保"，显示记录为 0 条。网上调查发布了三份调查问卷，均与社会救助业务无关。视频在线访谈只发布了一段在线访谈视频，内容为城乡最低生活保障救助标准，访谈时间是 2013 年 10 月 11 日。访问统计中显示的是，国家民政部网站访问统计分析系统，并非新疆维吾尔自治区网站访问统计。

（3）新媒体平台和工具少，交互性差，服务功能弱。没有提供在线即时咨询服务、官方 APP 服务、微博、微信公众号等新媒体平台和工具。总体来看，新疆维吾尔自治区"互联网＋"社会救助服务体系建设极为滞后。

第三节　"互联网＋"社会救助融合服务现状总评

"互联网＋"社会救助融合发展的主要平台是民政部门和减灾部门的官方门户网站以及社会救助经办机构子站或网页。随着移动互联网技术迅猛发展和应用范围的逐渐扩大，移动客户端平台和网站平台将成为"互联网＋"社会救助融合发展的两个主阵地。尽管《关于加快推进"互联网＋政务服务"工作的指导意见》提出，截至 2017 年年末，全国各省（自治区、直辖市）人民政府和中央国家机关都要建成一体化的"互联网＋政务服务"综合平台，到 2020 年年末建成一网办理的互联网服务体系。但是,这种"省级统筹、部门协同、一网办理"的构想模式,仍需以民政部门和减灾部门的官方门户网站以及社会救助经办机构官方门户子站或网页为依托。为此,本书从民政部门和减灾部门的官方门户网站以及社会救助经办机构子站或网页建设运行服务情况、社会救助政务移动客户端建设运行服务情况和官方门户网站无障碍建设运行服务情况三个方面开展融合发展绩效总体评价。

一 "互联网+"社会救助经办机构官方门户网站

(一)评估指标和标准征引

目前,国内开展政府门户网站绩效评估的科研单位和机构较多,使用的指标体系存在差异。总体来看,国务院办公厅、工业和信息化部、中国社会科学院设计的评估指标体系经历了实践检验,效果很好。所以,本书借鉴这三个指标体系设计指标体系并开展评估,它们的指标体系如下:

1. 国务院办公厅设计的评估指标体系

2015年3月21日,国务院办公厅印发了《关于开展第一次全国政府网站普查的通知》,设计了"单项否决"和"非单项否决"两种情况下的指标体系。"单项否决"下设站点法访问、网站更新、栏目更新、严重错误和互动回应5个二级指标。"非单项否决"下设了网站可用性、信息更新情况、互动回应情况和服务使用情况4个一级指标。其中,网站可用性包括首页可用性和链接可用性两个二级指标;信息更新情况包括首页栏目和基本信息两个二级指标;互动回应情况包括政务咨询类栏目、调查征集类栏目、互动访谈类栏目3个二级指标;服务使用情况包括办事指南、附件下载和在线系统3个二级指标。总计10个二级指标。

2. 工业和信息化部设计的评估指标体系

商务部从2005年开始评估全国各级政府门户网站年度绩效,如今已开展了11次评估,影响力较大,社会认可度较高。该指标体系包括健康情况、信息公开、办事服务、互动交流、回应关切和网站功能六个一级指标,其中,健康情况包括站点可用性、首页更新、链接可用性、栏目维护情况和单项否决情况5个二级指标；信息公开包括基础信息公开、重点信息公开和信息公开保障3个二级指标；办事服务包括权责清单、公共服务和行政办事3个二级指标；互动交流包括政务咨询和调查征集两个二级指标；回应关切包括决策解读和新闻发布会两个二级指标；网站功能包括微博微信、站内搜索、公共搜索、安全防范和移动版本5个二级指标。

3. 中国社会科学院设计的绩效评估指标体系

它包含信息公开、在线服务、互动交流、体验与创新和附加项五个一级指标，其中信息公开包含主动公开和依申请公开两个二级指标；在线服务包含便民服务和办事服务两个二级指标；互动交流包含信箱渠道和民意征集两个二级指标；体验与创新包含浏览体验、智能服务、新媒体融合、数据开放和网站安全五个二级指标；附加项指的是减分项，若某个门户网站基础功能没有达到国家政策要求和网站内容也没有达到全国政府网站普查要求，应在上述得分基础上扣去一定的分数，给予一定减分。扣分的情况为：如果没有设信息公开专栏或设置不规范；规划计划、人事信息、统计数据等主动公开信息不达标；应更新栏目在一年以上长期未更新；栏目无内容和内容无实际意义；存在链接不准确或出错，图片、附件、外部链接无法访问。概言之，上述三个权威评估指标体系包含的共性一级指标主要是信息公开与更新、互动回应交流、网站和网页质量、服务使用。商务部和中国社会科学院关于网站和网页的功能评估指标体系比国务院评估指标体系更细致一些。

关于评估标准，三个评估指标体系都采用百分制，分别给一级指标和二级指标赋分，一级指标分值是几个二级指标分值的总和。根据各个被评估网站绩效的总得分确定该评估结果与等级。

(二) 评估指标和标准设计

国内现有的主流评估指标体系虽然贴近社会救助网络平台建设实际情况，但是，仍有些过于偏重宏观，评估结果的可操作性多少有些受限。本书从更微观层面入手，以全国30个省级民政厅网站和移动客户端为考察对象。首先将全国30个省级民政厅网站上设置的所有业务服务板块汇总，剔除重复的服务板块，将保留下来的服务板块分成4个一级指标，再逐渐设计二级指标和三级指标。所选的考察指标都是目前网站正在使用的服务项目。遵循这一设计原则和思路，借鉴上述三个国内权威指标体系设计了本书研究指标体系、标准和考察点。指标体系分为一级指标、二级指标和三级指标（70个）。一级指标是信息公开与更新、互动回应交流、服务使用、网站和网页质量。二级指标、三级指标和考察点设计见表2-3至表2-10。鉴于全国"互联网+"社会救助服务体系建设仍处于起步阶段，所以，遵循宽松原则，降低了评测标准。评估标准不采用百分制，而是采用"达标"或"不达标"，凡是在考察期前一年内平均每个月都至少出现一次更新且发布信息条数或活动条数不低于4条的视为达标。

表2-3　　　　　　　　信息公开与更新（一级指标1）

二级指标	序号	三级指标	考察点说明	二级指标	序号	三级指标	考察点说明
基础信息	1	部门职责	社会救助经办机构	重点信息	13	最低生活保障待遇标准公示	现行标准
	2	领导分工	民政厅副厅长		14	救助资金财务预决算公示	财政支付
	3	新闻动态	社会救助业务*		15	最低生活保障待遇人员公示	本地区全部
	4	工作规划	社会救助业务*		16	享受医疗救助待遇人员公示	本地区全部
	5	人事任免	社会救助经办机构*		17	享受临时救助待遇人员公示	本地区全部
	6	政策法规	社会救助业务*		18	享受五保待遇人员公示	本地区全部
	7	国际交流	社会救助业务*				
	8	领导公示	社会救助经办机构				
	9	通知公告	社会救助业务*				
	10	办公电话	社会救助经办机构				
	11	采购招标公示	社会救助业务				
	12	社会参与	参与救助事实				

注：由于各省份社会救助经办机构几乎没有独立的网站，其网页均设置在本级民政厅网站内，诸多服务板块都是本级民政厅网站设置的服务板块，并非社会救助经办机构独立设置的服务板块，这些板块算作共性服务板块，即视为社会救助经办机构设置的服务板块，见表格中星号标示者。下同。

表 2-4　　　　　　　　互动回应交流（一级指标 2）

序号	三级指标	考察点说明	序号	三级指标	考察点说明
1	执法信箱	民政厅	12	微信	社会救助业务*
2	网站调查	社会救助业务*	13	微博	社会救助业务*
3	政策法规制定征求民意	社会救助意见建议*	14	客户端	民政厅
4	其他征集活动	社会救助业务*	15	政策法规解读	社会救助业务*
5	互动访谈	社会救助业务*	16	新闻发布会	民政厅
6	领导信箱	民政厅长	17	结果反馈	社会救助业务
7	公开意见信箱	社会救助业务*	18	网上信访	社会救助业务*
8	监督投诉	社会救助业务*	19	常见问题解答	社会救助业务*
9	网上咨询	社会救助业务*	20	舆论引导	社会救助业务*
10	建议留言	社会救助业务*	21	谣言纠更	社会救助业务*
11	即时通讯	社会救助业务*			

表 2-5　　　　　　　　服务使用（一级指标 3）

序号	三级指标	考察点说明	序号	三级指标	考察点说明
1	办事指南	社会救助业务	12	网上预约	社会救助业务
2	附件下载	社会救助业务	13	RSS 服务	民政业务*
3	在线办公	社会救助业务*	14	电子版期刊	民政业务*
4	办事查询	社会救助业务*	15	站内业务导航地图	民政部门业务*
5	进度跟踪	社会救助业务*	16	场景式个性服务	社会救助业务
6	站内搜索	民政厅*	17	立体化个性服务	社会救助业务
7	公共搜索	民政厅*	18	宣传视频	社会救助业务
8	数据开放	社会救助业务*	19	救助文化	社会救助业务
9	理论研究	社会救助业务*	20	公交线路和地铁线路	本地区交通线路*
10	经验借鉴	社会救助业务	21	地址地图	社会救助业务
11	网上申请	社会救助业务*	22	业务竞赛	社会救助业务

表2-6　　　　　　　　网站和网页质量（一级指标4）

序号	三级指标	考察点说明	序号	三级指标	考察点说明
1	站点可用	民政厅网站	6	内容存在	社会救助业务
2	首页更新	民政部门业务	7	栏目维护	社会救助业务
3	独立网站	社会救助业务	8	网站监测和分析系统	民政部门业务
4	链接可用	社会救助业务	9	无障碍浏览设计	民政厅网站*
5	路径长度	3级链接以内			

表2-7　　　　　　　　信息公开与更新（一级指标1）

二级指标	序号	三级指标	结果排序	二级指标	序号	三级指标	结果排序
基础信息	1	部门职责	2	重点信息	13	最低生活保障待遇标准公示	5
	2	领导分工	3		14	救助资金财务预决算公示	10
	3	新闻动态	1		15	最低生活保障待遇人员公示	7
	4	工作规划	9		16	享受医疗救助待遇人员公示	8
	5	人事任免	10		17	享受临时救助待遇人员公示	8
	6	政策法规	1		18	享受特殊贫困待遇人员公示	7
	7	国际交流	10				
	8	领导公示	6				
	9	通知公告	8				
	10	办公电话	4				
	11	采购招标公示	10				
	12	社会参与	10				

注：表格中的序号指的是指标的顺序号。结果排序指的是全国30个省份社会救助经办机构子站或网页达标情况。下同。

表2-8　　　　　　　　互动回应交流（一级指标2）

序号	三级指标	考察结果	序号	三级指标	考察结果
1	执法信箱	11	4	其他征集活动	4
2	网站调查	10	5	互动访谈	7
3	法规制定征求民意	9	6	领导信箱	2

续表

序号	三级指标	考察结果	序号	三级指标	考察结果
7	公开意见信箱	10	15	政策法规解读	8
8	监督投诉	5	16	新闻发布会	10
9	网上咨询	3	17	结果反馈	0.0
10	建议留言	7	18	网上信访	1
11	即时通讯	11	19	常见问题解答	6
12	微信	8	20	舆论引导	11
13	微博	4	21	谣言纠更	11
14	客户端	11			

表2-9　　　　　服务使用（一级指标3）

序号	三级指标	结果排序	序号	三级指标	结果排序
1	办事指南	2	12	网上预约	8
2	附件下载	4	13	RSS服务	7
3	在线办公	5	14	电子版期刊	6
4	办事查询	6	15	站内业务导航地图	2
5	进度跟踪	8	16	场景式个性服务	7
6	站内搜索	1	17	立体化个性服务	7
7	公共搜索	7	18	宣传视频	8
8	数据开放	6	19	救助文化	8
9	理论研究	3	20	公交线路和地铁线路	7
10	经验借鉴	4	21	地址地图	5
11	网上申请	7	22	业务竞赛	8

表2-10　　　　　网站和网页质量（一级指标4）

序号	三级指标	结果排序	序号	三级指标	结果排序
1	站点可用	1	6	内容存在	2
2	首页更新	1	7	栏目维护	4
3	独立网站	6	8	网站监测和分析系统	5
4	链接可用	1	9	无障碍浏览设计	5
5	路径长度	3			

(三) 总评结果和数据分析

1. 信息公开与更新

在考察测评的 30 个省份民政厅网站和社会救助经办机构子站或网页的服务板块中，政策法规、新闻动态、部门职责和领导分工信息公示四项指标占比分别居第一位、第二位、第三位和第四位，所占比重分别是 100%、100%、80% 和 76.7%。这表明社会救助经办机构和民政厅的主动公开信息服务很好。

2. 互动回应交流

在设置的 21 个考评指标中，网上信访、领导信箱、网上咨询、微博和网站调查的占比位居前五名。社会救助经办机构和民政部门对"互联网+"社会救助民生事务的重视程度有所提高，微信和微博等新媒体工具的使用也出现了可喜的势头。

3. 服务使用

在设置的 22 项指标中，站内搜索、办事指南和站内业务导航地图三项指标的占比位居前三名。可喜的是，上海市等省份民政部门网站开设了立体化场景式个性服务；浙江省开设了彩色版民政地图，全省的灾害救助机构和流浪乞讨人员救助机构会显示在地图上。有些省份还设置了 RSS 订阅服务和理论研究服务板块，方便社会公众和组织学习社会救助知识、法规和实践发展。这些新探索有力地推动了"互联网+"社会救助服务体系建设进程。

4. 网站和网页质量

与上述三个一级指标侧重于考察社会救助业务视角不同的是，网站和网页质量的考察点侧重于民政部门网站的技术方面。30 个省份的门户网站可用，达标率是 100%；首页更新和链接可用的达标率也是 100%。社会救助业务的链接路径长度基本都在 3 级以内，浏览比较方便顺畅，基本上没有无法链接、内容不存在、链接速度超慢等技术问题。

总体来看，全国 30 个省级民政部门网站、社会救助经办机构子站或网页建设呈现出以下五个亮点。

（1）官方门户网站的正常运行和技术保障水平良好。门户网站、子站或网页的资源可用、信息数据更新、互动回应等服务板块基本达标。网站、子站或网页建设的技术保障水平较高。经过2015年下半年全国政府门户网站清查整顿以后，民政部门网站、社会救助经办机构子站或网页的可用率达到100%；首页登录、各级页面链接、网上咨询回复、微博等服务板块的使用率也较好；网站、子站或网页的长期不更新、无内容栏目建设质量均也达标。例如，河北省的网上咨询回复服务成效显著，截至2016年7月17日，回复的信息总条数高达7271条。虽然这些信息并不是社会救助部门独家回复的全部信息，但足以看出河北省社会救助部门在兢兢业业地维护"网上咨询"板块，践行"为民解愁"宗旨与核心理念，打造出了"互联网+"咨询服务这一特色服务板块。

（2）不断创新服务特色，提升"互联网+"社会救助服务质量。福建省和上海市开设了无障碍设计服务板块，福建省的无障碍设计服务特色尤为突出。浙江省开设了彩色版民政地图。青海省的"一门受理、协同办理"社会救助服务平台领先全国各省份。天津市、吉林省、广东省积极探索使用微博、微博开展社会救助业务等工作，每个省份都设置了国内最知名的腾讯微博和新浪微博。

（3）不断强化互联网思维，构建"互联网+"社会救助服务体系。各省份都在积极探索提供定制化服务，根据浏览者的登录习惯、浏览栏目、浏览时长、地理位置信息等大数据，智能化提供个性化信息和服务。提供在线咨询服务和自动化服务，通过语义智能处理做到主动响应和自动回复。

（4）加大信息公开力度，聚焦民生重点需求，提高服务实用性。有些省份整合最低生活保障救助、医疗救助、临时救助、特困人员救助等社会救助类别，加大社会救助标准和财政支付金额的公示力度，尤其是最受社会公众关注的最低生活保障救助标准和财政支付金额的公示服务还是不错的。加大面广、量大、关系复杂的重点社会救助服务事项的实用化建设力度，推进"一门受理、协同办理"服务平台建设，优化资源，美化网页和板块结构，最大限度地提供最亲切、最人性化的服务。

（5）注重实用视频等多渠道开发利用资源，加强互动交流和社会舆论引导。各省份越来越重视互联网的舆情引导和互动交流作用，利用多元化的互动渠道提升交流互动效果。以网站为平台，利用微博、微信、移动终端等新渠道，以及新闻发布会、热线电话等传统渠道，同步开展重大政策、决策的宣传解读，引导网络舆情。

二 "互联网+"社会救助政务微博和微信服务

截至2016年6月末，包括民政业务在内的全国互联网政务服务对象规模高达1.76亿，在全体网民中所占比重为24.8%。值得提及的是，社会公众和各类组织通过登录政府政务微信公众号享受服务的比重为14.6%，成为使用率最高的互联网政务服务平台和渠道。同时，社会公众和各类组织通过登录政府政务微博享受服务的比重为6.7%。政府智能移动电话端应用及微信政务办事的使用率均为5.8%[1]。这些宏观大数据充分表明，社会救助政务微博和政务微信服务形势趋好，前景喜人。

（一）指标和考察点

"互联网+"社会救助政务微博服务绩效评估考察指标体系包括社会传播力指标、互动回应力指标和公众服务力指标三个指标。每个指标下面都分别设置三个二级指标。

社会传播力指标表征政务微博发布信息的传播情况，社会传播力指标越高，说明政务微博的内容被越多的网民看到。这项指标依据微博信息总数、原创微博数和转发微博数。其中，微博信息总数是指该省份民政厅根据民政业务发布的原创微博信息数和从其他新媒体转发而来的微博信息数。社会传播力指标只考察该省份民政厅微博首页发布的微博信息，包括省厅、各地市县区民政部门发布的业务内容。

互动回应力指标表征政务微博发布信息的官民交流互动情况，互动回应力指标力越高，说明政务微博的内容引发了越多的网民响应。这项指标依据微博信息被网民转发出去的总数和微博信息被网民主动

---

[1] 根据中国互联网络信息中心2016年7月发布的《第38次中国互联网络发展状况统计报告》。

评论的总数、微博信息被网民主动点赞的总数。互动回应力指标也只考察该省份民政厅微博首页发布的社会救助微博信息，不包括其他民政业务微博信息数。

公众服务力指标表征政务微博服务的长期总体情况，公众服务力越高，说明政务微博的内容服务于公众的能力越强。这项指标依据微博信息被网民主动关注总数、微博信息赢取的网民粉丝数、自微博上线以来发布的所有原创和转发的微博总数。与上述两个指标不同的是，公众服务力指标考察的不是政务微博第一页上线的微博内容，而是该微博自上线以来发布的全部微博信息总数。

（二）"互联网+"社会救助微博政务服务

截至2016年8月10日，在全国31个省份民政厅网站中开设了微博政务服务板块的网站只有10个。总体来看，这些微博政务服务板块运行情况较好。

1. 北京市

北京市社会救助政务微博关注数为393条，粉丝数为220740条，微博总数为7455条。

表2-11为2016年7月北京市社会救助政务微博服务情况。

表2-11　2016年7月北京市社会救助政务微博服务情况

救助类型	微博发布时间	转发数	评论数	点赞数
灾害救助	2016年7月27日19时3分	0	3	2
灾害救助	2016年7月7日8时42分	114	30	105
灾害救助	2016年7月15日11时11分	67	59	360
灾害救助	2016年7月7日8时39分	807	1147	1059
灾害救助	2016年7月20日12时45分	39	9	12
灾害救助	2016年7月27日19时26分	217	253	52
灾害救助	2016年7月27日20时12分	186	326	274
低保救助	2016年7月20日11时01分	1844	840	1530
特困救助	2016年7月15日15时04分	3	4	1
特困救助	2016年7月11日18时26分	3	1	0
特困救助	2016年7月11日18时14分	2	0	2

网站首页微博信息条数为 45 条，原创微博信息数为 20 条，转发微博信息数为 25 条，其中原创微博信息占 44.4%。在 45 条微博政务信息中，社会救助信息为 11 条，其中，自然灾害救助信息 7 条，最低生活保障救助信息 1 条，特困人员救助信息 3 条。如果包括转发的原媒体上的数据，则转发数为 3282 条，评论数为 2672 条，点赞数为 3397 条。微博认证等级为 A.17 级。同时，北京市还开通了移动微博政务服务，信息和网站微博服务同步。

2. 天津市

天津市社会救助政务微博分为新浪微博和腾讯微博。新浪微博政务信息关注数为 194 条，粉丝数为 93391 条，微博总数为 4092 条。首页微博信息条数为 45 条，原创微博信息条数为 44 条，转发微博信息条数为 1 条，其中原创微博信息占 98%。在 45 条微博政务信息中，社会救助信息为 6 条，其中，灾害救助信息 4 条，最低生活保障救助信息两条；转发数为 6 条，评论数为两条，点赞数为 14 条。微博认证等级为 A.22 级。

表 2-12 为 2016 年 6—8 月天津市社会救助政务微博服务（新浪微博）情况。

表 2-12　　2016 年 6—8 月天津市社会救助政务微博服务（新浪微博）情况

救助类型	微博发布时间	转发数	评论数	点赞数
低保救助	2016 年 8 月 2 日 10 时 21 分	1	0	4
灾害救助	2016 年 7 月 23 日 10 时 40 分	1	0	3
灾害救助	2016 年 7 月 3 日 12 时 11 分	1	1	2
灾害救助	2016 年 7 月 27 日 15 时 44 分	1	1	1
灾害救助	2016 年 7 月 27 日 15 时 30 分	1	0	2
低保救助	2016 年 6 月 28 日 15 时 50 分	1	0	2

腾讯政务微博广播数为 2693 条，听众数 15342 条，收听总数 76 条。首页微博信息条数为 21 条，原创微博信息数为 21 条，转发微博

信息数为 0 条，其中原创微博信息占 100%。在 45 条政务微博信息中，社会救助信息为 0 条；转发数、评论数、点赞数均为 0 条。微博认证等级为 A.4 级。

3. 上海市

上海市社会救助在线政务微博服务分为新浪微博和 962200 上海社区热线。新浪政务微博信息关注数为 129 条，粉丝数 34008 条，微博信息总数 2401 条。首页微博信息条数、原创微博信息条数、转发微博信息条数、社会救助信息条数、转发数、评论数、点赞数等均为 0 条。微博认证等级为 A.27 级。不过，962200 上海社区热线运行得很好。首页微博信息条数为 45 条，原创微博信息条数为 45 条，转发微博信息条数为 0 条，其中原创微博信息占 100%。在 45 条微博政务信息中，社会救助信息条数为 8 条，其中，最低生活保障救助和特困救助信息条数为两条，最低生活保障救助信息为 1 条，特困救助信息为 1 条，自然灾害救助信息为 4 条；转发数为 181 条，评论数为 39 条，点赞数为 54 条。

表 2-13 为 2016 年 4—7 月上海市 962200 社区热线政务服务情况。

表 2-13　2016 年 4—7 月上海市 962200 社区热线政务服务情况

救助类型	信息发布时间	转发数	评论数	点赞数
特困救助	2016 年 7 月 26 日 15 时 10 分	0	2	1
低保和特困救助	2016 年 5 月 21 日 17 时 08 分	23	5	20
灾害救助	2016 年 5 月 10 日 14 时 58 分	76	12	13
低保救助	2016 年 4 月 14 日 9 时 08 分	3	1	1
灾害救助	2016 年 4 月 1 日 17 时 08 分	0	0	2
低保和特困救助	2016 年 5 月 27 日 17 时 05 分	20	6	11
灾害救助	2016 年 5 月 16 日 13 时 43 分	18	2	3
灾害救助	2016 年 5 月 16 日 13 时 40 分	41	11	3

注：有两条关于最低生活保障救助的咨询，但是，民政厅和社会救助经办机构都没有给予回复，所以没有统计。

4. 江苏省

江苏省社会救助政务微博关注数 393 条，粉丝数 220740 条，微博总数 7455 条。首页微博信息条数为 34 条，原创微博信息条数为 20 条，转发微博信息数为 14 条，其中原创微博信息占 58.8%。在 34 条微博政务信息中，社会救助信息为 17 条，全是自然灾害救助信息。如果包括转发的原媒体上的数据，则转发数为 658 条，评论数为 99 条，点赞数为 298 条。2016 年 6 月 23 日，江苏省盐城市遭遇了暴雨和龙卷风灾害，当天 22 时 29 分，民政部门的微博政务备受社会关注，转发数为 385 条，评论数为 73 条，点赞数为 53 条。微博认证等级为 A.20 级。

表 2-14 为 2016 年 6—7 月江苏省社会救助微博政务服务情况。

表 2-14　2016 年 6—7 月江苏省社会救助微博政务服务情况

救助类型	微博发布时间	转发数	评论数	点赞数
灾害救助	2016 年 6 月 24 日 13 时 58 分	4	4	0
灾害救助	2016 年 6 月 24 日 00 时 22 分	10	4	2
灾害救助	2016 年 7 月 21 日 21 时 1 分	1	0	1
灾害救助	2016 年 6 月 26 日 22 时 45 分	0	0	2
灾害救助	2016 年 6 月 24 日 14 时 5 分	0	2	0
灾害救助	2016 年 6 月 24 日 10 时 10 分	0	2	0
灾害救助	2016 年 6 月 24 日 00 时 11 分	84	0	99
灾害救助	2016 年 6 月 24 日 00 时 11 分	58	0	62
灾害救助	2016 年 6 月 27 日 10 时 26 分	35	2	4
灾害救助	2016 年 7 月 16 日 15 时 37 分	11	1	5
灾害救助	2016 年 7 月 15 日 22 时 12 分	0	0	1
灾害救助	2016 年 7 月 10 日 19 时 3 分	24	11	12
灾害救助	2016 年 7 月 5 日 23 时 50 分	1	0	0
灾害救助	2016 年 7 月 1 日 20 时 31 分	0	0	1
灾害救助	2016 年 6 月 25 日 21 时 42 分	10	0	0
灾害救助	2016 年 6 月 24 日 14 时 10 分	44	0	56
灾害救助	2016 年 6 月 23 日 22 时 29 分	385	73	53

5. 山东省

山东省社会救助政务微博广播数 758 条，听众数 70765 条，收听数 52 条。首页微博信息条数 20 条，原创微博信息数 14 条，转发微博信息数 6 条，其中原创微博信息占 70%。在 20 条微博政务信息中，社会救助信息为 7 条，医疗救助信息为 1 条，自然灾害救助信息为 1 条，最低生活保障救助信息为两条，特困救助信息为两条，最低生活保障救助和特困救助综合救助信息 1 条；转发数两条，评论数两条，点赞数 0 条。微博认证等级为 A.4 级。

表 2-15 为 2016 年 4 月和 6 月山东省社会救助微博政务服务（腾讯微博）情况。

表 2-15　　2016 年 4 月和 6 月山东省社会救助微博政务服务
（腾讯微博）情况

救助类型	微博发布时间	转发数	评论数	点赞数
医疗救助	2016 年 6 月 20 日 8 时 40 分	—	—	—
特困救助	2016 年 6 月 20 日 8 时 38 分	—	—	—
特困救助	2016 年 6 月 15 日 8 时 47 分	0	1	0
灾害救助	2016 年 6 月 15 日 8 时 47 分	—	—	—
低保救助	2016 年 6 月 3 日 11 时 01 分	—	—	—
低保和特困救助	2016 年 4 月 26 日 6 时 44 分	1	0	0
低保救助	2016 年 4 月 8 日 8 时 21 分	1	1	0

此外，山东省社会救助移动政务微博首页信息条数为 33 条，原创微博信息数为 31 条，转发微博信息数为两条，其中原创微博信息占 93.9%。在 33 条微博政务信息中，自然灾害救助信息为 1 条。

6. 湖南省

湖南省社会救助政务微博信息关注数为 44 条，粉丝数为 1951 条，微博数为 1253 条。首页微博信息条数为 45 条，原创微博信息数为 45 条。在 45 条政务微博信息中，社会救助信息为 6 条，其中，最低生活保障救助信息为两条，自然灾害救助信息为两条，贫困人员救助信息为两条。微博等级为 LV.14。

7. 广东省

广东省社会救助政务微博分为新浪微博和腾讯微博。新浪微博信息关注数为 48 条,粉丝数为 26754 条,微博总数为 1756 条。首页微博信息条数为 45 条,原创微博信息数为 5 条,转发微博信息数为 40 条,其中原创微博信息占 11.1%。在 45 条微博政务信息中,社会救助信息为 4 条,都是低保救助信息;转发数为 3 条,评论数为 0 条,点赞数为两条。微博认证等级为 A.17 级。

表 2-16 为 2016 年 7 月广东省社会救助微博政务(新浪微博)情况。

表 2-16　　2016 年 7 月广东省社会救助微博政务服务
（新浪微博）情况

救助类型	微博发布时间	转发数	评论数	点赞数
低保救助	2016 年 7 月 7 日 8 时 59 分	1	0	0
低保救助	2016 年 7 月 21 日 8 时 59 分	0	0	1
低保救助	2016 年 7 月 22 日 10 时 23 分	0	0	1
低保救助	2016 年 7 月 22 日 10 时 23 分	2	0	0

腾讯微博广播数为 1742 条,听众数为 201422 条,收听数为 11 条。首页微博信息条数为 20 条,原创微博信息数为 0 条,转发微博信息数为 20 条。在 20 条微博政务信息中,社会救助信息、转发数、评论数和点赞数均为 0 条。微博认证等级为 A.4 级。

8. 海南省

海南省社会救助政务微博信息关注数为 24 条,粉丝数为 12 条,微博总数为 54 条。首页微博信息条数为两条,原创微博信息数为 0 条,转发微博信息数为两条。在两条微博政务信息中,社会救助信息、转发数、评论数、点赞数均为 0 条。微博认证等级为 A.4 级。

9. 甘肃省

甘肃省社会救助政务微博服务体系由腾讯微博、新浪微博、新华微博和人民微博四个政务微博服务构成。政务微博信息量大，质量较高。不过，在四个政务微博平台上发布的信息很多是重复的。

腾讯政务微博广播数为317条，听众数为33318条，收听数为21条。首页微博信息条数为15条，原创微博信息数为13条，转发微博信息数为两条，其中原创微博信息占86.7%。在15条微博政务信息中，社会救助信息为4条，自然灾害救助和最低生活保障救助信息各两条。全部转播和评论数为94条。微博认证等级为A.8级。

表2-17为2015年7月和10月及2016年3月甘肃省社会救助微博政务服务（腾讯微博）情况。

表2-17　2015年7月和10月及2016年3月甘肃省社会救助微博政务服务（腾讯微博）情况

救助类型	微博发布时间	转发数/评论数
特困救助	2015年7月14日9时24分	0
灾害救助	2016年3月17日11时17分	全部转播和评论/36条
低保救助	2015年10月12日9时23分	全部转播和评论/28条
低保救助	2015年10月12日9时12分	全部转播和评论/30条

新浪政务微博的关注数为24条，粉丝数为113702条，微博总数为203条。首页微博信息条数为45条，原创微博信息数为34条，转发微博信息数为11条，其中原创微博信息占75.6%。在45条微博政务信息中，社会救助信息为15条，特困救助信息两条，自然灾害救助信息4条，最低生活保障救助信息两条，医疗救助信息为1条，综合救助信息为6条；转发数为36条，评论数为25条，点赞数为17条。微博认证等级为A.8级。

表2-18为2014年7月至2016年4月甘肃省社会求助微博政务服务（新浪微博）情况。

新华政务微博关注数为229条，听众数为102条，收听数为0条。首页微博信息条数为20条，原创微博信息数为20条，转发微博信息数为0条，其中原创微博信息占100%。在20条微博政务信息中，社会救助信息为5条，自然灾害救助微博为1条，最低生活保障救助信息和医疗救助信息均为1条，综合救助信息为两条；转发数为0条，评论数为0条，点赞数为0条。

表2-18　2014年7月至2016年4月甘肃省社会救助微博政务服务（新浪微博）情况

救助类型	微博发布时间	转发数	评论数	点赞数
特困救助	2015年7月14日9时24分	2	12	1
灾害救助	2014年7月30日10时44分	5	5	4
低保救助	2015年4月30日8时49分	11	0	2
低保救助	2014年7月16日11时23分	1	3	2
低保、特困、大病医疗救助	2015年10月12日9时23分	1	1	3
救助综合	2015年7月14日9时20分	2	2	0
救助综合	2015年8月24日14时55分	2	1	0
灾害救助	2015年4月15日16时16分	1	0	2
灾害救助	2014年7月30日10时40分	1	0	2
医疗救助	2016年4月8日9时27分	1	1	0
救助综合	2015年8月4日17时09分	1	0	1
救助综合	2015年7月1日8时46分	2	0	0
特困救助	2015年6月16日8时41分	2	0	0
救助综合	2015年6月15日9时08分	2	0	0
灾害救助	2015年5月13日15时12分	2	0	0

2015年10月和2016年3—4月甘肃省社会救助微博政务服务（新华微博）情况。

人民微博政务信息关注数1条，粉丝数183445条，微博数227条。首页微博信息条数为20条，原创微博信息数为20条，转发微博信息数为0条，其中原创微博信息占100%。在20条微博政务信息中，社会救助信息为7条，自然灾害救助信息为1条，最低生活保障救助信息和医疗救助信息均为1条，综合救助信息为4条。阅读数为17957条。

表 2-19 2015 年 10 月和 2016 年 3—4 月甘肃省社会救助微博
政务服务（新华微博）情况

救助类型	微博发布时间
医疗救助	2016 年 4 月 8 日 9 时 27 分
灾害救助	2016 年 3 月 17 日 11 时 16 分
救助综合	2015 年 10 月 12 日 9 时 23 分
救助综合	2015 年 10 月 12 日 9 时 12 分
低保救助	2015 年 10 月 9 日 9 时 29 分

表 2-20 为 2015 年 8 月和 10 月及 2016 年 3—4 月甘肃省社会救助了微博政务服务（人民微博）情况。

表 2-20 2015 年 8 月和 10 月及 2016 年 3—4 月甘肃省社会救助
微博政务服务（人民微博）情况

救助类型	微博发布时间	阅读数
医疗救助	2016 年 4 月 8 日 9 时 27 分	1820
灾害救助	2016 年 3 月 24 日 11 时 16 分	1857
救助综合	2016 年 3 月 17 日 11 时 17 分	1917
救助综合	2015 年 10 月 12 日 9 时 25 分	3079
低保救助	2015 年 10 月 12 日 9 时 14 分	2982
救助综合	2015 年 10 月 9 日 9 时 30 分	2974
救助综合	2015 年 8 月 24 日 14 时 57 分	3328

10. 吉林省

吉林省社会救助政务微博分为腾讯微博和新浪微博。腾讯政务微博广播数为 1207 条，听众数为 856 条，收听数为 111 条。首页微博信息条数为 15 条，原创微博信息数为 5 条，转发微博信息数为 10 条，其中原创微博信息占 33%。在 15 条微博政务信息中，社会救助信息为 5 条，皆为灾害救助信息。微博认证等级为 A.3 级。

表 2-21 为 2016 年 7—8 月吉林省社会救助微博政务服务（腾讯微博）情况。

表2–21　　2016年7—8月吉林省社会救助微博政务服务
（腾讯微博）情况

救助类型	微博发布时间
灾害救助	2016年8月11日11时27分
灾害救助	2016年7月27日9时14分
灾害救助	2016年7月26日9时51分
灾害救助	2016年7月24日14时59分
灾害救助	2016年7月19日13时48分

新浪政务微博关注数为63条，粉丝数为26467条，微博数为1254条。首页微博信息条数为9条，原创微博信息数为3条，转发微博信息数为6条，其中原创微博信息占33%。在9条政务微博信息中，社会救助信息和医疗救助信息均为1条。微博认证等级为A.15级。

除上述10个省份外，广西壮族自治区民政部门在网站上设置了"民政微博"一级链接，可是，这个板块不是微博服务板块，里面发布了26条领导视察、工作动态、学习会议等民政综合性业务信息。其中，自然灾害救助信息为6条，贫困儿童救助信息为1条，救急难信息1条，合计8条信息，占30.7%。需要关注的是，26条信息的上传时间区间为2016年1月11日至7月8日，这表明广西壮族自治区民政部门存在突击建设、用普通网页冒替微博、敷衍上级检查评估等问题。

综上分析，全国10个设置有政务微博服务平台的省级民政厅和社会救助经办机构的政务微博信息关注数为8140条，粉丝数为1083643条，微博数为22573条。首页微博信息条数为444条，原创微博信息数为295条，转发微博信息数为139条，其中原创微博信息占66.4%。天津市、上海市、甘肃省的原创微博信息条数占微博首页信息的98%以上，山东省的占比也达到70%。这表明，这些省份民政部门及社会救助经办机构对使用新媒体微博工具服务民生高度重视，建设质量很高。

在444条政务微博信息中，社会救助信息为91条，占比为

20.5%。由于本书研究仅选取政务微博首页信息进行统计且并非旨在考察社会救助业务部门的政务微博服务质量，所以，20.5%这个比重还是很高的。社会救助政务微博信息的转发数为22125条，评论数为2839条，点赞数为3782条。这表明民政部门的政务微博建设探索工作应予肯定。虽然各个省份的政务微博信息条数有多有少，质量也参差不齐，甚至有21个省份的民政厅暂未开通政务微信服务平台（不含港澳台地区），但无论如何各地民政厅和社会救助经办机构努力回复百姓咨询问题与悉心经营微博平台的态度值得赞扬。毕竟，我国各级政府的"两微一端"政务建设工程整体上仍处于起步阶段，社会组织和公众应该给民政部门和社会救助经办机构一些时间。

（三）"互联网+"社会救助政务微信服务

在全国31个省份民政部门中，只有北京市、山东省和浙江省的民政厅设置了"移动互联网+"社会救助政务服务微信公众号，占9.7%。

北京市微信公众号设置了服务大厅、民政资讯和机构信息公示。服务大厅下设服务承诺、在线办理和办事大厅三个服务板块。在线办理板块中设有结婚、离婚等八项业务，但是，没有社会救助业务。办事大厅中设有社会救助业务，包括城乡低收入生活保障救助、城市最低生活保障救助、农村最低生活保障救助、医疗救助、教育救助、农村住房保障救助、临时救助、灾民救助和流浪乞讨人员救助。每个救助类型下都公布了办理业务的政策法规依据、办理机构、办理地址、办理电话、办理时间、办理时限、项目收费标准及法规依据、办理须知、办理程序等，内容具体，信息翔实。民政资讯服务板块中只有"移动微博动态"一个子栏目，前50条移动微博信息中，社会救助信息为6条，自然灾害救助信息为4条，特困救助信息为两条，占24%，其中，原创信息4条，转发信息两条。

山东省微信公众号设置了民政要闻、政策文件和专题栏目三个栏目。民政要闻下设机关动态、基层动态、他山之石、机关党建和子菜单名称五个服务板块。政策文件下设上级文件、厅发文件和政策解读三个服务板块。专题栏目下设重大部署、安全管理、社会公告、最美齐鲁民政人和腾讯微博五个服务板块。在设置的业务服务板块中，每个板块都及时上传了很多资料和信息，"互联网+"社会救助服务体系建设可圈可点。

浙江省微信公众号历史信息前50条中，原创微信数为50条，转发微信数为0条。在50条政务微信中，社会救助信息为8条，自然灾害救助信息为7条，特困救助信息为1条，占32%。其他服务板块匮乏，在微信政务服务体系建设质量方面暂逊于山东省。

三 "互联网+"社会救助无障碍浏览服务设置和使用现状

2015年2月26日，国家统计局发布了《2014年国民经济和社会发展统计公报》。数据显示，截至2014年年末，中国60周岁及以上人口2.12亿，65周岁及以上人口1.38亿。根据第六次全国人口普查数据和第二次全国残疾人抽样调查结果推算，截至2010年年末，中国残疾人总数8502万人，其中，视力残疾1263万人，听力残疾2054万人，言语残疾130万人，肢体残疾2472万人，智力残疾568万人，精神残疾629万人，多重残疾1386万人；重度残疾2518万人，中度和轻度残疾人5984万人。另据中国信息无障碍产品联盟在2015年4月7日发布的《中国互联网视障用户基本情况报告》数据，中国视障者约1300万人，听障者达到了2000万人，读写障碍人士为7000万人，合计约占中国总人口的20%[1]。这一数量巨大群体中的很多人都是社会救助对象，在国家和各级政府全力推进"互联网+"社会救助服务体系建设现状和趋势下，这些人群能否顺畅使用互联网是检验"互联网+"社会救助服务体系建设质量的主要指标[2]。

---

[1] 资料来源于2015年4月7日中国信息无障碍产品联盟发布的《中国互联网视障用户基本情况报告》。

[2] 根据我国《信息无障碍——身体机能差异人群——网站设计无障碍技术要求》（YD/T1761—2008）的规定，无障碍浏览服务包括信息无障碍浏览服务和网页无障碍浏览服务。信息无障碍是指无论健全人还是残疾人，无论年轻人还是老年人，都能够从信息技术中获益，任何人在任何情况下都能平等地、方便地、无障碍地获取信息，利用信息。网页无障碍是指残疾人、有特殊需求的健全人可以获取网络上的任何信息。为了做到这一点，就要实现网页内容无障碍以及上网使用的辅助软件技术的无障碍。2012年，国家制定出台了《网站设计无障碍评级技术要求》（YD/T1761—2012）和《网站设计无障碍评级测试方法》（YD/T1822—2012），这两个替代性行业标准并未改变无障碍浏览服务的已定概念。

目前，国内大多数民政部门网站和社会救助经办机构子站或网页基本都未考虑老年人和障碍人士等特殊人群的上网需求。在全国31个省份中，只有上海市、福建省、广东省的民政厅网站设有无障碍浏览服务。但是，广东省的无障碍浏览服务板块不能使用，这和广东省人民政府网站的无障碍浏览服务水平相差很大，广东省有35个省级部门都设置了带有全天候语音提示功能的无障碍浏览公共服务平台，然而，广东省民政厅和社会救助经办机构并未落实国家和广东省的行业规定。上海市民政部门的无障碍浏览服务模板比较简单，只有页面放大和缩小、配色、辅助线、折叠和重置五项服务板块。

福建省民政部门的官方网站的无障碍浏览服务最好。其服务板块和特色有：一是提供初始化、后退、前进、刷新、纯文本模式、字体扩大与缩小、语音开关、光标、配色、页面放大与缩小、指读、连读、显示屏和无障碍声明等服务板块。二是服务对象明确。一部分服务对象是视障人士为主的身体机能差异人群。此类群体的身体机能丧失或弱化，在日常生活或工作中，在信息使用方面受到影响的人群，包括残障人群、老年人群、身体机能未发育成熟的幼年人群等。另一部分服务对象是有特殊需求的健全人，确保实现网页内容无障碍及上网使用的辅助软件技术的无障碍。三是服务版本细化。提供了无障碍网站浏览辅助功能版、无障碍网站语音朗读功能版、无障碍网站盲人语音版三个版本。

无障碍网站浏览辅助主要是针对视力残障人士上网通过辅助工具调整文字大小、辅助光标、纯文本模式、显示屏等来浏览网页的信息。在网站首页顶部导航栏内，设有"无障碍辅助浏览工具"按钮，访问者点击该按钮开启或关闭无障碍网站浏览辅助工具。设有无障碍纯文本转换模式，浏览者点击"纯文本模式"，可以将网页中的图像等非文本内容转化成文本，并以线性化的显示方式从上到下显示，以满足具有不同访问需求人群的需求。进入纯文本模式后，还可以通过点击"切换为可视化模式"按钮返回正常模式。设有阅读辅助十字光标，点击"光标"，为视力障碍用户校对阅读的位置提供帮助，辅助线是横竖两条红色的基准线。设有高对比阅读配色器，点击"配色"，选择颜色，为色彩浏览障碍的浏览者提供白底黑字蓝链接、蓝底黄字白链接、黄底黑字蓝链接、黑底黄字白链接、页面原始配色等不同配色的页面浏览方式。设有文字放大阅读专用屏，点击"显示屏"，浏览者鼠标指向的文本文字将自动调入到位于页面下部的"显示屏"区域进行字体放大显示，从而便于浏览者的阅读。

无障碍网站语音朗读功能版重点新增加了语音指读、连读功能和语音个性化调整。开关语音功能、语音个性化调整功能（鼠标移动到"声音开关"，选择"增加音量""减少音量""增加语速""降低语速"调整声音的大小、速度）、光标语音指读与连读（点击"连读"，可以自动连续朗读整篇文章内容；点击"指读"，根据浏览者鼠标指针指向，朗读相关文字内容）。

• 无障碍网站盲人语音版通过数字键导航功能为视障浏览者在无读屏辅助软件的情况下通过导航语音的方式进行网页内容的浏览，该浏览方式只要通过按选计算机键盘的相应数字键就能完成。语言播放/暂停控制开关，使用键盘空格键进行语言播放、暂停控制开关。使用Ctrl+左键或右键，进行信息列表上一页或下一页的链接导航。后退键进入历史访问页面，使用键盘退格键可进入历史访问页面。使用键盘上下键，按照上下次序选择提供的候选信息。使用键盘左右键，进出页面划分的区域以及设置信息。使用键盘回车键，打开当前链接所指向的页面。

第三章 "互联网+"社会救助建设面临的主要问题

"互联网+"社会救助服务体系建设已经取得了积极进展和明显成效。但是，在实践发展中仍然存在一些亟待解决的突出问题、重点和难点问题。

第一节 "互联网+"社会救助网站建设

"互联网+"社会救助服务平台主要是民政部门、减灾部门的官方网站和社会救助经办机构的子站或网页，以及政务微博、微信公众号和客户端等移动政务平台。

一 网站"僵尸"问题突出

民政部门、减灾部门和社会救助经办机构政务新媒体服务平台存在"僵尸"问题。"僵尸"问题的主要表现是民政部门、减灾部门和社会救助经办机构长期不及时更新网页上的内容或者对网站缺乏持续的有效维护，致使社会公众和组织无法获取所需信息、资料以及无法在线办事。2015年3月24日，国务院办公厅印发了《国务院办公厅关于开展第一次全国政府网站普查的通知》（国办发〔2015〕15号），普查期从3—12月。按理说，经过这次普查整顿之后，民政部门和社会救助经办机构的网站和网页的建设质量及服务水平应该上升，"僵尸"问题应该消除或者得到明显改善。然而，事实并非如此。一个例证是，2015年民政部对原官方网站进行改版，新版门户网站取消了社会救助司的子站，降低了社会救助政务服务能力。另一个较具代表性的例证是，2016年1—7月，全国民政网站月度访问量在波动中急速下降，1月为2645万人次，2月为2111万人次，3月为3536万人次，4月为2068万人次，5月为796万人次，6月为486万人次，7月为494万人次。而从2012年1月至2015年12月，全国民政网站月度访问量稳步增长，总体都在3000万—5000万人次，最少的一次是2012年1月，月度访问量也超过了2500万人次，2015年8月更是达到了历史最高峰值1.1亿人次。与此同时，按照这次普查制定的考核指标，2016年7月16—20日的考察结果是，全国31个省份的民政厅网站上的许多服务板块都不合格，尤其是互动回应类板块更加糟糕。这说明2015年8月民政系统浏览量出现1.1亿次或许和这次普查有关，之后随着普查工作结束，民政部门和社会救助经办机构自然也不重视了，"僵尸"问题依然持续存在。这也可以从另一组月度浏览量上说明，普查工作从2015年3月开始，4月、5月、6月、7月、9月、10月的月度浏览量几乎都在5000万—9000万人次，这是近五年来从未出现过的大好趋势。

上述主要表现和原因不过是诸多表现和原因中的一部分，"僵尸"问题的存在还有很多表现和潜隐的原因。普遍现象是信息和资料不能及时更新、网站资源利用率较低、互动回应迟滞或缺失、服务内容匮乏且不适用、检查后拒不改正。"僵尸"问题长期存在的原因很多，诸如民政部门领导不够重视、观念滞后或者因行政行为不规范而不敢公开政务；有的为了应对上级突击检查才临时完善网站和网页；对政务公开的法治意识淡漠甚至排斥，不将网站建设纳入日常工作。"僵尸"问题反映了民政部门的行政不作为，这也是一种懒政行为，本质是漠视民生。在网络政务时代，民政部门应有虚拟治理思维和在线服务理念，把网站和网页建设视为必修课。同时，国家和地方政府应依《政府信息公开条例》等法规加大对网站"僵尸"问题监督检查力度，建立责任追究机制，以杜绝"僵尸"问题。

二 政务服务能力较低

（一）互动回应政务服务能力较低

在本书研究设置的21个考评指标中（见表3-1），网上信访、领导信箱、网上咨询、其他征集活动、微博虽然位居前五名，但是它们所占的比重很低，分别为 46.7%、40.0%、36.7%、33.3%、32.3%，均未超过 50%。这些服务模块的实际使用功能较弱，网上信访、领导信箱、网上咨询的回复率极低。有些网站虽然设置了"网站调查"板块，但只是了解浏览者对该官方网站和网页建设的看法、建议，并不是就民政业务开展民意征集活动；社会救助经办机构也无法使用这个模块开展社会救助业务民意征集活动。例如，青海省民政厅网站的"调查投票"板块设置了两道题：第一道题是"您觉得本网站哪个栏目对您最有帮助？"给出的四个备选答案依次是：政务公开、工作动态、民政新时空、交流论坛（网站留言）；第二道题是"您对青海民政信息网页面设计是否满意？"给出的四个备选答案依次是：满意、一般、比较满意、页面设计有待加强。在两道题的下面都设置了"投票"和"结果"按钮，点击"结果"可以查看每个备选项得票数及所占比重。在另外一个"投票调查"栏目下设置了四个问题"您觉得本网站哪个栏目对您最有帮助？""您对青海民政信息网页面设计是否满意？""青海民政信息网""青海民政信息网测试最低生活保障软件"。在点击"结果"按钮后可以看到每个备选项得票数及所占比重。在 31 个省份中，设置此类征集社会公众和组织的意见、建议的省份极少，且彼此的设计相似度极高。而且，执法信箱、问卷调研、法规制定征求民意、客户端、微信、政策法规解读、互动访谈、新闻发布会、结果反馈、公开意见信箱、监督投诉、常见问题解答、舆论引导、建议留言、谣言纠更、即时通讯交流等政府服务能力也较弱。例如，在政策法规解读服务方面，通过互动访谈、视频直播或录播、图表、音频等方式解读的网站极少。不过，与 2015 年以前相比，互动回应政务服务能力已有所提高。

（二）民生需求的业务内容偏少

很多网站上传了大量的领导视察、新闻报道、工作动态、部门职责等信息和资料，这些信息和资料几乎都是民政部门和社会救助经办机构"一厢情愿"式的供给，对社会组织和公众的需求缺乏必要的考虑，导致供给和需求失衡。在社会救助类型中，最低生活保障救助制

表3-1　　　　　　　　互动回应交流（一级指标2）

序号	三级指标	考察结果(%)	序号	三级指标	考察结果(%)
1	执法信箱	0.0	12	微信	9.7
2	问卷调研	6.7	13	微博	32.3
3	法规制定征求民意	10.0	14	客户端	3.3
4	其他征集活动	33.3	15	政策法规解读	13.3
5	互动访谈	16.7	16	新闻发布会	6.7
6	领导信箱	40.0	17	结果反馈	0.0
7	公开意见信箱	6.7	18	网上信访	46.7
8	监督投诉	23.3	19	常见问题解答	20
9	网上咨询	36.7	20	舆论引导	0.0
10	建议留言	16.7	21	谣言纠更	0.0
11	即时通讯	0.0			

注：考察结果中的百分比指的是设置了此项业务的省份占全部省份的比重，下同。

度备受关注，救助范围、救助对象申请条件、救助标准及调整、救助对象公示、常见问题与疑难问题、政策解读等都是最低生活保障对象和低收入群体、边缘户关心的内容。可是，很多省份民政部门的网站上或者根本没有发布此类信息或者信息较少。救急救难的社会关注也比较高，民政部门网站或社会救助网页上应公示救助申请条件、办理程序、所需材料、救助标准、救助额上限、地址和电话、政策法规及解读，尤其是常见问题和疑难问题的解释、具体案例，让社会公众一看就懂。以城乡医疗救助为例，想申请医疗救助人群主要有以下三方面的需求。

（1）医疗救助制度的覆盖范围。城乡最低生活保障对象和特困供养人员（城市"三无"人员、农村"五保"户及孤儿）知道自己可以享受医疗救助待遇。但是，生活困难的残疾人和城乡低保边缘对象对自己能否享受医疗救助待遇则存在不确定认知。残疾人可否享受医疗救助待遇？如果可以，达到几级残疾可以享受待遇呢？哪些医疗负担重的省部级以上患病劳动模范、复员军人与残疾军人等人员是否可以享受医疗救助待遇呢？

（2）医疗救助的方式和疾病种类。已参加城镇居民基本医疗保险或新型农村合作医疗参保人是否可以享受待遇呢？医疗救助对象可以享受门诊救助、住院救助、特病门诊救助、重特大疾病医疗救助、临时医疗救助等救助方式中的哪些种类呢？救助的疾病种类有哪些呢？

（3）医疗救助待遇。医疗救助对象还想了解门诊救助、住院救助、临时医疗救助、重特大疾病救助、特病门诊的救助标准中个人承担门诊费用的比例是多少？每人每年最高救助限额是多少？农村困难家庭重度精神病患者的日救助标准又是多少呢？此外，用药范围、普通挂号费、诊查费、检查费、住院床位费、门槛费、住院押金、诊察费、护理费、大型设备检查费等诸多费用中的哪些费用可以享受优惠政策？如果民政部门和社会救助经办机构能在网站上提供这些详细的信息，并控制在三级链接以内，那么拟申请者就可以享受高质量的政务服务。

社会救助的法规属性非常强，很多社会救助对象受限于知识水平，无法准确读懂法规含义，这就需要政策法规的在线供给服务能力要强。但实践中却存在一些突出问题。

（1）时间滞后。各省份民政厅在官方网站上公示社会救助政策法规的时间和政策法规法定施行时间之间存在一定的时间差。很多省份民政厅网站上传社会救助政策法规和减灾救灾政策法规的时间主要集中在2013—2016年，尤其是2014—2015年。实际上，很多社会救助政策法规和减灾救灾政策法规的颁布时间是在2000年之前，甚至在1990年之前。我国政府网站普及率最晚在2010年时已经很高，服务功能也已经比较健全。可是，各省份民政厅上传社会救助政策法规和减灾救灾政策法规的时间却并未集中在2010—2012年。这表明在线服务能力具有滞后性。在这个方面，各个省份应借鉴民政部的优秀做法。民政部在官方网站上公示的社会救助行政法规和部本级规章共计39部（见表3-2），其中部本级社会救助规章37部，它们的颁布时间与上传到部本级官方网站的时间为同一天，占94.8%。另外两部行政法规因行政流程之故略有延迟也属正常现象。但是，民政部也都以最快时间上传到网站上。民政部在官方网站上公示的自然灾害救助行政法规和部本级规章共计54部，它们的颁布时间与上传到部本级官方网站的时间均为同一天，占100%。由此可见，民政部高度重视"互联网+"社会救助服务能力建设，通过门户网站颁布社会救助政策法规的速度很快，具有同步性特征，社会服务能力极强。

表3-2 民政部本级网站公示的救灾减灾和社会救助政策法规情况

救灾减灾			社会救助		
年份	数量（部）	比重（%）	年份	数量（部）	比重（%）
2016	1	1.85	2016	1	2.56
2015	7	12.96	2015	13	33.33
2014	3	5.56	2014	5	12.82
2013	3	5.56	2013	2	2.56
2012	7	12.96	2012	3	33.33
2011	7	12.96	2011	4	12.82
2010	7	12.96	2010	6	2.56
2009	9	16.67	2009	2	33.33
2008	7	12.96	2008	1	12.82
其他	2	3.70	其他	2	2.56

注：因为计算过程中采用四舍五入的方法，所以，表中百分比之和不一定等于100%。下同。

(2) 地方性的政策法规相对较少。全国30个省份（不包括西藏）民政厅官方网站上公示的社会救助政策法规的立法层级、政策法规总数以及省级政策法规总数占全部社会救助政策法规的比重见表3-3。从表3-3中数据可以了解各省份社会救助经办机构的公共服务能力。在全国31个省份中，北京市、四川省、广东省、广西壮族自治区、上海市的社会救助政策法规服务地区的能力最强，但仅约占全国31个省份的17%。其中，北京市的占比超过了90%，遥遥领先于其他各省份。有21个省份的占比都低于60%，超过了六成。总体来看，多数省份民政厅官方网站上公示的几乎都是国务院制定实施的行政法规和民政部制定实施的部门规章。本地区立法机构、人民政府和相关的委办厅局制定实施的规章制度所占比重较低。

表 3-3　　　各省份地方性社会救助政策法规及比重

省份	数量	比重（%）	省份	数量	比重（%）	省份	数量	比重（%）
北京	142	91.6	浙江	69	75.8	海南	18	29.5
天津	80	17.4	安徽	40	57.9	重庆	20	76.9
河北	19	28.7	福建	3	20.0	四川	23	82.1
山西	10	33.3	江西	13	20.6	贵州	46	56.7
内蒙古	57	54.3	山东	51	52.0	云南	10	43.4
辽宁	15	39.4	河南	24	23.5	陕西	11	33.3
吉林	14	60.8	湖北	15	53.5	甘肃	37	75.5
黑龙江	4	23.5	湖南	9	56.2	青海	9	15.0
上海	175	79.1	广东	48	80.0	宁夏	8	61.5
江苏	62	16.8	广西	33	80.4	新疆	5	38.4

注：仅统计各省本级制定施行的社会救助政策法规，不包括国家层面的法律、行政法规和部门规章。比重等于该省本级制定发布的政策法规、规范性文件、通知的总数除以该网站公示的国家级、省本级政策法规总数，再乘以 100%。

（三）网上综合服务能力

在本书设计的 22 项评测指标中，除"站内搜索"一项指标的占比极高以外（90%），其余 21 项评测指标所占比重都极低。进度跟踪、公共搜索、数据公开、网上申请、办事查询、网上预约、场景式个性服务、立体化个性服务等指标所占的比重都未超过 10%。社会救助经办机构也未提供社会救助业务展示宣传视频、救助文化、业务竞赛等非主流服务。虽然站内搜索整体服务水平较好，搜索结果相对快捷、准确、容易获取。但是，公共搜索引擎的检索服务亟待加强，10% 以下的网站都没有通过公共搜索引擎认证，网站信息无法被公共搜索引擎及时搜索，浏览者很难通过搜索引擎获取最新政务服务信息（见表 3-4）。

服务内容少与服务质量不高等问题仍然较重。例如，未能全面公布医疗救助的药品目录、待遇标准等内容。社会救助经办机构信息不够详细等问题也较为普遍。而且，重点项目的服务能力建设仍是"短板"。各省份民政厅官方网站在重点办事服务水平建设方面，与社会公众的需求还存在着较大差距，主要表现是公众关注度高的服务项目匮乏，服务内容不够实用，重点服务不好用，维护机制不畅通。对实际办理量大、服务面广、办理流程较为复杂的重点服务事项尚未整合提供重点服务，多数官方网站仍对事项进行简单罗列或初步分类，针对性不强。服务资源仍是"共性化的、原则性的"办事指引，未能从实际出发，针对细分用户类别，提供个性化、实用化、人性化服务。在服务资源整合方面，仅对相关行政办事事项、政策文件、办理机构进行整合，缺少对相关查询服务、常见问题、前后关联事项的整合。

表3-4　　　　　　网上综合服务功能（一级指标3）

序号	三级指标	考察结果（%）	序号	三级指标	考察结果（%）
1	办事指南	26.7	12	网上预约	0.0
2	附件下载	13.3	13	RSS服务	3.3
3	在线办公	10.0	14	电子版期刊	6.7
4	办事查询	6.7	15	导航地图	26.7
5	进度跟踪	0.0	16	场景式个性服务	3.3
6	站内搜索	90.0	17	立体化个性服务	3.3
7	公共搜索	3.3	18	宣传视频	0.0
8	数据公开	6.7	19	救助文化	0.0
9	理论研究	20.0	20	公交线路和地铁线路	3.3
10	经验借鉴	13.3	21	地址地图	10.0
11	网上申请	3.3	22	业务竞赛	0.0

三　移动政务服务水平较低

微博、微信和客户端的建设情况不尽如人意。在全国31个省份民政厅官方网站中，只有10个省份民政厅官方网站设有微博服务板块，所占比重为32.3%。只有北京市、山东省、浙江省3个省份的民政厅官方网站提供微信服务，所占比重为9.67%。没有一个省民政厅官方网站提供客户端服务。就连民政部官方网站也没有提供这三项服务。这表明民政部门对移动互联服务重视程度不够。已设置微信服务板块和微博服务板块的官方网站却提供客户端下载 iOS 和 Android 等操作系统服务板块。移动政务客户端用户只能通过非官方渠道下载应用程序。

如果将民政部门的微信、微博和客户端三项服务供给情况与全国移动政务供给情况对比分析可知，前者的建设更为糟糕。2015年4月22日，腾讯微信团队联合腾讯研究院发布的《"互联网+"微信政务民生白皮书》显示，2014年，全国政务微信总量已达40924个，涵盖多个政务民生热点领域。政务微信已成为政府施政的新平台。目前，政务微信已覆盖全国31个省份（不含港澳台地区），省市级部门开通的政务微信总量所占比重为84.7%，平均每个政务微信公众号关注用户数超过3.6万。中央部委则将微信作为与政府网站、新闻发言人并行的第三种政务公开途径。

在人民网的"对话官微"监测数据中，民政系统政务微博更为糟糕。在"回复排行"指标月度总排名前50名中，民政部门政务微博数量为零。在"留言排行"指标月度总排名前50名中，民政部门政务微博数量也是零。在"热门微博平台"指标月度总排名前30名中，民政部门政务微博数量还是零。人民日报社发布的《2015年上半年全国政务微博影响力报告》显示，在全国政务微博百强中，只有中国地震灾害紧急救援队排在第31名，在全国十大国家及中央机构微博中没有国家民政部。新华网舆情监测分析中心在2015年12月发布的《2015年全国政务新媒体综合影响力报告》，2015年，中央国家机关政务新媒体综合影响力排行榜前十名中没有民政部。综上分析，民政部门和社会救助经办机构的微博、微信和客户端服务能力亟须快速提高。

四 网站设计、管理与安全亟待完善

（一）网站首页结构和页面资源配置

在全国31个省份中，96.6%的社会救助经办机构都没有自己独

立的网站或子站,业务内容几乎都建设在本级民政部门的门户网站上,需要以网页链接的形式阅读浏览。服务板块的网站栏目维护也不尽如人意,达标率仅为23.3%。很多网页上没有多少信息和资料,有的信息和资料还停留在2009年以前,更新维护速度极慢。网站监测和分析系统不健全,达标率仅为6.7%;无障碍浏览设计的达标率也仅为6.7%。具体情况见表3-5。

表3-5　　　　　　　网站和网页质量(一级指标4)

序号	三级指标	考察结果(%)	序号	三级指标	考察结果(%)
1	站站可用性	100	6	内容存在	80
2	首页更新	100	7	网站栏目维护	23.3
3	独立网站	3.3	8	网站监测和分析系统	6.7
4	链接可用性	100	9	无障碍浏览设计	6.7
5	路径长度	73.3			

从表3-5可知,网站可用性、首页更新、链接可用性和内容存在基本合格达标,整体处于良性发展阶段。根据国务院办公厅提出的全国政府网站普查相关指标要求,各省份民政厅官方网站在网站可用性、首页更新、链接可用性等指标考核方面基本合格达标。不过,官方网站栏目维护亟须完善。

(二)官方网站安全程度较低

全国各级政府官方网站都存在一定程度的安全问题。本书没有考察民政部门官方网站的安全情况,但综观全国民政部门、社会救助经办机构和自然灾害救助经办机构官方网页可知,其网站安全形势仍然严峻,网络安全防护能力亟待加强。从全国政府官方网站安全现状总体情况看,普遍存在的安全问题主要有以下三个方面。

(1)官方网站安全漏洞问题突出。2015年,全国超过90%的官方网站存在各种危险等级安全漏洞。31%的官方网站属于极度危险序列,17%的官方网站属于高度危险序列;近30%的官方网站被监测到的安全漏洞数超过了30个，甚至有60余家官方网站的安全漏洞数量超过了100个。各级官方网站均不同程度地存在不同级别的Web类、信息收集类等安全漏洞风险，这些官方网站所占比重超过了45%。

（2）官方网站被黑客篡改攻击问题严重。《中国互联网站发展状况及其安全报告（2015）》指出，政府官方网站因公信力高、影响力大，容易成为黑客攻击的目标，特别是地方政府官方网站成为"重灾区"。2014年，全国共有1763家政府官方网站被黑客篡改攻击，1529家政府官方网站被植入后门，严重影响了官方网站正常运行，造成政府信息和用户信息的泄露。2015年9月，国家四部委联合出台了《党政机关、事业单位和国有企业互联网网站安全专项整治行动方案》，要求各级政府官方网站主管部门应做好安全防范工作，要"加强网站安全监测、测评和检查，查找网站安全隐患并及时整改，落实网站防攻击、防篡改、防挂马等关键技术防范措施，组织开展应急演练，提高网站抵御攻击破坏的能力"。

（3）个别地方政府官方网站存在低俗、庸俗和媚俗信息，甚至个别网站存在暗链、篡改等问题，严重影响政府形象。

（三）官方网站的建设管理机制亟待创新完善

（1）部分官方网站的日常运行维护机制仍未健全，官方网站内容更新维护"运动式"现象普遍存在，日常监管流于形式。官方网站存在应对上级部门普查检查问题，往往是在普查检查工作组到达之前紧急更新维护与整改，在普查检查工作结束后再次疏于内容更新和空白栏目整改。

（2）官方网站的技术平台集约化水平和业务资源集约化水平有待提高。目前，绝大部分官方网站主要探索官方网站技术平台、安全管理等方面的集约化，业务资源层面的集约化水平依然较低。部分官方网站存在"面子工程"问题，在升级改版过程中，对办事服务类栏目仍然只注重官方网站的"门面"，而对社会各界高度关注度的办事服务资源整合和实用化建设的投入力度仍然很有限。部分官方网站推出了"场景式个性服务"板块，实际上仍然只是提供了一个较为美观的入口页面，服务内容还是采用简单的事项罗列方式或者下辖业务主管部门的链接方式提供，服务实用性较差。针对当前社会公众和企业关注度较高的热点重点办事服务，不少官方网站"以不变应万变"，仍然仅展示多年以前的办事服务资源，相应的办事要求、申请条件、材料流程均未更新，服务实用性较差，公众办事极为不便。

五 政务公开与信息更新能力建设速度滞缓

从表3-6中数据可知，在本书研究设计的18个考察指标中，有13个指标的比重在40%以下。各省份民政厅和社会救助经办机构在领导分工、新闻动态、部门职责、政策法规等主动信息公开方面都提供了较为完整的信息。但是，在人事任免、国际交流、社会参与等信息公示仍然匮乏。最为突出的问题，社会关注度极高的最低生活保障待遇人员公示、享受医疗救助待遇人员公示、享受临时救助待遇人员公示、享受特殊贫困待遇人员公示的比重都很低，多数低于10.0%。很多官方网站根本无法查询到任何信息，有的还是2010年之前的信息。

官方网站基础信息公开普遍较好，更加全面和深入。80%的官方网站能够按照《政府信息公开条例》的要求，主动公开本地区介绍、机构职能、领导信息、政府文件、人事信息、财政资金、统计数据、发展规划、价格收费和政府工作报告等基础政府信息，并建立政府信息公开目录，提供依申请公开政府信息渠道。各地网站更加重视政策文件、规划计划、人事信息、统计数据等基础信息的公开，内容更加丰富，更新更加及时。公开政府集中采购目录、招标、中标、废标、更正、招投标违法违规行为、企业名单及处理情况等公告信息为0。但是，重点领域信息公开参差不齐，公开度普遍偏低。超过40%的官方网站对公共资源配置、食品药品安全、环境保护、安全生产等国务院办公厅要求公开的重点领域信息，未能及时公开。40%以上的官方网站开通了重点信息公开专栏，围绕民生、企业关注热点，及时公开行政权力清单等相关信息。其中，政策法规、新闻动态信息公开情况较好，但是，公众更为关注的信息，公开力度明显不足。此外，仍有60%的官方网站未开通相关专题栏目，虽然不同程度地公开相关领域信息，但明显存在信息公开内容较为分散、公开内容不够全面与不及时问题。

表 3-6　　　　　　　信息公开与更新（一级指标1）

二级指标	序号	三级指标	考察结果（%）	二级指标	序号	三级指标	考察结果（%）
基础信息	1	部门职责	80.0	重点信息	13	最低生活保障待遇标准公示	33.3
	2	领导分工	76.7		14	救助资金财务预决算公示	0.0
	3	新闻动态	100.0		15	最低生活保障待遇人员公示	10.0
	4	工作规划	3.3		16	享受医疗救助待遇人员公示	6.7
	5	人事任免	0.0		17	享受临时救助待遇人员公示	6.7
	6	政策法规	100.0		18	享受特殊贫困待遇人员公示	10.0
	7	国际交流	0.0				
	8	领导公示	26.7				
	9	通知公告	6.7				
	10	办公电话	40.0				
	11	采购招标公示	0.0				
	12	社会参与	0.0				

注："考察结果"栏填写的是全国30个省份社会救助经办机构网站或网页达标情况，百分比是指达标省份占30个省份的比重。下同。

六　社会舆论引导能力较弱

2014年移动新闻行业用户规模呈现快速上升趋势，截至12月末，用户规模达到4.2亿①。令人担忧的是，2014年中国移动互联网用户获取新闻信息的渠道均来自商业网站，而非人民网、新华网、央视网、国际在线、中国日报网、中国网、中国经济网、光明网、央广网、求是网、中国青年网等传统的主流传媒。2014年12月，移动新闻客户端用户覆盖率前十名的互联网企业依次是腾讯新闻（16.8%）、今日头条（7.8%）、网易新闻（6.1%）、搜狐新闻（5.4%）、小米新闻资讯（3.4%）、flipboard（3.2%）、凤凰新闻（2.2%）、新浪新闻（1.6%）、畅读（1.1%）和zaker（1%）。这十家互联网公司的

---

① 资料来源于Talking Data移动数据研究中心2015年1月发布的《2014移动互联网数据报告》。

移动新闻客户端用户量增幅依次为 150%、251.9%、100%、66%、1950%、333.3%、92.9%、66.7%、-6.7% 和 140%。

表 3-7 为 2014 年移动新闻行业用户规模情况。

表 3-7　　　　　2014 年移动新闻行业用户规模情况

年份	1月	2月	3月	4月	5月	6月	7月	8月	9月	10月	11月	12月
规模（台）	1.7	2.1	2.3	2.2	2.3	2.8	3.3	3.5	3.4	3.8	4.1	4.3
增长率（%）	—	19	11.1	-1.8	3	21.3	17.1	5.4	-0.5	11.1	8.1	3.2

中国社会科学院发布的《中国新媒体发展报告蓝皮书（2013）》和《中国新媒体发展报告蓝皮书（2015）》指出，微博用户主体是"三低人群"，即低学历、低年龄、低收入的人群。从年龄来看，青少年占八成[①]。其中，20—29 岁微博用户最多，为 8869.7 万人，占 28.92%；10—19 岁用户为 8056 万人，占 26.26%；30—39 岁用户为 7211.6 万人，占 23.51%。三者合计为 78.69%。中国互联网络信息中心在 2016 年 7 月发布的《第 38 次中国互联网络发展状况统计报告》显示，截至 2016 年 6 月，我国网民仍以 10—39 周岁为主，占 74.7%。其中，20—29 周岁年龄段的网民占比最高，为 30.4%，10—19 周岁、30—39 周岁群体分别占 20.1% 和 24.2%。与 2012 年年底相比，10 周岁以下儿童群体与 40 周岁以上中高领群体占比均有所增长，互联网继续向这两个年龄群体渗透。

七 "移动互联网+"社会救助无障碍浏览服务标准建设滞后

当前，中国政府和互联网公司研发的网站无障碍浏览服务标准主要适用于非移动互联网。如今，移动互联网使用普及率快速提高，但市场上却没有针对移动互联网的无障碍浏览服务标准。究其根源，制

[①] 关于青年的界定存在差异，联合国认定 15—24 岁的人为青年；世界卫生组织认定 14—44 岁的人为青年；联合国教科文组织认定 14—34 岁的人为青年；我国国家统计局认定 15—34 岁的人为青年。

约其发展滞缓的主要原因有以下四个方面。

（一）现有的非移动互联网无障碍浏览服务标准存在诸多问题，无法为移动互联网无障碍浏览服务提供有力支撑

从技术层面分析，非移动互联网无障碍浏览服务标准和移动互联网无障碍浏览服务标准相辅相成，前者可以为也应该为后者提供有力支持。然而，现实的问题是，非移动互联网无障碍浏览服务标准缺乏具体规定，存在一些突出问题，例如框架和内容有点笼统。以《信息无障碍身体机能差异人群网站设计无障碍技术要求》为例，该标准虽然实施时间较早，但仅从无障碍导向角度建立起了一个技术规范框架，且在具体的网页无障碍环境技术要求方面尚缺乏必要的规定。一个典型的例证是，视障浏览者浏览网站时对验证码、悬浮窗、浏览交互等服务项目的要求极为具体和现实，然而，现有的非移动互联网无障碍浏览服务标准却忽略了这一需求。因此，民政部和社会救助经办机构应主导建设完善非移动互联网无障碍浏览服务标准或者研发针对移动互联网的无障碍浏览服务标准。

（二）民政部门或者社会救助经办机构与研发移动互联网无障碍浏览服务标准的互联网公司之间缺乏高效的合作机制

在法规方面，缺乏吸纳互联网公司加入研发队伍的有效措施和激励机制。国外互联网发达国家在研发移动互联网技术方面主要采用法律强制和政策激励两种方式。中国的互联网公司规模较小，很多公司都是中小型技术互联网公司，缺乏国际竞争力，生存压力较大。所以，中国政府采取政策激励方式吸纳互联网公司参与研发是务实之举。然而，现实的困境是，由于政府在财政补贴、税收优惠、金融贷款、投资融资、专业人才培养等方面均没有制定实施激励互联网公司参与研发的有效政策措施，互联网公司参与研发的积极性较低。

（三）移动互联网无障碍浏览服务技术、标准和配套产品的研发尚未形成多元化的产业链

视力残疾、听力残疾、肢体残疾人等不同残障类型的人群对无障碍浏览服务的需求存在多元化差异，对软件、硬件和辅助产品等需求也存在差异。在美国等互联网发达国家，政府制定了激励措施，互联

网公司和相关研发企业积极参与无障碍标准和技术科研工作，研发出很多实用成果，也形成了完整的产供销产业链。目前，中国的无障碍标准和技术科研，以及市场产业链建设仍处于起步阶段，暂无法满足不同残障人士的个性化、差异化需求。

（四）民政部门和社会救助经办机构对研发无障碍浏览服务技术标准缺乏足够的积极性和应有的重视

从前文的分析中可知，在全国31个省份中，只有两个省份的民政厅在网站上提供了无障碍浏览服务。这说明民政部门和社会救助经办机构并不重视无障碍浏览服务供给和技术研发。无障碍浏览服务体系建设需要全社会多部门参与。然而，现实的问题是，社会救助网站、子站、网页的无障碍浏览服务并没有受到应有的重视。

总之，为了适应移动互联网的发展，民政部应尽快主导建设研发移动互联网无障碍浏览服务技术标准，制定激励机制，吸纳互联网公司积极参与研发工作。同时，组织国内互联网公司尤其是技术实力强的知名互联网公司参与国际标准制定工作。目前，腾讯公司正在研究制定《移动端互联网产品无障碍技术标准》，诸如此类颇具责任感的互联网公司的创新之举应得到政府肯定和鼓励。

还需要强调的是，在加速推进移动互联网无障碍服务平台建设同时更应先在现有的网站上设置无障碍公共服务平台，至少应尽快在27个尚未设置无障碍公共服务平台的省级民政厅网站上增设此服务板块。

综上所述，全国各省份民政部门和社会救助经办机构的网站、子站、网页的政务服务体系建设取得了积极进展，但也存在不少问题。例如，很多省份偏重发布政务信息、新闻动态等内容，忽视了交流互动、在线办公等服务栏目建设；有的省份虽然建有"一网办理"综合服务平台建设，但是，这些栏目很多都处于"僵尸"状态，并没有真正发挥多大作用。政府形象工程色彩比较浓郁，供给速度跟不上社会公众的需求速度，互联网政务服务体系建设处于被动地位。这些突出问题都需要尽快得到解决。

第二节 "互联网+"自然灾害救助

2014年以来，尤其在国家发布《关于积极推进"互联网+"行动的指导意见》以后，国内一些科研团队、社会救助等行政部门积极开展理论政策研究与实践探索，提出了"互联网+""一门受理、协同办理"公共服务平台、"互联网+"城乡居民最低生活保障经济信息核对系统、"两微一端"、"互联网+"自然灾害预警、"互联网+"自然灾害金融扶贫、"互联网+"智慧农村信息等发展方向。

2014年5月1日正式施行的《社会救助暂行办法》规定的社会救助框架体系是"8+1"。目前，国内学术界的主要研究内容是社会救助政策、城乡最低生活保障救助、医疗救助、教育救助、法律援助、临时救助、儿童救助、流浪乞讨人员救助和"三无"人员等其他弱势群体救助。即研究内容主要是"7+1"，研究相对不足的那个"1"就是自然灾害救助。而且，现有的自然灾害救助服务标准理论和政策研究较少，且研究成果转化为政府决策的能力弱。对"互联网+"自然灾害救助体系、"物联网+"自然灾害救助体系研究都较为不足。相关研究成果没有对政府构建"互联网+"自然灾害救助体系、"物联网+"自然灾害救助体系决策发挥有力的支撑作用。

虽然已有的研究和探索取得了一定实效。然而，互联网与自然灾害救助深度融合、共享发展的理论与政策研究及实践探索尚处于起步阶段，仍存在一些亟须讨论解决的突出问题、重点和难点问题。

一 "互联网+"自然灾害救助规章服务力弱

2014—2015年，国家出台一系列发展"互联网+"的政策文件、规划等制度，然而，各地区的"互联网+"自然灾害救助、"物联网+"自然灾害救助的制度建设步伐跟不上国家发展的步伐，明显滞后。以自然灾害较为严重的辽宁省为例，辽宁省在2014年以后制定的制度仅有3项（2015年），2010—2013年出台的制度有9项，2000—2009年出台的制度有5项。在统计的17项制度中，关于自然灾害信息预警的规定比较完备，但是，关于"互联网+"自然灾害救助、"物联网+"自然灾害救助的描述极少（1部），而关于"互联网+"自然灾害救助、"物联网+"自然灾害救助专项制度尚未出台。在本书统计的17项制度中，省级制度有7项，地市级出台的制度10项，制度层级较低。而且省级出台的7项制度中，省政府制定的6项，省人大制定的1项，立法层次低。此外，辽宁省减灾委员会和省政府应急办公室也没有出台"互联网+"自然灾害救助制度和"物联网+"自然灾害救助制度。辽宁省的法规建设情况甚至还落后于东部或中部地区的一些县级政府。截至目前，辽宁省尚未统一规划设计"互联网+"自然灾害救助体系、"物联网+"自然灾害救助体系，虽然制定了《辽宁省自然灾害救助办法》等地方性法规，本溪市、铁岭市、锦州市等地区也制定了自然灾害救助制度，但都各自为政（见表3-8）。

表3-8 "互联网+"自然灾害救助制度建设实例

	制度名称（发布时间）	"互联网+"灾害救助规定的摘述	"互联网+"灾害救助直接规定
1	辽宁省积极推进"互联网+"行动实施方案（2015）	自然灾害预警发布机制	有
2	辽宁省自然灾害防范与救助实施办法（2015）	自然灾害信息共享平台	无
3	辽宁省自然灾害救助办法（草案）（2013）	自然灾害信息共享平台	无
4	辽宁综合防灾减灾规划（2012）	灾害监测、预警、信息系统	无
5	辽宁省突发事件应急预案管理办法（2012）	灾害应急预警预报	无
6	辽宁省防震减灾条例（2011）	地震预警预报监测	无
7	辽宁省地质灾害防治管理办法（2001）	灾害信息汇总、预警	无
8	铁岭市突发地质灾害应急预案（2015）	灾害信息汇总、预警	无
9	大连市突发海洋自然灾害应急预案（2012）	灾害信息汇总、预警	无
10	黑山县自然灾害救助应急预案（2011）	灾害信息汇总、预警	无
11	营口市自然灾害救助应急预案（2011）	灾害信息汇总、预警	无
12	辽阳市自然灾害救助应急预案（2011）	灾害信息汇总、预警	无

续表

	制度名称（发布时间）	"互联网+"灾害救助规定的摘述	"互联网+"灾害救助直接规定
13	锦州市自然灾害救助应急预案（2010）	灾害信息汇总、预警	无
14	丹东市自然灾害救助应急预案（2009）	灾害信息汇总、预警	无
15	葫芦岛市自然灾害救助应急预案（2008）	灾害信息汇总、预警	无
16	锦州市自然灾害救助应急预案（2007）	灾害信息汇总、预警	无
17	本溪市自然灾害救助应急预案（2006）	灾害信息汇总、预警	无

从全国层面看，国家和各省份的自然灾害救助立法建设都存在"一事一法"的特点，就是一个灾种由一部法律作出规定，一部法律又由一个部门来执行，导致一旦出现新的灾种，应对工作将面临无法可依的局面。单行法应付不了难以预测的巨灾，急需综合性的法律体系。由于国家和各省份都缺少调整自然灾害救助关系的灾害救助法，灾害救助的"救急"色彩较浓，制度化水平不高。加之目前中央和地方两级并没有制订出台自然灾害救助法，更没有"互联网+"自然灾害救助专项法规，以明确政府在灾害救助中的职责、受灾群众在灾害救助中的相关权利及灾害救助的程序、标准和法律纠纷处理机制。这一现状也使各省份"互联网+"自然灾害救助立法层级低，专项法规匮乏。

二 政府"互联网+"自然灾害救助观念滞后

（一）各级政府重视程度不够

全国各省份及地市区县、乡镇的减灾委员会、救灾部门、救灾物资管理部门、农业部门、应急部门等与自然灾害预防减灾救助相关政府部门虽然都在积极探索"互联网+"防灾减灾救灾和智能化"物联网+"防灾减灾救灾两种新兴的工作模式，但实际上并未给予足够的重视，甚至是抵制，行政层级越低，问题越严重。从目前救灾救助部门发布的相关规章制度以及救灾工作实践看，政府相关部门最重视自然灾害发生后的应急救助工作。其次是自然灾害预警预报和应急响应。原因主要是：前者事发突然，社会关注度高；后者是常态化工作，社会关注度低。对自然灾害物资储备运输、"物联网+"自然灾害救助、多元化自然灾害网络救助平台体系和组织机构建设等方面仍缺乏应用的重视。从各地区政府推进"互联网+"发展战略行动来看，普遍存在对"互联网+"国家发展战略认识程度低、重视程度不够等突出问题。一个典型例证是，2015年9月初，国务院为了进一步推动落实"互联网+"国家战略，印发了《促进大数据发展行动纲要》（以下简称《纲要》），《纲要》指出，2018年年底前要建立政府数据统一开放平台。随后全国多个地区相继组建了大数据管理部门，但主要都是内设机构，级别也不高。2015年9月，四川省成都市在该市经济和信息化委员会内设大数据管理局，级别属于正处级。2016年1月，湖北省黄石市在该市经济和信息化委员会下设大数据管理局。此前的2014年年初，广东省成立了大数据管理局，也不是独立机构，而是设在广东省经济和信息化委员会，属于正处级内设机构。2014年5月，广东省清远市在该市经济和信息化局内设大数据管理科，属正科级部门。2015年5月，广东省广州市在该市工业和信息化部委员会内设广州市大数据管理局，级别是正处级。上海市从2014年开始筹备组建大数据管理局，但至今仍未组建独立的大数据管理局，而是在上海市经济和信息化委员会下设大数据发展处，级别是正处级。概言之，从长远发展战略角度单独设立层级较高的大数据管理机构的地区实属凤毛麟角。2015年6月1日，辽宁省沈阳市单独设立大数据管理局，属于正局级单位。沈阳市的做法开了先河，但是，全国各地区并不同步。

"互联网+"对人类社会的冲击是颠覆性的，大数据已经成为新经济发展的重要资源，各地区应从长远战略角度统筹规划，仅凭一个内设的处级或科级业务机构无法应对这一趋势和挑战。即便是那些已经组建了独立大数据行政管理机构的地区实际上也不太重视"互联网+"和大数据资源的价值，有的地方领导人主观上不重视。各级政府部门尤其是自然灾害防灾减灾与救助部门应尽快改变观念，提高认识，积极行动，杜绝懒政行为，探索"互联网+"防灾减灾救灾和智能化"物联网+"防灾减灾救灾两种新兴的工作模式。

（二）对大数据下的"互联网＋"自然灾害救助工作安全存在担忧心理

《促进大数据发展行动纲要》指出，2018年年底前，各地区要实现公共数据资源合理适度向社会开放。然而，各省份与自然灾害救助紧密相关的地震、气象、海洋、国土资源以及承担主要救灾救助责任的农业部门、民政部门、国家减灾委员会等部门对海量大数据资源使用和信息公开存在"不公开是常态，公开是找麻烦"的旧思维。常以涉及国家安全和社会稳定为由拒绝公布社会民众具有知情权的公共数据。

（三）各部门之间的信息互联互通与共享平台和机制暂未建立，部门之间信息割据问题严重，空间背景信息数据共享难

自然灾害防灾减灾与救助业务由多个政府部门分头管理。雪、雨、风灾害由气象部门负责；干旱、洪水、雨涝由水利部门和农业部门负责；农业病虫害由农业部门负责；林业病虫害、森林火灾由林业部门负责；风暴潮、台风、赤潮、海冰由海洋部门负责；滑坡、泥石流、地面沉降由国土资源部门负责；地震、火山由地震部门负责；灾害救助由民政部门负责。此外，应急指挥办公室等部门也参与其中。这种多头管理的体制造成了各部门各自为政、独立建立封闭的数据库和网络信息平台，导致彼此之间的信息互联互通与共享难等问题。

在"互联网＋"时代，各个地区的自然灾害救助信息流动、共享应超出本行政区划范围，地方政府及负责自然灾害救助的部门应具有全国性视角，中央层面负责自然灾害救助的部门更应具有全国性视角，实现全国性信息库和地方性信息库的互联互通与共享利用。然而，现存的突出问题是，国家层面的灾害预警预报、受灾人群、灾害损失、交通疏散、水资源污染、工农业生产、金融贷款以及公共部门、民间组织参与救援等信息数据分散于全国性基础信息数据库、国家救灾减灾各部委自建的信息库和地方政府相关职能部门自建的信息库，全国范围内尚无共享机制和平台，这些基础数据无法整合使用在一定程度上阻碍了各省份突发性自然灾害救助的及时性，降低了自然

灾害救助的质量。

　　从各省份自身分析，各地区自然灾害救助信息也没有实现互联互通，开放共享。设立的大数据管理部门在实际业务工作中也遇到了很大的阻力，一是政府自然灾害救助部门之间不愿意实现信息互联互通。即使同处于民政系统的救灾部门、减灾部门、救灾物资管理部门、机关救灾业务处室之间也未建立起信息互联互通机制，彼此之间也存在信息"孤岛"等问题。二是政府自然灾害救助部门和互联网企业及掌握灾害信息的相关企业、事业单位之间也没有实现信息共享使用。例如，阿里巴巴公司、百度公司、谷歌公司、腾讯公司等知名互联网公司虽然不是某一地区专属本土网络公司，但它们掌握了海量信息，然而，政府自然灾害救助部门并没有和这些网络巨头公司建立信息互联互通与共享平台和机制。各地区本土的互联网公司实力一般都较弱，难以高效地服务当地政府。三是有的地市区县政府部门领导班子存在认识盲区，大张旗鼓地招商引资，在本行政区划内自建独立的信息数据库，也浪费了大量的人力、财力、物力等资源。

　　（四）对"互联网+"自然灾害救助全民化趋势缺乏足够认识

　　以移动电话、平板电脑、智能可穿戴产品、物联网等为代表的移动网络设备、技术的社会化普及应用表明，政府政务工作已经进入全民互联网时代，并开始进入物联网时代。自然灾害救助部门对构建全民参与的救助服务体系缺乏系统的科学规划意识，仍固守政府大包大揽的旧观念。对个体和互联网公司参与防灾减灾救助工作的社会责任及救助能力缺乏应有的信任。在前"互联网+"自然灾害救助时代，政府主要是通过强制性指令发动自然灾害救助，参与救灾的各类单位和群众具有较强的特定性，灾害信息传递、寻亲找人、捐款捐物、灾后扶贫融资也都具有滞后性和地域局限性。然而，在"互联网+"自然灾害救助时代，计划指令性的政府包办救灾模式已不再符合时代需求，社会公众获知信息的时间甚至比政府救灾部门还要早，灾害信息传递、寻亲找人、灾后扶贫融资、捐款捐物等具有瞬时性，诸如此类的业务工作都需要通过移动互联网完成的，这些移动互联网工具的使用者恰恰主要是社会公众。而且从四川省雅安市地震等自然灾害救助实践看,"互联网+"时代的社会公众的救灾参与度明显提高,这些新媒体时代的特征亟须引起政府自然灾害救助部门的高度关注,并尽快调整救灾方案、组织机构、管理制度、业务流程,构建由尽可能多的社会公众参与的全民化自然灾害救助服务体系。

此外,有些政府部门的工作人员排斥"互联网+"自然灾害救助新兴工作模式,不愿意改变原来的线下工作模式,认为线上和线下频繁转换比较麻烦,抵制"互联网+"自然灾害救助工作模式,导致线上和线下两种工作模式无法快速融合发展。有的工作人员懈怠学习"互联网+"新知识,不了解其科学内涵和"互联网+"自然灾害救助的政策思路,有些人甚至曲解"互联网+"自然灾害救助国家战略意图,竟然认为"互联网+"自然灾害救助融合是政府的噱头。

三 "互联网+"自然灾害救助基础资源薄弱

农村地区遭受的自然灾害重于城镇地区,然而,农村地区的数字化基础工程建设却滞后于城镇地区,网络基础资源薄弱,工程建设滞缓;城乡差距逐渐扩大,城乡二元结构特征明显。主要表现在以下两个方面

(一)农村地区年度互联网普及率大大低于城镇地区

2008—2015年,中国农村地区的年度互联网普及率依次为12.3%、15.5%、18.6%、20.7%、24.2%、28.1%、28.8%、30.1%,分别低于城镇地区年度互联网普及率21.6个百分点、27.5个百分点、31个百分点、33.9个百分点、33.2个百分点、32.2个百分点、34个百分点、34.1个百分点。农村地区年度互联网普及率虽然逐年提高,但是,仍然远低于全国互联网50.3%的普及率,且城乡差距逐渐扩大。

(二)城乡地区网民数占比差距总体上呈逐年扩大趋势

2008—2015年,农村地区网民数占全国网民总数的比重依次为28.4%、27.8%、27.3%、26.5%、27.6%、28.6%、27.5%、28.4%。城乡占比结构约为7∶3。截至2014年年末,中国农村地区网民数占比低于城镇地区网民数占比45个百分点。截至2015年年末,全国农村地区网民数占比低于城镇地区网民数占比43.2个百分点。

这些突出问题阻碍了"互联网+"自然灾害救助建设。

四 "物联网+"自然灾害救助发展滞后

自然灾害救助工作重点、难点和关键点是帐篷、棉衣棉被、食品、饮用水、居住设施、服装、药品等救灾物资应急调度管理。2013年，四川省雅安市地震自然灾害救助物品在发放中就曾因为物品没有使用无线射频识别技术（俗称电子标签）致使发放混乱，有的帐篷构件丢失，有的棉衣棉被型号不匹配。如今救灾物资网络化连接已经成为人类社会发展的大趋势。然而，各省份及各地市区县政府并不太重视物联网推广使用工作，对构建地面、高山、水中和空中四位立体化的物联网救灾体系缺乏整体规划设计与大量设备投入，未在致灾因子上普遍安置读写器、传感器及地震带上安装监测装置，且无线射频识别技术使用推广滞缓。

2013年9月5日，国家发展和改革委员会、工业和信息化部等14个部委联合下发了《2013—2015年物联网应用推广专项行动计划》，10个物联网计划中都包含有"公共安全防范与动态监管"计划，这个计划的应用领域是"重大自然灾害预警与防灾减灾能力建设"。然而，到目前为止，各省份"自然灾害预警与防灾减灾能力"物联网应用示范和规模化推广专项行动并未取得重大突破，所谓的新进展、新突破基本上都是地震部门和气象部门早已建立起来的"自然灾害预警与防灾减灾能力"体系，并没有从网络经济引发的本省份经济社会颠覆性变革的角度推进国家的专项行动计划。而且，对"物联网+"自然灾害预警与防灾减灾发展中出现的新问题也缺乏有效的应对措施。例如，随着物联网产业的发展和应用领域的延伸，将会出现更多的业务种类。细分业务过多会导致大量的信息"孤岛"问题，使信息无法有效共享，且不利于整合资源与制定行业标准。然而，各省份的发展和改革委员会、经济和信息化委员会或工业和信息化委员会、国土资源厅、地震局、气象局、农村经济委员会、民政厅、减灾委员会等部门在促进"物联网+"自然灾害预警与防灾减灾各细分领域融合方面进度滞缓，同时，在制定"物联网+"自然灾害救助行业统一标准与统一行业应用平台开发方面也缺乏积极的应对态度，阻碍了物联网与社会救助业务快速融合发展。

五 "互联网＋"自然灾害救助大数据价值未得到充分使用

（一）未充分重视网络大数据下的人群行为信息对自然灾害预防的价值

对网络信息缺乏及时必要的统计分析，未深入挖掘人群行为和灾害发生之间的相关性。原有的理论认为，致害因子和自然灾害事件之间具有因果关系，如今的大数据颠覆了这一理论，只要通过网络大数据发现致害因子和自然灾害事件之间具有相关关系，就可以发布预警信息。

（二）未充分重视灾后有价值大数据的深度挖掘

日本和欧洲的科研团队高度重视基于"互联网＋"自然灾害信息的深度挖掘。东京大学科研团队采用东日本大地震灾害中受灾人群使用移动电话通讯信息研究了人群疏散的时间、方向、距离、道路拥堵、回流等问题，精确地计算出了人群逃离灾区的中长期避难行为的具体里程数、受灾城市不同时间点的人口变化率等数据。

意大利、英国等科研人员基于移动互联网研究了海地大地震和阿尔卑斯山受灾人群疏散时间、方向、距离、回流等问题。在关于海地大地震的移动互联网大数据挖掘中，研究人员精确地计算出了人群在灾后一个月内撤离到同一省份的比例（85.5%）等数据，误差仅为0.85—1.6个百分点。

中国的国防科技大学、电子科技大学、国家减灾中心减灾和应急工程重点实验室等科研机构和团队目前也在积极挖掘基于移动互联网的自然灾害救助数据信息，但自然灾害救助部门对诸如此类的科研成果的转化应用仍不够重视。

目前，各省域范围内的科研院所在"物联网＋"自然灾害救助挖掘方面缺乏实效型科学成果，相对来说，各省份地震局和各省气象局取得了一些有效成果，但是，由于各个部门之间信息分割，信息挖掘难以完成。例如，民政厅、应急指挥办公室、地震局、气象局等部门间信息不通畅，各部门口径不统一，也不愿意互通信息资源，导致数据挖掘研究工作阻力很大。

（三）对"互联网+"自然灾害救助的大数据资源挖掘存在固化思维

未充分理解大数据时代的主要特征，存在重视抽样数据而忽视全样本大数据、重视确定性而忽视混杂性、重视因果关系而忽视相关关系等旧有思维。同时，对大数据与自然灾害救助管理之间逻辑关系的发展趋势认识不够。大数据正在推动科学研究向除以观察和实验为代表的经验研究、以逻辑分析为代表的理论研究和以模型为代表的计算机仿真研究外的以大数据挖掘和分析为代表的研究范式转变。

综上分析，各级民政部门和参与社会救助的相关部门对"互联网+"社会救助缺乏足够的重视。例如，很多省份都设置了领导信箱、网络调查、互动交流等板块，有的省份还上线了微信公众号、微博、客户端服务板块，但实际上形同虚设，社会认可度不高，影响力也小。很多省份民政厅都在2013年上线了腾讯微博和新浪微博，这其中不排除两家互联网公司为了商业利润推动了民政部门的微博和微信建设。由于民政部门对微博和微信的后期维护滞后，导致微博和微信的服务功能较弱。多数地区的民政部门对从目前静态门户网站建设向以智能可佩带设备为核心的物联网发展趋势转型的认识不够深刻。有观点认为，"互联网+"社会救助建设质量取决于地区的经济发展水平。

然而，本书研究发现，两者并无必然的因果关系。例如，青海省经济相对落后于山东省，可是，青海省民政厅的网站却比后者有特色。这关键在于领导者是否重视及后期的高质量持续维护。当然，这还要考虑不同地区的社会救助的实际情况。例如，福建省和浙江省台风等自然灾害较重，所以，官方网站建设内容偏重于自然灾害救助。西部地区各省份的贫困群体多一些，官方网站建设内容偏重于最低生活保障救助、医疗救助、临时救助、流浪人员救助和"五保"救助。无论怎么说，"互联网+"社会救助都是全球大趋势，在国家政策推动下，各地区民政部门、社会救助经办机构和自然灾害救助机构还应提高重视程度。

第三节 "互联网+"社会救助谣言治理

互联网社会是一个自媒体主导的社群社会，一个人既是信息和大数据的制造者、传播者与贡献者，又是谣言和虚假信息的制造者与传播者。在"互联网+"社会救助领域，也存在很多谣言和虚假信息，其中有些谣言和虚假信息的危害还很大，尤其是在速度最快、影响最大、诚信度最高、隐蔽性极强、管控治理难的微信朋友圈内传播的谣言和虚假信息更是当前政府治理的难点。

一 "互联网+"社会救助谣言实例及危害

2013年4月20日8时2分，四川省芦山县发生7.0级地震。民政部和国家减灾委员会迅速组织全国力量开展灾害救助。然而，就在此时，一位自称为地震局内部工作人员的网民突然在百度贴吧上发布了一个帖子，曝称："芦山7级只是前震，成都市将于4月22日发生9.2级地震。"当时成都市民正处于惊恐之中，广大市民24小时住宿在小区内空地上自备的帐篷或临时简易避难棚内不敢回家。这一谣言迅速充斥全国各大网络媒体和微信朋友圈。成都市公安局迅速集中警力侦破此案并抓获造谣者，对其行政拘留10天。

2013年7月，国内多家知名互联网媒体突然曝出一条重磅消息，纷纷称网络红人郭美美享受最低生活保障待遇。一时间社会各界将矛头指向了社会救助部门，让后者承受了很大压力，后经证实此消息为谣言。人民网、《工人日报》、搜狐网、新浪网、《兰州晨报》等媒体第一时间刊发文章，予以正面报道，积极引导社会舆论，终使谣言破灭。

2015年8月，湖北省襄阳市很多人的微信朋友圈中都盛传这样一条信息："考上二本，最低生活保障户每年可领1万元补助。"在随后的一周内，约有100个家庭都带着材料到襄阳市主管部门申领救助金或咨询，迫使襄阳市教育局、襄阳市工会等相关部门也都纷纷站出来辟谣。这一谣言在湖北省其他地市以及河南省、辽宁省、黑龙江省等全国很多省份也大肆蔓延，造成了极为严重的社会影响。湖北警方迅速开展侦破工作，最后在湖北省监利县抓到了谣言的制造者，对其行政拘留5天。诸如此类的"互联网+"社会救助谣言事件还有很多，以下两个谣言事件就极具代表性，从中可见治理"互联网+"社会救助谣言难度很大。

（一）全国农村危房改造救助谣言

2016年5月末到6月末，全国部分互联网媒体和微信朋友圈疯传中央将出资对全国农村房屋改造居民进行补贴，标准是每户55000元，一时间引起了轩然大波。由于这条信息也在极具政治敏锐性的西藏地区盛传，一些藏族居民极为关注，有些网民将这件事与国家少数民族政策混杂在一起传播。西藏自治区公安网络警察部门高度关注和警觉。这一谣言是怎么产生和传播的呢？真相又是什么呢？2016年5月30日出现在网络上的谣言样本是：

赶紧盖房吧，要补助款哦［呲牙］［呲牙］［呲牙］农村房改造，中央政策给每户55000元，而县委、县政府为了应付检查，欺上瞒下，哄骗老百姓，说是给每户补助13000元，可结果到农民手里剩下9600元了，难道中央和地方政策不一样吗？不要点赞，谁看到就发出去，给老百姓一个满意答复［拳头］［拳头］［拳头］［拳头］别看了，是农民的孩子就转吧……马上严查，又有一批村官要倒霉了。

5月30日22时1分到6月末，网络上又疯传一个后续的谣言样本：

赶紧盖房吧，要补助款哦［呲牙］［呲牙］［呲牙］农村房改造，中央政策给每户55000元，而县委、县政府为了应付检查，欺上瞒下，哄骗老百姓，说是给每户补助13000元，可结果到农民手里剩下9600元了，难道中央和地方政策不一样吗？不要点赞，谁看到就发出去，给老百姓一个满意答复［拳头］［拳

头］［拳头］［拳头］别看了，是农民的孩子就转吧……我农村的！我转了。中央第五巡视组/纪检监察组进入调查。组长，施某某，手机号，1352066×××、1360124××××，副组长，曾某某，手机号，1399260×××、1580136××××，副组长，白某某，手机号，1391138×××，主任，张某某，手机号，1352055×××，亲们，谁的群多，请帮忙转发，举报贪官村官的。到时候了，有冤申冤，无冤的转发为别人做点好事。

这些后续谣言的传播者是捕风捉影，还加上了中央第五巡视组/纪检监察组负责人电话，这让一些不明真相的农村居民更加深信不疑。这些谣言传递的错误信息主要有以下四个方面：

（1）混淆概念。将农村房屋改造、农村建房和农村危房改造三者混为一谈。国家和地方政府只对农村危房改造制定了补贴政策，它是《社会救助暂行办法》规定的"住房救助"制度，补贴对象是农村特殊困难群体，并不是所有农村居民。

（2）虚夸了补贴标准。2014年6月7日，住房和城乡建设部、国家发展和改革委员会、财政部联合下发的《关于做好2014年农村危房改造工作的通知》（建村〔2014〕76号）规定："2014年中央补助标准为每户平均7500元，在此基础上对贫困地区每户增加1000元补助，对陆地边境县边境一线贫困农户、建筑节能示范户每户分别增加2500元补助。"同时指出："各省（区、市）要依据改造方式、建设标准、成本需求和补助对象自筹资金能力等不同情况，合理确定不同地区、不同类型、不同档次的省级分类补助标准，落实对特困地区、特困农户在补助标准上的倾斜照顾。"2015年8月12日，财政部在官方网站上公布了题为《中央财政追加下达2015年农村危房改造补助资金50亿元》的工作动态信息，第三自然段提到："中央补助标准为户均7500元，对贫困地区农户和建筑节能示范户每户分别增加1000元和2500元。"同时也指出："各地要依据改造方式、建设标准、成本需求和补助对象自筹资金能力等不同情况，合理确定不同地区、不同类型、不同档次的省级分类补助标准，并充分考虑地震高烈度设防地区农房抗震改造可能增加的成本,切实落实对地震高烈度设防地区特困农户在补助标准上的倾斜照顾。"由此可见,2014年和2015年国家对农村危房改造的补贴标准没有发生变化,并非谣言所称的55000元。

(3) 误导农村居民和一些不熟悉救助政策及监督制度的城镇居民。农村危房改造补贴资金转移支付和落实过程是严肃的,各地区政府均能做到依法救助特困群体,不存在中央补贴55000元,地方政府截留45400元之类的违法行为。谣言的制造者和传播者不明真相或存在其他动机,煽动和误导社会舆论,诋毁国家形象,影响了政府工作。在国家层面,为了切实保障农村危房改造补贴救助政策落实到位,国家制定了多部法规政策,除《关于做好2014年农村危房改造工作的通知》外,国务院在2015年6月25日公开发布了《关于进一步做好城镇棚户区和城乡危房改造及配套基础设施建设有关工作的意见》(国发〔2015〕37号)。另外,2011年6月23日,财政部、国家发展和改革委员会、住房和城乡建设部印发了《中央农村危房改造补助资金管理暂行办法》(财社〔2011〕88号),加强对农村危房改造补助资金的使用管理,努力提高资金使用效益。

(4) 假借农村危房改造补助政策破坏社会稳定。谣言所说的西藏地区的情况是否属实呢?2015年7月,西藏自治区财政厅和西藏自治区强基惠民活动办公室联合印发了《西藏自治区农牧民享受财政补助优惠政策明白卡》,第一部分"直接补贴政策"第七条规定了农村危房改造补助标准:

7. 农村危房改造补助

自治区对各地(市)补助标准:一般农村危房改造1.5万元/户;贫困户农村危房改造2.5万元/户;边境县、乡"兴边富民"(含人口较少民族聚居区民房改造)农村危房改造1.7万元/户。补助标准中均包含0.5万元/户的抗震设防(加固)补助。抗震设防(加固)补助必须按照技术规范要求,用于房屋抗震设防(加固),严禁用于扩大房屋面积、房屋装修。

由此可见，西藏自治区的农村危房改造补助标准也非谣言所称的 55000 元。

在谣言疯传的辽宁省葫芦岛市，真相又是怎样的呢？葫芦岛市的农村危房改造补贴标准分为 C 级（局部维修）和 D 级（整体翻建）两档，C 级的补贴标准是省财政补助的 0.5 万元；D 级的补贴标准是市财政出资 1 万元，省财政补助 1 万元，各县（市）区财政按照本地区财力情况确定补贴金额，合计不低于 2 万元。同时，省财政对 D 级中的建筑节能示范户增加补助 0.25 万元。由此可见，补贴标准并不是谣言所称的 55000 元。为了防止谣言进一步肆意传播，切实将农村危房改造救助政策落到实处，葫芦岛市通过当地媒体公布了农村危房改造相关政策（见表 3-9）。

表 3-9　　辽宁省葫芦岛市农村危房改造相关政策

政策	具体规定
改造范围	涉农县（市）区，不含市、县政府已明确的移民扶贫村、城中村、城边村、土地增减挂钩村
补助对象	居住在危房中的"五保"户、低保户、贫困残疾人、低保边缘户、建档立卡贫困户和其他贫困户
工作原则	优先帮助住房最危险、经济最贫困的农村群众解决基本安全住房需求
审批程序	农户自愿申请、村民会议或代表民主评议及公示、乡（镇）审核及公示、县（市）区审批
建设要求	农村危房改造以自建为主，严格按照相关建设标准实施，强化质量安全管理，符合抗震要求
资金发放	验收合格后，补助资金通过"一卡通"或"一折通"发放至危改户，确保按时足额发放

注：详情可参见张宏静《农村房改造每户补助 13000 元记者核实这是谣言》，《葫芦岛晚报》2016 年 6 月 27 日第 A4 版。

（二）江苏省风暴灾害救助谣言

1. 背景

2016 年 6 月 23 日下午 2 时 30 分左右，江苏省盐城市阜宁县、射阳县部分镇区出现强雷电、短时强降雨、冰雹等强对流天气，形成龙卷风恶劣天气，阜宁县硕集社区等7个镇街22个村，射阳县海河镇等两个镇区7个村遭受龙卷风袭击，造成了较大人员伤亡和财产损失。截至6月24日8时，灾害已造成98人遇难，医院收治伤员846人。江苏省启动了自然灾害救助Ⅰ级响应机制、抢险救灾预案，全力以赴开展救灾救助工作。

2. 谣言传播

该谣言涉及受灾人员伤亡、饮用水污染、灾害预报失误、医疗救助失责等方面。概言之，谣言有以下5个。

谣言1：灾害造成的死亡人数已达数百人。6月23日灾害暴发初期的谣言版本为：

> 据中央报道，江苏省盐城市阜宁县受强暴雨影响遭遇12级龙卷风，目前看来这是我国有史以来受强暴雨影响最大一次。据统计，截至6月23日17时38分阜宁死亡人数正不断上升，目前死亡321人，重伤842人，还有32人至今下落不明。刚刚施庄、吴滩、板湖、陈良、陈集、东沟、新沟、芦浦死亡人数已升至1258人了。

真实情况究竟是怎样的呢？在6月26日召开的盐城市灾情救援救助发布会上，盐城市副市长吴晓丹通报：截至24日8时，灾害造成的死亡人数是99人，在当地医疗机构接受治疗的人数是846人。其中，152名重症病人已全部及时转诊到市级有关医院。截至25日16时，已有107人治愈出院。

谣言2：阜宁县城区饮用水受污染停用。6月23日晚间网上传播的谣言版本为：

> 弟弟就在县城里上学，妈妈陪读，今天的阜宁冰雹与暴雨齐下。弟弟所在的县中离灾区就几里地。学校都放了，陈良化工厂泄漏了，县城停水了，县医院人满为患，妈妈说周围来自灾区陪

读的家长听到家里老人出事的那一刻彻底崩溃了。外面风大雨大可是雨急人更急，在抢险！

真实的情况是：龙卷风造成阜宁县城停电、停产，自来水公司紧急采取了减压供水措施，城区内所有一楼居民仍可正常使用自来水，其他楼层的供水因压力不够而出现不上水情况，但是，居民可以到一楼居民家中临时接水，自来水并没有受化工厂泄漏污染，水质没有任何问题。

谣言3：气象部门制造了谣言。23日和24日网上疯传的两个谣言版本为：

版本1：人类不可以抵挡天灾，但是可以提前预防天灾，盐城市政府部门一条辟谣信息最终演变成为一场"人祸"。此次灾害造成近百人死亡500余人受伤，事实再次证明了——"官谣"才是真正的猛虎……

版本2：江苏省盐城市气象台曾在本月20日下午进行紧急辟谣，"未来十天并无强降雨等强对流自然灾害。"但如今发生了龙卷风冰雹自然灾害，请问：盐城市气象台该负何责任，该否入刑？请详答，还人民一个公道、满意的回答！

真实的情况是：在本次灾害发生前，盐城市气象部门曾经发布了一条辟谣盐城市将迎特大暴雨的谣言[①]。6月20日，在官方网站上刊

[①] 这条谣言是："紧急通知：刚刚市里开了全市防汛紧急电视电话会议，今天晚上开始至明天有特大暴雨（有可能有1998年那么大洪水），家有住房和河边低洼地带、山洪地质灾害易发区旁的亲戚赶忙通知，今明两晚不要到不安全的地段居住，在低处开门面的赶快抓紧时间将商品转移至高处，今天白天大家储备好用水，大暴雨后自来水可能会浊二三天！车辆不要停在低洼地带。一定要关注财产、人身安全！"上海、四川、辽宁、浙江、福建、湖北等省的气象部门都曾通过正式渠道辟谣。盐城市气象部门也做了辟谣。散布这条谣言的牡丹江男子崔某6月16日在黑龙江省牡丹江市被当地警方抓获，警方以扰乱公共秩序对其处以行政拘留。笔者当时也在微信朋友圈中收到这一条信息，并转发给了家人，还存了很多盆水，后被证实为谣言，成了家里的一个笑话。

发了题目为《网传盐城未来有特大暴雨市气象台紧急辟谣》的动态信息，并预报未来十天不会出现特大暴雨。20—22日，盐城市雨量可达暴雨，局部大暴雨；23—25日有局地强降水天气。6月26日，还有一次降水过程。提醒市民关注强雷电、短时强降水和雷雨大风等强对流天气。由此可见，盐城市气象部门并没有制造所谓的谣言。

谣言4：龙卷风可预警预报，气象部门存在失职行为。6月24日的谣言版本是：

> 江苏强龙卷风灾害已造成78人遇难，近500人受伤，其中重伤近200人，房屋倒损数量较多，部分地区电力中断。房屋建造"豆腐渣"依然是这个世纪的人为坑啊！天灾预报和预报措施还是漏洞百出，都什么时代了，痛心！

真实的情况是：盐城市气象部门此前已经发布了大风预报。但是，未能预测出龙卷风是否有失职行为呢？从世界范围看，即使是美国这样的发达国家也无法做出准确预报龙卷风，美国龙卷风警报也只能提前几分钟到十几分钟发布，且空报率很高。本次江苏省龙卷风达到风力EF3级，每小时218—266千米，可以把一辆较重汽车吹翻、树木被吹离地面、火车脱离轨道。这样的突发灾害预报是世界性难题。龙卷风灾害发生前，盐城市气象部门已通过预报强对流天气方式，在一定程度上对龙卷风做出了预警预报，并不存在失职行为。同期，新浪网发表了题目为《江苏苏北是龙卷风多发地区预报是世界级难题》的文章，介绍了美国自1900—2011年造成死亡人数最多的十大龙卷风灾害。新浪网从科学角度解释了龙卷风精准预报是世界级难题，公正客观地证明盐城市气象部门不存在谣言所称的失责行为。

谣言5：灾害救助医疗机构借机敛财。当时疯传的谣言版本是：

> 盐城第一人民医院真是黑心单位发国难财，帮遇难者理发，都收150元手续费，望大家帮忙转发，治治这家黑心的医院，真实的！这是一位医院的工作人员开的证明，签的字，150元转手

给了护士 50 元，还要伤员家属去医院指定的超市去买生活用品，收费还高！

真实的情况是：阜宁县人民医院积极收治伤者，还紧急腾出其他病房用于灾民救治。同时响应政府号召，每个职能科室除留下一人值班外，其余医护人员都奔赴救灾一线。院方还积极联系周边医疗机构，将部门伤者转入盐城市第一人民医院、第三人民医院、建湖县人民医院以及周围其他医疗机构。其中，盐城市第一人民医院截至 23 日 23 时就接收了约 70 人，分别安排在骨外科、胸外科、脑外科等科室就诊。参与救助的各家医疗机构均是先免费救治，没有发生收费行为，盐城市第一人民医院也是如此，不存在谣言所称的借机敛财等问题。

3. 危害与结果

2016 年 8 月 7 日，本书用"阜宁龙卷风谣言"做搜索关键词，仅百度搜索引擎搜到的信息条数超过了 143 万条。可见，该谣言的传播范围之广，对社会秩序良性运行造成了较大破坏性影响。2016 年 6 月 23 日 17 时 55 分，阜宁县警方依法行政拘留了阜宁县一名 26 岁左姓男子，该造谣者对在微信群中散发谣言的行为供认不讳。6 月 24 日，左某被阜宁县公安局行政拘留 3 日。

二 "互联网+"社会救助谣言治理难度大

（一）网络媒体对治理谣言的社会责任感较弱

和微信熟人圈的影响力相对较弱不同，网络媒体的影响力却很大，其在微博、微博、客户端、网站上发表的内容、观点易被扩散传播。这既暴露出政府相关部门对网络媒体新闻源头的监管治理力度不够，也表明网络媒体的社会责任感弱，有些网络媒体为了"眼球效应"而不履行其社会责任。

（二）微信朋友圈内的谣言治理难度大

（1）不少网民因相关知识匮乏或经验不足而导致自己识别谣言的能力较弱，对谣言和流言的甄别筛选能力不足，经常是好心办了坏事儿，误将涉及公共利益之类的谣言当成真实信息并善意传播。

(2) 政府相关部门分不清谣言和流言的区别，经常误将流言定性为谣言，未能疏导有助于公共利益的流言，尊重民意，引起社会公众不满，进而从流言中引发谣言。

(3) 政府监管不到位。微信朋友圈虽然封闭性强，但是并非不可控。目前，政府对微信朋友内传播的谣言的控制力仍然较弱，对微信谣言规范未能兴利除弊，也没有切实强化谣言的源头治理和应急处置，微信谣言治理的长效机制尚未完善。

(三) 非法渠道的谣言传播未得到控制

谣言的本质特征是信息具有非真实性。此外，还具有故意性、敌对性和破坏性。来自虚假网络媒体、假的记者站、假的记者等非法渠道的谣言往往带有政治目的，旨在破坏社会秩序，颠覆政权。政府相关部门制定的网络信息鉴定标准和流程制度对这些渠道的谣言经常无从发力或打击不到位，有时候还因为对某些网络信息是否为谣言的认定出现模糊，从而引发公众舆论甚至广泛的社会争议。这些问题都需要各级政府监管部门建立权威的谣言信息平台，及时监控谣言并辟谣，面向社会开放，让公众监督举报，共同打击非法渠道下的谣言。

(四) 政府治理网络谣言的力度不够

(1) 观念落后，政策跟不上。有些地方政府部门对治理网络谣言仍缺乏足够的重视，治理措施和管控机制施行的速度滞缓。对网络谣言的管控和治理缺乏互联网思维与理念。在技术上，对拦截谣言的举措落实不到位。相关部门未能深入查找网络谣言产生的社会原因，并高效地疏导公众不满情绪，导致谣言治理仅能治标，不能治本。有些部门对网络谣言的辟谣意识淡漠，网络平台服务功能弱。未在官方网站首页上方或以滚动字幕形式第一时间发布正确信息或在首页显著位置以重要公告形式发布正确信息。而且未能有效使用基于移动互联网的微博、微信等新媒体社交方式开展纠偏宣传，明辨是非，凝聚共识，提升对社会舆论的引导能力。

(2) 舆论引导和信息宣传方式落后，忽视了民众在线互动及影响。"互联网+"社会救助工作机制和线下工作机制之间最为关键的差异之一是：在线下工作时代，政府和社会公众之间有沟通，但是，社会公众之间基本上没有过多沟通交流，即便对社会救助经办机构的工作和服务不满意，也形不成太大的社会冲击力。然而，在"互联网+"社会救助时代，社会公众之间可以随时随地地在线交流互动，评价政府社会救助的工作效率等情况，政府却无法阻止，尤其在突发性自然灾害救助和城乡最低生活保障救助两项社会关注度较高的救助实践中更为突出。如今通过主流电视和主流报纸等传统媒介听取政府引导性信息的公众将会越来越少，在互联网决定民意走向的大趋势下，智能手机、移动终端和智能可穿戴设备普及使用将会对政府救助管理带来巨大挑战。"互联网+"社会救助服务口碑建设刻不容缓。

（3）政府对网络谣言的规律掌控和使用效率较低。中国社会科学院发布的《新媒体蓝皮书（2015）》显示，互联网谣言具有爆炸式复合传播特征。周一至周三是虚假信息出现高峰期，周二达到顶峰，之后明显下降，周六再次出现一个小高峰。约60%的谣言发端于微博，发端于网络媒体的谣言占32%，位列第二。

（4）政府尚未构建起政府主导、影响力大的互联网公司和社会公众参与的综合防控治理体系，也未充分发挥官方网站、微信公众平台、微博、客户端的辟谣和治谣作用。

（五）依法治理谣言的打击力度不够

（1）惩戒网络谣言的法治体系仍不够健全。现行治理网络谣言的法律法规相对较少，更新速度滞缓，法规效力低，立法修订步伐慢，对微信谣言违法行为的治理能力弱。

（2）惩罚力度小。例如，2016年6月江苏省阜宁市自然灾害中的谣言制造者仅被处以几天的行政拘留。同期，关于全国多地将遭遇特大洪水灾害的黑龙江籍造谣者也仅被处以几天的行政拘留。立法规定和公安部门对这些造谣者的处罚兼有道德考虑，总感觉性质不恶劣，并没有造成多大的社会危害而姑息之。就政府角度而言，今后的工作方向之一就是建议立法部门尽快制定网络谣言的认定标准和刑罚定罪法规，哪些网络谣言及社会危害达到何等程度的网络谣言应该用行政手段处理、哪些网络谣言及社会危害达到何等程度的网络谣言应该用刑罚手段处理等，对此应作出明确规定。

第四章 "互联网+"社会救助服务体系建设基础

仅从民政系统的"互联网+"社会救助服务体系建设来看，民政系统内的网络政务基础和实力并不是特别雄厚。然而，社会救助事业是全社会的公益慈善事业，政府其他部门的政务建设、互联网企业的快速发展、互联网普及率、网络基础设施建设等因素也决定着"互联网+"社会救助服务体系建设的速度和质量。

第一节 "互联网+"社会救助基础资源

"互联网+"社会救助服务体系建设的基础资源主要包括域名总数、门户网站总数、网页总数、互联网协议IP、国际出口宽带传输速率、无线局域网服务技术WiFi、互联网普及率等网络要素。

一 域名总数

中国互联网域名总数长期保持稳定增长。截至2014年年末，中国互联网域名总数2060万个。2015年，中国互联网域名总数和分类域名总数再创新高，截至2015年年末，中国互联网域名总数为3102万个，年度增长率为50.6%。中国国家域名".CN"总数1636万个，年度增长率为47.6%，在中国互联网域名总数中占52.8%，注册保有量排名世界第一。通用域名".COM"总数达1100万个，在中国互联网域名总数中占35.5%。".中国"域名总数为35.3万个。2016年，中国互联网域名总数和分类域名总数继续保持平稳增长，截至2016年6月末，中国互联网域名总数达3698万个，中国国家域名

". CN"总数达到 1950 万个,在中国互联网域名总数中占 52.7%,". 中国"域名总数为 50 万个。2012—2015 年,中国政府"gov. cn"域名总数增速较快。截至 2012 年年末,"gov. cn"域名总数为 52889 个。2013 年年末达到 55207 个,2014 年年末增至 57024 个。2015 年,"gov. cn"域名总数增速更快,年末总数为 124821 个,年度增长率高达 118.9%。

表 4-1 为中国分类 CN 域名数(截至 2016 年 6 月底)。

表 4-1　　　中国分类 CN 域名数(截至 2016 年 6 月底)

域名	数量(个)	占. CN 域名总数比重(%)	域名	数量(个)	占. CN 域名总数比重(%)
cn	14433505	74	adm. cn	1138661	5.8
com. cn	2458280	12.6	edu. cn	6992	0.0
net. cn	996326	5.1	ac. cn	15735	0.1
org. cn	397628	2.0	mil. cn	76	0.0
gov. cn	55290	0.3			

二　门户网站总数和网页总数

2011 年以来,中国门户网站总数和网页总数也保持了稳定增长态势。2011 年年末,中国网站总数为 230 万个,2012 年为 268 万个,2013 年达到 320 万个,2014 年增至 335 万个,2015 年高达 423 万个,年度增长率为 26.3%。截至 2016 年 6 月末,中国网站总数为 454 万个,其中,中国国家域名". CN"下的网站总数为 212 万个。

2011 年,中国网页总数为 866 亿个,2012 年、2013 年、2014 年、2015 年的网页总数分别为 1227 亿个、1500 亿个、1899 亿个、2123 亿个。2014 年,中国动态网页总数为 772 亿个。2015 年,中国动态网页总数为 808 亿个,在中国网页总数中占 38.1%。

三　互联网协议 IP 和国际出口宽带传输速率

截至 2014 年年末,中国互联网协议 IPV4 总数为 331988224 个,IPV6 总数为 18797(块/32),域名总数 20600526 个,国际出口宽带传输速率为 4118663 Mbps(Mbps 是兆比特每秒,下同)。截至 2015

年年末，互联网协议 IPV4 总数为 336519680 个，IPV6 总数为 20594（块/32），年度增长率为 9.6%，域名总数 31020514 个，年度增长率为 50.6%，国际出口宽带传输速率为 5392116 Mbps，年度增长率为 30.9%。截至 2016 年 6 月末，中国互联网协议 IPV4 地址总数为 3.38 亿个，拥有 IPV6 地址 20781（块/32）。国际出口宽带传输速率为 6220764 Mbps。

四 无线局域网服务技术 WiFi

近年来，中国无线局域网络服务技术 WiFi 的覆盖范围迅速扩大，WiFi 服务使用率随之大幅提升。互联网基础设施逐渐完善，移动互联网传输速率明显提高。截至 2015 年年末，中国通过移动电话上网占 88.8%。许多地区由于开展了智能城市建设，加速提高了无线互联网在公共场所的覆盖范围和使用效率，智能手机、平板电脑、智能电视以及其他智能移动终端则提高了无线网络的居家使用率，网民通过 WiFi 无线网络接入互联网的比重高达 91.8%。2015 年 5 月 16 日，国务院办公厅印发了《关于加快高速宽带网络建设推进网络提速降费的指导意见》（国办发〔2015〕41 号），明确指出，要加快互联网基础设施建设，推动 3G 和 4G 互联网使用率快速提升。

五 互联网普及率

2011—2016 年，中国的互联网普及率稳步增长，6 个年份的互联网普及率分别为 38.3%、42.1%、45.8%、47.9%、50.3%、51.7%。截至 2014 年年末，中国有 11 个省份的互联网普及率达到了全国平均水平，占 35.48%。截至 2015 年年末，中国有 14 个省份的互联网普及率达到了全国平均水平，占 45.16%，年度增长率为 6.45%（见表 4-2）。从互联网普及率的城乡结构角度分析，由于农村地区是自然灾害频发地区，也是社会救助的重点地区。所以，中国农村地区的互联网普及建设一直是政府开展"互联网+"社会救助服务体系建设重点工程。2007—2014 年，中国农村地区的互联网普及率稳步提高。2007 年的互联网普及率为 7.4%，2008 年提高到 12.3%，2009—2014 年分别为 15.5%、18.6%、20.7%、24.2%、18.1%、28.8%。截至 2016 年 6 月末，中国农村地区的互联网普及率达到了 31.7%。

表 4-2　　我国 31 个省份的互联网普及率（2014—2015 年）　　单位：%

省份	普及率	省份	普及率	省份	普及率
北京	76.5（75.3）	海南	51.6（47.0）	广西	42.8（39.2）
上海	73.1（71.1）	河北	50.5（49.1）	四川	40.0（37.3）
广东	72.4（68.5）	内蒙古	50.3（45.7）	湖南	39.9（38.6）
福建	69.6（65.5）	陕西	50.0（46.4）	安徽	39.4（36.9）
浙江	65.3（62.9）	宁夏	49.3（45.1）	河南	39.2（36.9）
天津	63.0（61.4）	山东	48.9（47.6）	甘肃	38.8（36.8）
辽宁	62.2（58.8）	重庆	48.3（45.7）	江西	37.8（34.1）
江苏	55.5（53.8）	吉林	47.7（45.2）	贵州	38.4（34.9）
新疆	54.9（50.3）	湖北	46.8（45.3）	云南	37.4（35.1）
青海	54.5（50.0）	西藏	44.6（39.4）	全国	50.3（47.9）
山西	54.2（50.6）	黑龙江	44.5（41.7）		

注：表中括号内的数字是截至 2014 年 12 月 31 日的全国各省份的互联网普及率。

第二节　"互联网+"社会救助需求侧群体基础

一　移动互联网发展迅猛

近年来，中国网民个人接入互联网的方式逐渐从个人电脑（主要是台式个人电脑）转向智能移动电话和其他智能移动终端设备。截至 2015 年年末，中国智能移动终端设备规模达 12.8 亿台[①]。智能移动电话网民规模达 6.2 亿人，比 2014 年年末增加 6303 万人。网民中使用智能移动电话上网人群所占比重从 2014 年的 85.8% 攀升至 2015 年的 90.1%（见表 4-3）。仅通过智能移动电话上网的网民就达 1.27 亿，占全部网民总数的 18.5%。截至 2016 年 6 月末，智能移动电话

---

① 资料来源于 Talking Data 移动数据研究中心在 2016 年 2 月发布的《2015 年移动互联网行业报告》。

网民规模高达 6.56 亿人，所占比重从 2015 年年末的 90.1% 上升到 92.5%。

表 4-3　　　　　中国手机网民总数及占网民比重

	2009 年	2010 年	2011 年	2012 年	2013 年	2014 年	2015 年
手机网民总数（万人）	23344	30274	35558	419997	50006	55678	61981
手机网民占比（%）	60.8	66.2	69.3	74.5	81	85.8	90.1

与之相对应的是，台式电脑、笔记本电脑、平板电脑的使用率开始下降，通过台式机和笔记本上网的比重分别为 67.6% 和 38.7%；使用智能移动电话上网的占 90.1%，比 2014 年年末提高了 4.3 个百分点；使用平板电脑上网所占比重为 31.5%。智能移动电话逐渐挤占和替代其他个人上网设备。在新增的网民群体中，所占比重最大的网络接入设备是智能移动电话，使用率为 71.5%；其次是台式电脑，使用率是为 39.2%，比 2014 年下降了 12.4 个百分点。使用笔记本电脑接入网络的比重为 7.5%，比 2014 年下降了 5.7 个百分点[①]。截至 2016 年 6 月末，通过台式电脑和笔记本接入互联网的比重分别为 64.6% 和 38.5%；平板电脑上网使用率为 30.6%；电视上网使用率为 21.1%。智能移动电话已经成为带动中国网民总数快速增长的主要设备。

截至 2014 年年末，中国农村地区网民使用智能移动电话接入互联网的比重最高，为 81.9%，使用智能移动电话上网的农村地区网民总数达 1.46 亿。截至 2015 年年末，农村地区网民总数达 1.95 亿人，占 28.4%，比 2014 年增加 1694 万人，增幅 9.5%；网民总数的增长速度是城镇地区增长速度的两倍。

2016 年上半年，在中国新增的网民中，使用智能移动电话上网的网民总数达 1301 万人，占新增网民总数的 61%。在新增加的使用智能移动电话上网的网民中，有 2355 万人是原来的电脑网民，比 2015

---

① 资料来源于中国互联网络信息中心在 2016 年 1 月发布的《第 37 次中国互联网络发展状况统计报告》。

年年末增加 1202 万人。

二 在线需求多样

由表 4-4 至表 4-6 可知，社会公众已经对互联网形成了依赖，网民通过互联网获取的内容极为广泛，而且多元化。民政部门、减灾部门和社会救助业务经办机构需要根据网民的各种需求来设计互联网服务板块。例如，网络新闻排在网民需求的第三位，民政部门、减灾部门和社会救助业务经办机构则可以通过政务微博、微信公众号、官方门户网站等平台发布新闻消息，尤其需要及时发布在突发性自然灾害救助中涌现出来的感人事迹。

表 4-4　2014—2015 年中国网民各类互联网应用的使用率

应用	2015 年 用户规模（万）	2015 年 网民使用率（%）	2014 年 用户规模（万）	2014 年 网民使用率（%）	全年增长率（%）
即时通讯	62408	90.7	58776	90.6	6.2
搜索引擎	56623	82.3	52223	80.5	8.4
网络新闻	56440	82.0	51894	80.0	8.8
网络视频	50391	73.2	43298	66.7	16.4
网络音乐	50137	72.8	47807	73.7	4.9
网上支付	41618	60.5	30431	46.9	36.8
网络购物	41325	60.0	36142	55.7	14.3
网络游戏	39148	56.9	36585	56.4	7.0
网上银行	33639	48.9	28214	43.5	19.2
网络文学	29674	43.1	29385	45.3	1.0
旅行预订	25955	37.7	22173	34.2	17.1
电子邮件	25847	37.6	25178	38.8	2.7
网络团购	18022	26.2	17267	26.6	4.4
论坛/BBS	11901	17.3	12908	19.9	-7.8
网络理财	9026	13.1	7849	12.1	15.0
股票、基金	5892	8.6	3819	5.9	54.3
社交应用	53001	77.0			
在线教育	11014	16.0			
网络教育	15211	22.1			

表4-5　2016年6月末中国网民各类互联网应用的使用率

应用	用户规模（万）	网民使用率（%）	应用	用户规模（万）	网民使用率（%）
即时通讯	64177	90.4	网上银行	34057	48.0
搜索引擎	59258	83.5	网络文学	30759	43.3
网络新闻	57927	81.6	旅行预订	26361	37.1
网络视频	51391	72.4	电子邮件	26143	36.8
网络音乐	50391	70.8	论坛/BBS	10812	15.2
网上支付	45476	64.1	网络理财	10140	14.3
网络购物	44772	63.1	股票、基金	6143	8.7
网络游戏	39108	55.1	在线教育	11789	16.6

表4-6　2014—2015年中国网民各类手机互联网应用的使用率

应用	2015年 用户规模（万）	2015年 网民使用率（%）	2014年 用户规模（万）	2014年 网民使用率（%）	全年增长率（%）
即时通讯	55719	89.9	50762	91.2	9.8
网络新闻	48165	77.7	41539	74.6	16.0
搜索引擎	47784	77.1	42914	77.1	11.3
网络音乐	41640	67.2	36642	65.8	13.6
网络视频	40508	65.4	31280	56.2	29.5
网上支付	35771	57.5	21739	39.0	64.5
网络购物	33967	54.8	23609	42.4	43.9
网络游戏	27928	45.1	24823	44.6	12.5
网上银行	27675	44.6	19813	35.6	39.7
网络文学	25908	41.8	22626	40.6	14.5
旅行预订	20990	33.9	13422	24.1	56.4
手机邮件	16671	26.9	14040	25.2	18.7
手机团购	15802	25.5	11872	21.3	33.1
论坛/BBS	8604	13.9	7571	13.6	13.7
股票、基金	4293	6.9	1947	3.5	120.5
在线教育	5303	8.6			

值得关注的是，在线服务用户规模为1.7亿人，网民使用在线服务的比重为24.8%。这是中国"互联网+"服务体系建设的重要标志。

截至2015年年末，网络新闻用户总数达5.64亿，增长8.8%。智能移动电话用户总数达4.82亿，增长16%。搜索引擎用户总数达5.66亿，使用率为82.3%，增长8.4%。智能移动电话搜索用户数达4.78亿，增长11.3%。搜索引擎的使用率仅次于即时通讯，智能移动电话搜索在智能移动电话互联网应用中位列第三，使用率低于使用智能移动电话开展即时通讯和使用智能移动电话阅读网络新闻。网上支付用户总数达4.16亿人，增长36.8%。网民使用网上支付工具所占比重从2014年年末的46.9%提高到60.5%。其中，使用智能移动电话开展网上支付的总数和比重均迅猛增长，用户总数达3.58亿，增长64.5%，网民使用智能移动电话进行网上支付的所占比重从2014年年末的39%提高到57.7%。

截至2016年6月末中国网民各类手机互联网应用的使用率情况如表4-7所示。

表4-7 2016年6月末中国网民各类手机互联网应用的使用率情况

应用	用户规模（万）	网民使用率（%）	应用	用户规模（万）	网民使用率（%）
即时通讯	60346	91.9	网上银行	30459	46.4
网络新闻	51800	78.9	网络文学	28118	42.8
搜索引擎	52409	79.8	旅行预订	23226	35.4
网络音乐	44346	67.6	手机邮件	17343	26.4
网络视频	44022	67.1	论坛/BBS	8462	12.9
网上支付	42445	64.7	股票、基金	4815	7.3
网络购物	40070	61	在线教育	6987	10.6
网络游戏	30239	46.1			

三 社会救助官方网站服务功能健全

民政部官方门户网站建有全国民政系统网站群，从全国民政网站月度访问量数据分析中可知，民政部官方门户网站访问率较高，社会救助业务也备受社会各界关注。从2012年1月至2016年6月，全国民政网站月度访问量呈现稳步增长的趋势，每个月的浏览量基本都在2500万—4500万。2015年增速迅猛，3—10月的月度浏览量都在4000万以上，8月更是高达1.07亿（见表4-8）。如果折算成每天访问量，则每天的访问量超过了十几万次。这也表明民政部门户网站技术系统的承受力很强。

表4-8　　　　全国民政网站月度浏览量　　　　单位：人次

月份	2016年	2015年	2014年	2013年	2012年
1	26448614	36733296	33944174	39992643	25161927
2	21114235	23760831	29025265	31341373	34995627
3	35368649	48888384	33380331	30662564	41832872
4	20677702	43355120	31612045	29992648	36843945
5	7968278	49864391	29757091	39440325	37790935
6	4860914	51768515	31672759	31481758	35477597
7	4937544	64052186	34050729	38750619	39011343
8	4364782	106591191	32116701	21467550	38065514
9	11452469	86794878	40722786	35803122	36248878
10	—	60128168	37545688	42575411	38349580
11	—	27572680	35968860	35405476	44069342
12	—	27249819	47050217	35923473	44065656

2016年7月，在民政部门户网站最受欢迎的50条信息中，社会救助信息共计12条，占24%，位居民政部各部门业务之首。在页面浏览量排名前6条信息中，社会救助信息两条，占25%，位列第一。在全国民政系统网站最受欢迎信息前30名中，社会救助信息两条，

排序是第六位和第八位。这些也充分表明社会各界对社会救助工作高度关注[①]。

第三节 "互联网+"社会救助政策法规基础

近年来，国家大力推进"互联网+"服务政策法规建设，各级政府积极落实"互联网+"政策法规。尤其是2015年以来，"互联网+"服务政策法规建设成效更加明显。这些为"互联网+"社会救助政策法规建设以及"物联网+"社会救助政策法规建设都奠定了比较扎实的基础。

一 "互联网+"社会救助政策法规顶层设计

在"互联网+"社会救助政策法规建设方针、立法原则和法理界定方面，党中央、国务院审时度势，高瞻远瞩，紧紧把握住全球互联网和人类网络产业发展趋势，为"互联网+"社会救助的长远发展指明了正确方向。2014年2月27日，中央网络安全和信息化领导小组成立，习近平主席担任组长、李克强总理担任副组长，审议通过了《中央网络安全和信息化领导小组工作规则》《中央网络安全和信息化领导小组办公室工作细则》和《中央网络安全和信息化领导小组2014年重点工作》。8月21日，中央全面深化改革领导小组第四次会议审议通过了《关于推动传统媒体和新兴媒体融合发展的指导意见》。2015年3月5日，第十二届全国人民代表大会第三次会议在北京召开，李克强总理在政府工作报告中首次提出"互联网+"国家战略规划和行动计划，明确提出移动互联网、物联网、大数据、云计算等新媒体时代的智能设备和技术应用与互联网时代的各个产业、行业、事

---

① 一个值得思考的问题是，2015年，全国gov.cn域名数量迅猛增长，这应与2015年国家出台"互联网+"政策以及12月在浙江乌镇召开的世界互联网大会等重要事件有直接关系。然而，从2015年11月到2016年6月，全国民政系统网站月度浏览量却出现急速下降趋势，这与全国"互联网+"建设热潮现状不一致。

业深度融合发展。7月4日,国务院发布了《关于积极推进"互联网+"行动的指导意见》,这标志着中国正式启动"互联网+"强国战略。12月14日,工业和信息化部印发了《关于贯彻落实〈国务院关于积极推进"互联网+"行动的指导意见〉的行动计划(2015—2018年)》,其中就包含《"互联网+"自然灾害救助行动计划》。明确提出了2016—2018年中国互联网基础设施更新换代升级具体目标和步骤,全面提升"互联网+"对传统产业的高效支撑力。同时提出,到2018年年末,要把农村自然村的光纤覆盖率提升到80%以上,4G网络要全面覆盖城市和乡村。这些行动计划有力地保障了农村社会救助和减灾救助工作的有效开展。

在大数据产业以及大数据产权交易方面,党中央、国务院高度重视。2015年5月,李克强总理明确指出,大数据产业是支撑中国"互联网+"战略深化发展的重要力量。6月,习近平主席在考察贵州省贵阳市大数据交易所时强调,应重点发展大数据产业及大数据产权交易。9月,国务院通过了《关于促进大数据发展行动纲要》,这是中国支持大数据产业发展的第一部正式文件,对大数据的规范化发展起到了至关重要的作用。11月,党的十八届五中全会提出,拓展网络经济空间,推进数据资源开放共享,实施国家大数据战略,超前布局下一代互联网。这是第一次将大数据写入党的全会决议,标志着大数据战略正式上升为国家战略。

二 "互联网+"社会救助政策法规制定

民政部等部委以及地方社会救助经办机构积极探索"互联网+"社会救助新制度,稳步推进"互联网+"社会救助政策法规建设。2013年10月31日,民政部、国家发展和改革委员会、工业和信息化部、公安部、财政部五部委联合发布了《关于推进社区公共服务综合信息平台建设的指导意见》(民发〔2013〕170号),计划到2020年年末,全国大部分街道均应建成社区公共服务综合信息平台,以最低生活保障救助为核心的社会救助等公共服务主要依托这一平台统一办理。2014年5月1日,《社会救助暂行办法》正式施行,第六十条规定,全国各地区社会救助经办机构要建立"一门受理、协同办理"工作机制。随后，全国很多地区的社会救助经办机构都制定了政策，迅速建立了"互联网+""一门受理、协同办理"的工作平台。例如，2014年10月30日，湖南省民政厅等六部门发布了《关于加快建立社会救助"一门受理、协同办理"工作机制的指导意见》（湘民发〔2014〕49号）。2015年9月30日，山东省民政厅等八部门联合发布了《关于加快建立社会救助"一门受理、协同办理"工作机制的意见》（鲁民〔2015〕65号）。2015年11月24日，辽宁省民政厅等六部门联合发布了《辽宁省社会救助"一门受理、协同办理"工作规程（试行）》（辽民发〔2015〕85号）。青海省民政厅也早在2014年10月13日下发了《关于全面建立社会救助"一门受理、协同办理"工作机制的通知》（青民发〔2014〕180号）。为确保系统安全稳定运行，青海省民政厅进行了多次测试，2016年3月15日，青海省人民政府办公厅转发了青海省民政厅等10个部门制定的《关于统筹社会救助资源推动建立"一门受理、协同办理"工作机制的意见》（青政办〔2016〕33号）。6月初，青海省"互联网+""一门受理、协同办理"平台在全省范围内正式上线运行。截至目前，黑龙江省、天津市、陕西省、新疆维吾尔自治区、湖北省、浙江省、四川省、广西壮族自治区、贵州省、重庆市等省份都出台了"互联网+""一门受理、协同办理"的地方政策，对社会救助业务在线申请、在线转办转接、办件查询、进程跟踪、申报反馈、在线统计、资源共享与互通等项目作了具体规定，构建了城乡最低生活保障救助、医疗救助、居民家庭经济状况核对等网络系统的互联互通机制以及政府部门与慈善、工会等群团组织之间的信息共享渠道。

  2015年3月9日，民政部发布了《关于加快推广应用全国最低生活保障信息系统的通知》（民办函〔2015〕83号），提出在推广全国最低生活保障信息系统一期工程，逐步覆盖城市最低生活保障、农村最低生活保障、农村"五保"、医疗救助等社会救助业务系统。之后，福建省晋江市建立了全国最低生活保障信息系统和福建省救助申请家庭经济状况核对平台，该平台通过与人社、公安等部门进行数据信息交换，实现数据共享、业务联动，建立专门针对困难群众的数据库。

河南省郑州市构建了"智慧银基"微信公众服务平台，居民可以使用APP服务申请最低生活保障。北京市西城区利用微信等信息沟通渠道开展防灾减灾宣传。广东省佛山市使用"互联网+"社会救助平台将分散在十多个部门的24个条线审批系统加以整合，使申报业务工作日平均缩短了6.5小时。

在"互联网+"减灾救灾防灾业务方面[①]，国家减灾委员会和民政部救灾司等政府部门也积极创新工作机制，不断探索高效率业务模式。2015年，民政部救灾司上线了自然灾害救助智能手机APP系统，基层乡镇政府和村民自治组织可以指定专人通过移动电话及时上报灾情信息。2016年3月，山东省民政厅在滨州市开展试点，积极探索建立"互联网+"自然灾害救助新模式，提升防灾减灾救灾的信息化水平，充分调动社会力量参与减灾救灾工作的积极性，初步建立社会力量参与减灾救灾登记和备案制度。该模式的重点是：建立六个平台，完善六个机制。

（1）构筑"互联网+"自然灾害预警平台，建立健全严格的监控机制。利用气象平台、微博、微信公众号、民政政务信息网等多种信息化手段，发布预警信息，提前做好灾害防范，信息发布做到了速度快、传播广、效率高。

（2）构筑"互联网+"灾情发布平台，建立健全高效的信息发布机制。建立无棣减灾微博，被县减灾委员会指定为唯一一个官方自然灾害灾情信息发布平台，减灾微博、民政政务信息网将在第一时间发布最权威灾情信息。

（3）构筑"互联网+"社会参与平台，建立健全广泛的志愿服务机制。组建了减灾救灾志愿者队伍，出台了《无棣县减灾救灾志愿者管理办法》，实现了减灾救灾志愿服务工作的规范化、科学化、制度化、数据化。

---

① 由于减灾救灾工作设在民政部救灾司，而低保救助、医疗救助、临时救助等业务设在社会救助司。各省份民政厅也基本是对口设置相应的处室。所以，本书将救灾司负责的减灾救灾工作和社会救助司的业务分开论述。本书其他地方的结构安排与此相同。

(4) 构筑"互联网+"自然灾害救助平台,建立健全规范的社会救助机制。县民政局开发了社会救助综合平台软件管理系统,涵盖各项社会救助业务,实现了民政、税务、公安、住房与城乡建设等22个部门资源信息共享,系统实现了受灾困难群众的贫困指数排序、申请救助家庭经济状况核对、因灾受伤困难群众医疗救助"一站式"结算功能。

(5) 构筑"互联网+"救灾捐助平台,建立健全公开透明的社会捐助机制。灾害发生时,民政部门对所需物资进行分类,通过网络和媒体向社会发布;捐助物资在政府监督下,按捐赠人意愿或灾情需要进行分配,由志愿者协助运往灾区;通过网络公开物资的用途和去向,捐赠人可通过网络清晰地看到自己捐赠物资的流向。

(6) 构筑"互联网+"舆情应对平台,建立健全科学的舆情化解机制。通过利用无棣减灾微博、微信公众号、民政政务信息网站等新媒体平台,采用信息公开透明,引导舆论发展等措施,有效地把握引导网络舆情,化解舆情危机。

2015年8月28日,甘肃省民政厅下发了《关于加快推进"互联网+"行动的实施意见》(甘民发〔2015〕128号),成立"互联网+"行动协调推进领导小组,统筹协调解决重大问题,努力形成"各司其职、齐抓共管、整体推进"的工作格局。多渠道争取民政"互联网+"行动建设经费的投入,引导和支持社会力量参与"互联网+"行动项目建设,确保民政信息化系统运行维护经费的落实,杜绝盲目建设和重复投资,务实有序推进民政"互联网+"行动。建立健全民政"互联网+"行动信息安全和保密工作制度,统一实施和管理重要信息系统等级保护。实行信息安全责任制,加强系统运行安全防范和维护管理,实现民政数据资源的安全存储与灾难备份。充分认识"互联网+"行动对深化民政改革的重要助推作用,研究分析民政"互联网+"行动面临的挑战与机遇,全方位、多渠道地宣传报道民政"互联网+"行动的主要做法和取得的成效。要加强民政信息化队伍建设,努力培养一批既熟悉民政业务又掌握信息技术的复合型人才(见表4-9)。

表 4-9　　　　甘肃省"互联网+"社会救助政策要点

重点行动	制度亮点
"互联网+"民生救助	全面推广运用最低生活保障信息系统，及时更新或交换数据，提升社会救助信息化、规范化管理水平。建立和完善与慈善组织、社会服务机构的衔接机制，形成社会救助和慈善资源信息对接。健全核对信息平台，纵向实现部、省、市、县四级核对机构的数据交换和上下联动，横向实现与相关部门涉及个人收入、财产等信息的共享共治和互联互通，助力精准救助。健全医疗救助"一站式"即时结算机制，做到医疗救助与基本医疗保险、城乡居民大病保险、疾病应急救助、商业保险等信息管理平台互联互享、公开透明，实现"一站式"信息交换和即时结算
"互联网+"防灾救灾	认真实施北斗卫星导航系统国家综合减灾与应急示范项目，完善自然灾害应急救助指挥平台，配置应急通信指挥车、卫星电话等必要装备，实现灾情、决策、指挥、物资调运等各类信息的及时发送与传递，提高应对突发性自然灾害的处置能力。依托国家和省级减灾遥感系统、地理信息系统、网络通信系统等现有相关系统，推进关键技术在防灾减灾领域的应用研究。加快建设"甘肃减灾救灾网站"，深入开展防灾减灾宣传

第四节　"互联网+"社会救助产业发展基础

智能可穿戴产品在社会救助尤其是自然灾害救助中的作用日渐明显，如公安部的流浪人群的定位设备和技术系统及平台。自然灾害救助中的物品互联，如手环、饰品等。

一　智能可穿戴产品快速发展

2011—2014 年，中国可穿戴智能设备市场产值规模分别为 2.3 亿元、5.1 亿元、24.5 亿元、66.2 亿元；2015 年，中国智能可穿戴设备市场将达到 112.7 亿元，同比增长 70.2%；2016 年，可达 179.4 亿元；2011 年和 2013 年，中国智能可穿戴设备出货量为 765 万台和 2260 万台。2015—2017 年，中国智能可穿戴设备出货量将达到 4250

万台、7800 万台和 9850 万台。目前,智能可穿戴设备用户集中在一线城市,占 70.5%;二线城市和三线城市分别占 22.4% 和 7.1%。可见,二线城市和三线城市将是未来的主要市场(速途研究院,2015)。健康监测功能是人们第一关注点,这有利于"互联网+"医疗救助快速发展。智能可穿戴设备是"物联网+"社会救助与减灾救灾的必要设备。在大数据时代,智能可穿戴设备功能逐渐丰富。

目前,中国市场上的智能可穿戴设备商家主要有苹果、酷派、三星、咕咚、微软、LG、宏碁、索尼、Inwatch 等。为这些商家提供芯片服务的公司有英特尔、ARM、ROHM、Freescale 等;供应传感器的公司有 NORDIC、ANALOG、DEVICES、水晶光电等;供给屏幕的公司有 Eink、丹邦科技、LG、三星、德润电子等;供给电池的公司有德赛电池、LG 化学、Prologium 等;供给系统平台的公司有 Watch、微软、TIZEN 等;供给云服务及健康大数据平台的公司有谷歌、Healthlit、阿里云、腾讯云、Dulife 等;供给开发者生态的公司有 Seeedstudio、创客空间、深圳湾等;供给制造封装的公司有科大讯飞、数码视讯、海能达等;供给语音控制及交互技术的公司有科大讯飞、数码视讯、唯创世界、海能达等;供给应用软件的公司有 Iwatch、耐克等。而最终能将智能可穿戴设备输送到消费者手中的线上渠道主要是京东、小米、天猫、苏宁、易购等;线下渠道主要是国美电器、乐语、大中电器等;应用商店主要有谷歌、苹果、Play 等。国外和国内主流健康大数据云服务平台参见表 4-10 和表 4-11。

表 4-10　　　　　　　　国外主流健康大数据云服务平台

平台名称	平台简介	支持系统
Google Fit	Google Fit 健康管理平台,用来收集用户健康数据。数据来源于可穿戴设备、健康追踪器以及健康类应用。该服务和 Google 的云端服务紧密结合,通过开放 API,允许这些数据被其他开发者调用	安卓、iOS

续表

平台名称	平台简介	支持系统
Apple Health Kit	Health Kit 存储用户的健康数据和病例等，可与其他健康和健身 APP 相链接，有助于监控健康状况，还可与医疗机构和医生及时联系。还可以配合 iPhone 及 Apple Watch 一同使用	iOS、Nike+
Microsoft Health	Microsoft Health 微软健康云服务，支持个人健康和健身数据的存储，并通过智能引擎将这些数据转化为更有用的信息。微软还提供 Microsoft Health 链接到 Health Vault 的选择，可以安全地与医院共享这些数据	iOS、安卓、Windows Phone、Jawbone
三星 Digital Health	三星 Digital Health 健康解决方案能对智能机和可穿戴设备采集到的用户数据进行处理和分析，并给出相应的指导建议。数据将被保存在云端，可供用户随时查阅。Digital Health 已有耐克、安泰、斯坦福大学及加州大学等多家合作伙伴	安卓、TIZEN

表 4-11　　国内主流健康大数据云服务平台

平台名称	平台简介	支持系统
阿里健康云	阿里健康云，将通过阿里健康云平台存储、计算作为数据支撑，为企业提供市场评估与决策、销售网络优化、渠道治理与跟踪、供应链便捷管理等产品与服务	安卓、iOS
腾讯健康云	腾讯健康云，将打造云端生态、通过开放连接终端用户的能力，将合作伙伴、腾讯云的客户和最终用户连接在一起	安卓、iOS
百度健康云	百度健康云，结合大数据服务，将数据分析服务提供给健康服务层的提供商，包括医院、健康咨询机构、减肥机构、建设机构等，这些机构通过百度提供的数据对患者提供专业服务	安卓、iOS
春雨健康云	春雨健康云，推出的 EHR（Electronic Health Recorder），打通数据采集、数据分析与解读和数据干预三个环节，提供数据服务给医生、医疗机构、医疗硬件和患者等	安卓、iOS

综上可见，智能可穿戴设备产业发展如火如荼，上游、中游、下游等完整产业链条已经成型。

二 企业使用互联网比重高

从 2011 年至今，企业互联网使用比重首次接近九成。2011 年、2012 年、2013 年、2014 年，企业互联网使用比重依次为 82.1%、78.5%、83.2%、78.7%。截至 2015 年 12 月，全国使用互联网办公的企业比重为 89%。2011—2015 年，企业固定宽带和移动宽带的接入比重稳步提升；2011 年，通过固定宽带接入方式使用互联网的企业比重为 74.7%，2012—2015 年分别占 71%、79.6%、77.4%、86.3%。2011—2015 年的移动宽带接入比重分别为 10.9%、10.4%、18.3%、25.3%、23.9%。

第五节 "互联网+"社会救助地区综合实力基础

"互联网+"社会救助服务体系建设已经进入全样本大数据时代，这在"互联网+"城乡居民最低生活保障救助、"互联网+"自然灾害救助、"互联网+""一门受理、协同办理"机制、"互联网+"社会救助众筹平台建设、"互联网+"医疗救助等方面表现得尤为明显。但是，"互联网+"社会救助服务能力和质量如何主要取决于全国各个地区的"互联网+"和智能城市战略规划等方面的能力与质量。为了精准考察我国各地区的"互联网+"社会救助综合服务能力基础，本书引入被誉为互联网时代 GDP 的"互联网+"指数。目前，国内有多家互联网公司编制全样本大数据指数。其中，腾讯公司和阿里巴巴公司编制的"互联网+"指数最具代表性。由于腾讯公司编制的"互联网+"指数更为全面详细，更符合本书研究的框架和思路。因此，本书研究选择该指数加以论述。

一 "互联网+"指数

（一）"互联网+"指数的含义

"互联网+"指数被誉为互联网时代的 GDP。由于"互联网+"指数在国内诞生时间较短，所以，政府和社会公众对其认可度仍然较低。"互联网+"指数可理解为实体经济投射到数字上的生产生活总值,即数字GDP,它能直观地反映从农业、工业、餐饮、旅游、交通运输、零售电商、金融服务、生活O2O等几乎所有主要行业在移动端的数据产出和表现。"互联网+"指数的物理意义就是各省份、各地市在数字GDP总量中所占比重。

(二)"互联网+"指数体系和数据来源

1. "互联网+"指数的指标体系

腾讯公司编制的"互联网+"指数体系包含"互联网+基础""互联网+产业""互联网+创新创业"和"互联网+智慧城市"4个二级指数。每个二级指数下设置了多个三级指标及四级指标,内容涵盖社交、新闻、视频、云计算、三次产业的19个主要子行业、基于移动互联的创新创业、智慧城市等方面。

2. "互联网+"指数的数据来源

我国商业领域的大数据资源基本掌握在百度公司、阿里巴巴公司、腾讯公司手中。百度公司控制了搜索大数据资源,阿里巴巴公司控制了电商大数据资源,腾讯公司控制了社交大数据资源。此外,京东商城公司也掌握着海量电商大数据资源,滴滴出行公司掌握着出行大数据资源,新美大网络公司掌握着生活服务及餐饮住宿大数据资源,携程网掌握着旅游大数据资源。腾讯公司的"互联网+"指数编制工作由腾讯研究院负责,腾讯研究院积极与京东大数据研究部、滴滴研究院、携程研究团队、新美大数据研究院等掌握大数据资源的各个互联网公司合作,将这些公司的大数据纳入"互联网+"指数。再加上腾讯公司自己掌握的微信、QQ、支付、新闻、视频、云计算、城市服务、众创空间等十几个核心平台的全样本大数据,共计135个维度。

3. "互联网+"指数的数据总量

腾讯研究院采集的来自腾讯公司的大数据总量超过7350万个GB,汇成121个指标数据集。这些大数据由微信数据、移动QQ数据、公众号超过20万亿次的阅读点击量数据、数百亿笔支付数据、约1300亿次视频点击量数据、70亿次新闻点击量数据、微信城市服务超 1.2 亿人次应用数据、遍布全国的 13 个有效创业项目数据、40 万款上线 APP 数据等构成。来自其他主要合作互联网公司的大数据总量为：京东公司大数据总量超过 25TB，合计 3 个指标数据集；滴滴公司大数据总量为 2015 年度全年订单，合计 2 个指标数据集；携程网大数据总量为几个亿用户的订单数据，合计 4 个指标数据集；新美大公司大数据总量为几个亿活跃买家与数千万商户，合计 5 个指标数据集。

4. "互联网+"指数的覆盖范围

在领域方面，覆盖了移动互联发展基础、产业、创新创业和智慧城市四大板块；在行业方面，覆盖了零售、金融、交通物流、医疗、教育、文化娱乐、餐饮住宿、旅游、商业服务和生活服务十大行业；在移动互联用户实用内容方面，覆盖了社交、支付、视频、新闻、购物、旅游、交通出行、餐饮、生活服务等领域；在行政区划方面，覆盖了全国 31 个省份、全国 351 个城市以及全部的地级市和部分区县。

(三)"互联网+"指数的计算

1. "互联网+"指数标准化处理

由于使用的数据是真正意义上的大数据，均为不可追溯的总量数据，不涉及用户个人信息安全。在此基础上，对各类数据进行汇总和标准化，以统一测算方法和计算口径，对全国城市的标准化总量数据进行分析。

2. "互联网+"指数的计算方式

参照国民收入统计支出法计算数字国内生产总值。除净出口指标外，"互联网+"指数在分项指标中设计了消费支出、投资支出和政府支出三项指标。在消费支出中，"互联网+基础"分指数包含社交、新闻、视频、文化娱乐消费；"互联网+产业"分指数中包含电商销售、餐饮旅游等。在投资支出中，"互联网+产业"包含第一产业、第二产业、信息技术开发等分项，以及"互联网+双创"指标。在政府支出中，包含"互联网+智慧城市"等众多公共服务板块。

（四）全国"互联网+"指数建设

2016年6月16日，腾讯研究院发布了《中国"互联网+"指数（2016）》，数据显示，2015年，全国351个城市的"互联网+"政策均取得显著成效。主要特点可归纳为以下四个方面。

第一，从经济产值方面看，实体经济落后地区的"互联网+"指数发展现状和质量并不逊色于经济发达地区的"互联网+"指数建设现状和质量。2015年，广东省、北京市、上海市、浙江省、江苏省的"互联网+"总指数位列全国前五名。在这些产业基础好、经济发达的省份中，本省的"互联网+"产值在全国"互联网+"产值中所占比重是该省GDP占全国比重的2—3倍，即互联网产业成为新的经济增长点。然而，那些产业基础弱、经济欠发达的省份（如海南省、宁夏回族自治区）的互联网产业增速迅猛，本地区的"互联网+"产值在全国"互联网+"产值中所占比重超过了该省GDP占全国的比重。也就是说，发达地区和落后地区的互联网产业齐头并进。以经济发达的广东省为例，深圳市和广州市的"互联网+"产值位居全国前列，东莞市和佛山市位列全国20强，潮州市、汕尾市、河源市位居全国百强。再以经济欠发达的中小城市四川省德阳市为例，该市跻身全国"互联网+智慧城市"指数第13名，"互联网+指数"位列全国第60名。江苏省徐州市、广东省佛山市、福建省泉州市、浙江省金华市等二线城市和三线城市的"互联网+"产值增速全面超越一线城市的增速。

第二，从空间地域方面看，东部沿海地区的"互联网+"指数相对较高，中西部地区的"互联网+"指数发展也比较强劲。"互联网+"指数高度集中于沿海省份和一线城市。广东省、北京市、上海市的"互联网+"指数总和为35.5，占全国数字GDP的35.5%。北京市、深圳市、广州市和上海市4个一线城市分列第一名和第四名，"互联网+"指数总和占全国数字GDP的28.3%。在中西部地区"互联网+双创"排名中，重庆市位列全国前五名，成都市位列第七名。武汉市、郑州市、西安市、长沙市、合肥市、昆明市等中西部城市进入"互联网+双创"全国20强。而且，中西部地区部分行业在全国的排名竟然超过了实体经济在全国的排名。例如，宁夏回族自治区银川市的零售业网络发展指数的全国排名超出了该市社会零售销售总额全国的排名100个位次；河南省信阳市的网络医疗指数在全国的排名超出了该市实体医疗行业产值在全国的排名195个位次；陕西省渭南市的网络教育指数在全国的排名超出了该市实体教育在全国的排名110个位次。在"互联网+"情感度指数全国排名中，宁夏回族自治区竟高居全国第一名，黑龙江省和青海省进入全国前五名。

第三，从产业发展格局方面看，不同地区的"互联网+"服务业各具特色。各省份"互联网+"服务业的发展速度和成熟度存在一些差异。全国呈现东高西低的发展趋势。第三产业的互联网化发展程度最高，华北、东北、华东、华南、华中等地区均涌现出了优势行业。华东地区是全国"互联网+服务业"发展排头兵，"互联网+旅游"表现最为抢眼，上海市的"互联网+旅游"指数约为华东地区均值的25倍，是全国均值的45倍。华北地区的"互联网+教育"最为发达，北京市的"互联网+教育"指数分别是华北地区均值和全国均值的28倍和73倍。东北地区的"互联网+服务业"发展虽整体落后于全国平均发展水平，但餐饮住宿是该区域的"互联网+"发展优势行业，辽宁省沈阳市是东北地区"互联网+餐饮住宿"行业发展最佳的城市，其"互联网+餐饮住宿"指数是东北地区均值的7倍、全国均值的近6倍。西南地区的"互联网+服务业"是该地区的最优发展产业，四川省成都市"互联网+旅游"指数是地区均值的17倍、全国均值的11倍。华中地区"互联网+服务业"整体发展较全国平均发展水平稍稍落后，但一些城市在"互联网+生活服务"产业发展较为突出。其中，湖北省武汉市的"互联网+生活服务"指数分别是地区均值和全国均值的近11倍和8倍。

第四，从区域城市创新发展角度看，中小城市迅速崛起。在观察的全国中小城市的产业发展分项指数、创新创业分项指数和智慧城市分项指数三个指标的排序与基准分项指数排序做对比分析可知，一些中小城市出乎意料地呈现出强劲的发展势头（见表4-12）。

表 4-12　　　　　　　全国超基准指数的城市及位次

城市	省份	产业发展分项指数超基准分项指数排序位次	创新创业分项指数超基准分项指数排序位次	智慧城市分项指数超基准分项指数排序位次
珠海	广东	46	46	56
清远	广东	27	57	93
丽水	浙江	58	44	142
常德	湖南	21	73	44
三明	福建	68	82	91
南平	福建	35	35	78
十堰	湖北	21	91	34
铜陵	安徽	61	66	246
安庆	安徽	26	95	43
本溪	辽宁	21	22	113
张家界	湖南	36	134	43
新余	江西	48	65	83
黄山	安徽	60	43	47

将产业发展分项指数排序和创新创业分项指数排序取加权平均值，同时取统计部门发布的该城市实体经济 GDP 排序，然后对比两者的排序差距，可知有些城市的数字经济在全国的位次竟超过了本地的实体经济在全国的位次（见表 4-13）。从空间结构上分析，这些城市分布较为分散，北到黑龙江省佳木斯市，南到海南省三亚市，西到新疆维吾尔自治区喀什市，以及多个中部城市，数字经济都远超实体经济水平。

表 4-13　全国数字经济 GDP 超实体经济 GDP 的中小城市及位次

城市	省份	产业发展分项指数超基准分项指数排名位次	创新创业分项指数超基准分项指数排名位次	智慧城市分项指数超基准分项指数排名位次
洛阳	河南	56	211	155
海口	海南	43	191	148
甘孜	四川	183	320	137

续表

城市	省份	产业发展分项指数超基准分项指数排名位次	创新创业分项指数超基准分项指数排名位次	智慧城市分项指数超基准分项指数排名位次
三亚	海南	170	294	124
丽江	云南	188	310	122
潮州	广东	109	225	114
云浮	广东	141	255	114
秦皇岛	河北	72	171	99
巴中	四川	193	286	93
清远	广东	80	172	92
阳泉	山西	166	258	92
忻州	山西	159	250	91
大同	山西	117	207	90
张家界	湖南	203	292	89
梅州	广东	129	217	88
阜阳	安徽	95	175	80
运城	山西	90	169	79
佳木斯	黑龙江	165	234	69
丽水	浙江	128	196	68
喀什	新疆	274	342	68

二 各省份综合网络资源基础

为了分析全国各地区的"互联网+"社会救助基础网络资源的综合实力,本书研究使用系统聚类分析法定量考察31个省份的亲疏关系,并据此分类。计量估算步骤为:

第一步,将8项测度指标的原始数据做Z—标准化处理,以消除样本指标的计量单位不统一问题。

第二步,使用欧氏距离估算样本间距离。

第三步,选用类间平均连接法计算样本距离,进而做出归类。

其中,欧氏距离为m维空间中两点之间的真实距离或向量自然长度。在二维、三维空间中的欧氏距离即为两点间实际距离。

二维空间的计算公式：

$R_q = sqrt[(s_1 - s_2)^2 + (z_1 - z_2)^2] |s| = (s_2 + f_2)$

三维空间的计算公式：

$R_q = [(s_1 - s_2)^2 + (z_1 - z_2)^2 + (f_1 - f_2)^2] |x| = (s_2 + f_2 + f_2)$

m 维空间原理和计算公式为：m 维欧氏空间是一个点集，它的每个点 s 或者向量 s 均可以表示为：（s [1]，s [2]，…，s [m]），其中，s [k]（k = 1，2，…，m）是实数，称为 s 第 k 个坐标。两个点 T =（t [1]，t [2]，…，t [n]）和 W =（w [1]，w [2]，…，w [m]）之间的距离 q（T，w）可以定义为：q（T，W）= $\{\sum$（t [k] - w [k]）$^2\}$（k = 1，2，…，m）。向量 s =（s [1]，s [2]，…，s [m]）的自然长度 |s| 定义为公式 |s| = $\{s[1]^2 + s[2]^2 + \cdots + s[m]^2\}$。

由于系统聚类分析法在分类方面没有理论支撑，基本靠经验作为分类标准，因此，本书研究结合腾讯公司编制的"互联网+"指数，分析全国各省份的"互联网+"社会救助基础网络资源的综合实力。在模型估计数据方面，采用国家互联网信息办发布的第 37 次《中国互联网络发展状况统计报告》公布的数据和全国各样本省份的 IPV4 比例、域名数、网站数、去重之后的网页数、静态网页数、动态网页数、网页字节数（用页面平均大小）、更新网页比例（用 3 月更新网页比例）测算各地区的互联网综合服务能力。具体结果见表 4 - 14。

表 4 - 14　　　　　　　2015 年全国各省网络综合服务能力指标

省份	IPV4 比重（%）	域名数（个）	网站数（个）	去重网页数（个）	静态网页数（个）	动态网页数（个）	网页字节数（kb）	更新网页比重（%）
北京	0.2425	4857287	514532	85018402065	50318315448	34700086617	88	0.32
广东	0.0951	4971380	670539	22609885560	13796889689	8812995871	62	0.34
浙江	0.0646	2087873	262049	25322356650	16739950339	8552406311	59	0.3
山东	0.0491	1993458	226118	3888230970	2617832996	806873156	61	0.29
江苏	0.0476	1303497	214247	11999673870	9134613893	2865059977	50	0.36
上海	0.0446	2047614	371696	10237810140	6738425607	3499384533	60	0.31

续表

省份	IPV4比重（%）	域名数（个）	网站数（个）	去重网页数（个）	静态网页数（个）	动态网页数（个）	网页字节数（kb）	更新网页比重（%）
辽宁	0.0335	481901	111056	1840546890	1044620106	795926784	64	0.37
河北	0.0285	603877	119178	6309499410	4190760794	2118738616	71	0.3
四川	0.0278	1044052	158218	4367708520	2317793904	2049914616	53	0.33
河南	0.0264	1032483	166217	9203839590	6885711568	2318128022	61	0.33
湖北	0.024	1331569	86625	2460852945	1500684597	960168348	44	0.37
湖南	0.0237	585873	59015	2933540880	1792250984	1141289896	58	0.34
福建	0.0194	2006013	247506	5465807685	3442858097	2022949588	57	0.34
江西	0.0174	356149	30979	3227674155	1847649702	1380024453	29	0.31
重庆	0.0168	335075	44396	1406329470	1140761643	265567827	71	0.36
安徽	0.0166	488784	55581	2453595510	1344692542	1108902968	47	0.38
陕西	0.0163	324972	48896	1207433280	681582147	525851133	36	0.25
广西	0.0139	376388	36876	554731725	238995999	315735726	51	0.36
山西	0.0128	215073	49713	2175181065	1368307909	806873156	51	0.37
吉林	0.0122	147495	24921	1344793305	794867522	549925783	44	0.32
黑龙江	0.0121	721259	36795	611884980	336457285	275417695	73	0.35
天津	0.0105	349484	44097	2565386970	031752537	1533634433	65	0.35
云南	0.0098	169587	18727	1303286055	523485460	779800595	65	0.39
内蒙古	0.0078	86570	14499	452043120	175172325	276870795	52	0.41
新疆	0.0061	86795	8672	515367105	170837606	344529499	39	0.29
海南	0.0048	267044	14993	1752100110	760151548	991948562	42	0.27
甘肃	0.0048	136857	9364	266891205	17121001	95677204	33	0.32
贵州	0.0044	136166	13021	329923440	159244957	170678483	55	0.32
宁夏	0.0024	38130	5051	334951200	89923766	245027434	31	0.37
青海	0.0018	25522	2605	34051080	20625042	13426038	108	0.28
西藏	0.0013	11486	1076	102444720	41394383	61050337	70	0.34

将聚类数分为2—5类聚类（SPSS19.0）。研究发现，当聚类数为2类时，只有甘肃省单独为第二类，其他省份为第一类。当聚类数为3类时，甘肃省为单独第三类，西藏自治区、宁夏回族自治区、贵州

省、天津市、云南省、内蒙古自治区、新疆维吾尔自治区、海南省和广西壮族自治区为第二类，其他省份为第一类。当聚类数为 4 类时，甘肃省为单独第四类，贵州省、宁夏回族自治区、西藏自治区、黑龙江省、天津市、云南省、内蒙古自治区、新疆维吾尔自治区、海南省和陕西省为第三类。山东省、江苏省、河南省和重庆市为第二类，其他省份为第一类。当聚类数为 5 类时，甘肃省为单独第五类，新疆维吾尔自治区和宁夏回族自治区为第四类。西藏自治区、贵州省、海南省、内蒙古自治区、云南省、天津市和陕西省为第三类。山东省、江苏省、四川省、福建省和陕西省为第二类，其他省份为第一类。

综上分析，甘肃省的情况比较特殊，该省的 IPV4 比例、页面平均网页字节数大小、3 月更新网页比例三项指标与其他省份差距不大。但是，域名数、网站数、去重之后的网页数、静态网页数、动态网页数五项指标与其他省份的差距却很大。这些表明，互联网和社会救助融合时代，全国各地区的网络综合服务能力出现分异趋势，中部地区和东部地区并不具有前"互联网 +"社会救助时代那种绝对优势，西部地区省份也可以占据领先型的地位。一个典型性的例证是，甘肃省的"一门受理、协同办理"互联网社会救助平台建设丝毫不逊色于东部发达地区省份，东部地区的山东省、江苏省、河南省等省份的"一门受理、协同办理"互联网社会救助平台建设质量反而与其实体经济发达程度不相匹配。腾讯公司编制的"互联网 +"指数也显示，中西部地区的一些中小型城市的网络综合服务能力也是比较强大的，东部地区的一些大中型城市的网络综合服务能力反而不如预期的那么好。总之，在互联网时代，社会救助事业发展质量在很大程度上取决于其与互联网的深度融合效率。

第五章 "互联网+"社会救助服务体系完善方向

民政部门和社会救助经办机构的"互联网+"社会救助服务体系建设已经取得了显著成效,但仍存在一些突出问题、重点和难点问题。应对措施可以主要考虑以下三个方面。

第一节 加快"互联网+"社会救助平台建设

"互联网+"社会救助平台改革和完善应重点关注网站"僵尸"、移动政务、在线服务、服务内容、网站安全、互动回应等方面,将目前的偏重信息发布的平台健全为"一网办理"的综合性服务平台。

一 提高官方网站运行维护与信息管理水平

(一)重视官方网站政务信息播发管理工作

1. 要及时更新官方网站上发布的各种政务信息

各地区、各级民政部门、社会救助经办机构和减灾部门应重视政务信息发布工作,常态化更新网站信息,将官方门户网站建设成为政府政务信息公开的新媒体平台,建立健全社会救助政务信息发布机制,及时发布社会救助行业动态、主要事件、重要新闻、政策法规等内容。应构建本级官方门户网站的信息、数据、保障等监测机制和保障措施,做好大数据监测指标体系和在线数据统计工作。建立各级网站信息服务质量的考评机制,更新滞后信息,关闭缺乏保障性的服务栏目。

2. 重视社会救助和相关政策法规的发布与解读工作

将社会救助和相关政策法规分类、分年份发布到官方门户网站，改变将全部社会救助和相关政策法规"一股脑儿"上传到网站上的做法。尤其应将近五年制定施行的社会救助和相关政策法规规范整齐地发布在网站上。将新制定发布的政策法规同步上传到官方门户网站上，并邀请社会救助和相关政策法规制定者、参与者、行业精英、专家学者等做好在线互动解答，发表新政策法规解读和评论文章，让社会公众及时了解政策法规动向，准确把握政策法规要义和内涵。采取视频、图标、动画、音频、数字化等新媒体方式解读新政策法规。同时，可以结合具体的案例、背景素材及相关数据加以展现，增强门户网站的吸引力。

3. 重视对社会救助领域热点事件、敏感事件和关键问题的解释回应工作

对本地区的突发灾害、救急难、大病医疗救助等社会关注度高的事件和问题，应及时依法通过网站发布权威信息，澄清事实，纠正谣言，消除误解，凝聚共识。通过解释政策法规答疑解惑，化解矛盾。

4. 建立协同机制

社会救助经办机构应安排负责部门和参与社会救助的政府部门、社会组织定期研讨门户网站信息协调和协同事项，经常沟通，及时回馈。

5. 健全门户网站的信息播发制度化流程制度

社会救助经办机构将社会救助信息做分级、分类处理，科学确定播发渠道和方式，严控敏感信息的社会舆论走向，及时纠偏。对核心信息和大数据的采编发流程，实行严格的保密管控，防止泄密。对涉及最低生活保障制度覆盖范围及救助标准、大病医疗救助病种及救助标准、救急难的覆盖范围及救助标准等，都应严把信息保密关和质量关。

6. 建立线上和线下协同发展机制

在加强门户网站建设的同时，应建立线下服务线上的信息采报机制。构建下起村委会、上至民政部的门户网站信息采集员、协同联络员、志愿者等组成的服务团队。按照《国务院办公厅关于加强政府网

站信息内容建设的意见》（国办发〔2014〕57号）的要求，逐步取消乡镇一级和区县一级民政部门网站，在地市级门户网站和省民政厅门户网站上建立子站网、网页、板块、频道，尽快构建规范统一的网络新媒体技术平台。

（二）网站设计、管理与安全，提高传播力和影响力

1. 清理"僵尸"网站，激活"僵尸"网站上的服务板块，发挥门户网站上各项服务板块的功能

应强化负责部门常规性更新维护网站的义务和责任，建立考评机制和责任追究机制。以民生服务为导向，尊重社会救助对象的法定利益和诉求；尊重新媒体时代的行政管理和治理规制和机制，让门户网站成为服务社会救助对象和社会的阵地。

2. 整合官方网站首页结构和页面资源配置

优化网页资源，取消不必要的图片链接。应突出服务本地区特色，强化各类社会救助服务能力建设。如果暂无条件构建独立的网站，可以丰富社会救助网页内容，并增扩移动互联网平台服务项目，通过微信公众号、微博、客户端等新媒体渠道服务公众，补充门户网站服务能力不足问题。

3. 对国外宣传的外语版网站或网页可以在英语语种基础上增加汉语、法语、俄语、阿拉伯语、西班牙语等联合国工作语言

网站上的内容要尊重外国文化习俗，用词准确，语言规范。及时更新信息，而且对外发布的重要信息，要和对内发布的信息同步且一致。同时还要提供在线互译服务。

4. 增加无障碍浏览服务

民政部应统一规划，至少应健全全国各个省份民政厅网站上的无障碍浏览服务。

5. 强化门户网站的站内搜索和站外搜索服务功能

通过技术优化配置，提高民政部门网站的搜索效果，提升民政部门网站、社会救助网页和社会救助信息被各大网络搜索引擎搜索到的比重。有条件的地区可以通过学术交流等方式或渠道开展门户网站品牌推广活动。

6. 整合联动，充分发挥门户网站的集群效应

广泛收集并发布与社会救助、减灾业务相关的信息、文章、链接。科学构建包括报纸、杂志、电视、广播等传统媒体在内的传媒体系，多渠道、多方式发挥地区影响力和服务能力。

7. 建立门户网站绩效考评机制

建立多层次的指标考评体系，将定期考评和不定期抽查相结合，常态化监督网站，提高运行质量和服务能力。

8. 建立门户网站服务外包机制

民政部门和社会救助经办机构可以建立专业化的官方门户网站管理和技术团队，严把信息质量关。探索门户网站服务外包机制，从严审查外包组织的合法资质、服务能力、团队素质、管理制度、响应机制、应急方案。明确民政部门和社会救助经办机构自建的门户网站技术管理团队和外包组织的技术管理团队的责任、权益、关系，明确外包组织的服务范围、服务内容、服务方式、考核措施等要求，强化监管。此外，还应加强门户网站安全管理，创新网站管理模式。

二 提高在线政务服务能力

（一）提高网络互动回应政务服务能力

1. 提高在线办理业务服务质量

加快网下业务向网上在线转移进度，除依法不能公开的信息之外，应尽可能地在网上办理业务。例如，在线下载并回传表格、救助申报与资格审查、业务办理进度跟踪查询、业务办理结果反馈等都尽可能地在线完成，减轻残疾人等救助群体的负担。进一步细化场景服务板块，探索立体化的网上办事大厅，增加位置导向、业务指引等便民功能。

2. 增强网络功能使用

（1）开通QQ等即时通讯服务。在线解答访问者提出的问题，通过快速高效的在线服务，提高公众的满意度。

（2）发挥在线业务投诉咨询与监督功能。对公众的投诉应分类处理，健全后台技术处理系统。快读研究投诉内容，及时回复。建立分类分等级投诉内容反馈机制，规定不同价值的投诉内容的回复工作日并予以公示。将回复工作日设定在7—15天。对不属于社会救助部门

业务或无法办理的投诉业务等情况，都应依法给予及时解释和回复。

（3）开展在线问卷调查。掌握公众对社会救助服务内容、范围、质量的满意度。了解公众对政务服务板块的评价情况，建立动态化的数据监测库。

（4）在线征求意见和立法建议。开展在线访谈，征求社会各界对社会救助政策法规的修改意见，了解社会救助政策法规在实施中存在的问题，尤其是新出现的问题。

（5）激活领导信箱，及时回复公众提出的意见和建议，广泛地倾听民意。

（二）提供符合贫困群体实际需求的救助业务

1. 以城乡最低生活保障救助和大病医疗救助两类社会需求度和关注度较高的业务作为核心业务，之后再强化其他救助服务

从对民政部网站服务业务的统计结果可知，城市最低生活保障救助、农村最低生活保障救助、城乡大病医疗救助和农村"五保"对象救助四项救助类型最受关注。这表明上述定位符合现状和救助对象实际需求（见表5-1）。

2. 深化推进"一门受理、协同办理"

各地区应根据《社会救助暂行办法》和民政部关于建立社会救助"一门受理、协同办理"工作机制的要求，快速健全本地区的乡镇或街道社会救助申受办事大厅服务制度，统一申请受理最低生活保障救助、大病医疗救助、救急难救助、"五保"与三无人员救助、灾害救助、临时救助等业务，明确职责、流程和工作时限，确保申受、分件、转移接续等业务流程顺畅，及时准确地反馈业务办理结果，妥善处理社会关注度高、涉及面广的特困人群的社会救助业务申办及转移接续工作。统一各省份的"一门受理、协同办理"服务平台和技术规范。加速实现城乡最低生活保障救助、大病医疗救助和居民家庭经济状况核对三个平台系统之间的信息共享。加速推进民政部门和慈善机构、公益组织、工会、爱心企业、爱心人士等组织、人群的互联互通。改变或消除社会救助申报者、救助对象和救助共享方依靠两条腿往返于各地区、各部门的低效率工作模式，让救助业务虚拟化，提高效率。

第五章 "互联网+"社会救助服务体系完善方向 | 177

表5-1 民政部社会救助司网站最受欢迎栏目排名

栏目名称	2015年2月8日采集	页面浏览量	栏目名称	2015年1月8日采集	页面浏览量	栏目名称	2014年12月8日采集	页面浏览量	栏目名称	2014年11月8日采集	页面浏览量
	城市最低生活保障救助	461次		城市最低生活保障救助	799次		城市最低生活保障救助	608次		城市最低生活保障救助	327次
	农村最低生活保障救助	268次		农村最低生活保障救助	538次		农村最低生活保障救助	492次		农村最低生活保障救助	254次
	城乡大病医疗救助	246次		城乡大病医疗救助	476次		城乡大病医疗救助	411次		城乡大病医疗救助	200次
	社会救助体系	246次		社会救助体系	453次		社会救助体系	260次		社会救助体系	181次
	农村"五保"对象救助	121次		农村"五保"对象救助	308次		农村"五保"对象救助	177次		农村"五保"对象救助	130次
	通知公告	67次		通知公告	144次		通知公告	156次		通知公告	103次
	工作动态	64次		办事指南	98次		办事指南	65次		办事指南	47次
	办事指南	57次		工作动态	93次		工作动态	63次		工作动态	36次
	网上咨询	24次		政策法规	57次		政策法规	44次		机构职能	31次
	领导简介	18次		领导简介	55次		机构职能	35次		政策法规	24次
	专题专栏	17次		机构职能	53次		网上咨询	21次		领导简介	23次
	政策法规	16次		专题专栏	40次		领导简介	21次		网上咨询	18次
	机构职能	14次		网上咨询	24次		专题专栏	13次		专题专栏	15次
	表格下载	8次		最低生活保障标准	10次		表格下载	9次		表格下载	8次
	最低生活保障标准	7次		表格下载	7次		最低生活保障标准	7次		最低生活保障标准	7次
	计划规划	5次		计划规划	2次		计划规划	5次		计划规划	7次
	网上调查	3次									网上调查	1次

科学设定工作流程。在申请受理环节，乡镇或街道为基层受理部门，承担相应的责任。困难群体可直接申请或由村民委员会代为申请。在申请类别登载环节，乡镇或街道一级、村或社区一级的社会救助部门应根据申请人情况、救助类型等做出甄别，分类登记建档。在业务办理流程环节，如果该项救助业务是在基层救助部门办理的，基层救助部门应填好受理单并及时办理；如果需要转移到其他部门办理的，应填好转办并及时移交业务；如果救助项目涉及公益慈善机构、爱心企业、爱心人士、社会工作者，基层救助部门，应填好转办单并及时将救助业务转移过去；如果基层救助部门和公益慈善类组织都无法办理的，即对救助业务范围内容或权责存在争议的，应提交本级社会救助最高决策部门讨论议定。在救助业务落实工作中，建立责任部门首问负责制、转移接续制度、绿色通道制度，对扯皮推诿责任或拖延不办的部门及个人应追究责任。

细化城乡居民最低生活保障救助、重特大疾病医疗救助、特殊困难群体救助、自然灾害救助、节日临时救助等救助类型的牵头部门及各部门责任。切实发挥协同服务效应，除民政部门、人力资源和社会保障部门、住房和城乡建设部门、卫生计生部门、财政部门外，还应将工会、残疾人联合会、公安部门、司法部门、共青团、妇女联合会、慈善组织、红十字会等参与社会救助的部门纳入救助体系中，并进一步明确各自的协同责任。规范业务办理流程，杜绝多个部门重复救助或漏救等问题。

3. 提高大病医疗救助效能

在"互联网＋"大病医疗救助体系设计上，要构建网络大数据采集平台，通过联网的协同部门的数据库平台，互传与社会救助业务相关的信息，通过移动互联网工具和社会救助公共服务平台汇聚信息，增加各单位信息员和联络员的在线沟通。开展不定期的在线大数据搜索，建立大病医疗救助监控系统。使用内网将涉及的财务数据等传送到基层民政部门，基层民政部门整合财务数据及核心信息、相关方信息，全面真实地分析社会救助申请人情况，再将分析结果回传给上级民政部门，建立针对特困救助人群的跟踪监控制度，整体把握本地区的重点救助对象的现状及趋势。探索研发大病医疗救助管理平台，把基层民政部门采集上传的数据输入管理系统，通过数据对比，找到社会关注的重点内容，实现大病医疗救助对象的动态化管控。同时也要强化大病医疗救助工作的技术手段。

在"互联网+"大病医疗救助业务推进过程中，根据《关于进一步完善医疗救助制度 全面开展重特大疾病医疗救助工作的意见》（国办发〔2015〕30号）和《城乡医疗救助基金管理办法》（财社〔2013〕217号）的相关规定，尽快完成城市医疗救助制度和农村医疗救助制度的合并对接与财政专户统一工作。尽快将贫困家庭中的60周岁以上老年人、残疾等级在二级以上重度残疾人、重病贫困群体以及其他低收入群体纳入重特大疾病医疗救助范畴。对重点医疗救助对象给予全额或定额补贴。探索单病种付费门诊救助，健全住院救助二次补贴制度。分类、分级设计救助待遇享受比例和封顶额。明确药品目录、服务设施目录和诊疗项目目录。健全包含医疗机构、基本医疗保险经办机构、商业保险公司、社会救助力量等组织在内的联网结算制度。加强对医疗机构的服务监管，依法追究责任。

三 加快"互联网+"社会救助"两微一端"建设

（一）"两微一端"建设思路

1. 应明确"两微一端"智能平台建设是社会救助在线政务服务方向与总体规划思路

它既利于民政部门和社会救助经办机构通过移动客户端播发政务信息，又利于社会救助对象和其他公众登录查询各类政务信息，提高在线办理业务的效能。

2. "两微一端"智能平台应侧重社会关注度高、涉及面广的社会救助业务供给

智能移动客户端浏览界面小，视觉感欠佳。因此，应避免供给大量的、全面的政务信息和内容，偏重社会急需的、量大面广的重点政务服务信息和内容。例如，城乡居民最低生活保障标准、重特大医疗救助标准和享受待遇程序、自然灾害救助捐款和善款支付等服务。

3. "两微一端"智能平台应与门户网站互补优化整合

目前，大部分民政部门门户网站和社会救助经办机构网页发布的信息多为主动公开类信息，且资源的实用性不太高。因此，可以发挥基于移动智能终端的地理位置服务和微博共享等模块的补充作用。例如，快速位置定位、线路规划导航、微博绑定、微博实时互动等服务。

4. "两微一端"智能平台应提供精准化的个性服务

智能移动终端的存储空间比较有限，为了防止安装者在不知情的情况下把移动客户端各个服务模块全都安装到智能移动终端内，应对各个模块单独封装，由安装者自行选择安装。要设计个性化的自由订阅服务机制和个性化的移动政务客户端，避免安装者将门户网站政务信息全部装入移动客户端。

5. "两微一端"智能平台应强化前台和后台动态配合机制

移动政务客户端上线的信息不是由人工操作后发出，而是由服务器自动发出，信息的审核和编辑等环节缺乏有效监管。移动政务客户端的技术人员无法了解移动客户端使用者的情况。因此，应加大对后台的信息审查、核对、编辑、控制等环节的监管力度。同时，严密监测使用者行为，动态统计移动客户端下载量及浏览者最关注的信息与栏目，为技术工作者优化移动政务客户端服务提供决策基础。

6. 健全安全保护机制

随着移动客户端服务功能多元化发展，一些移动客户端集成了一般性政务信息和社会救助政策等涉及个体隐私的服务内容。因此，应健全客户端使用者个人隐私信息安全保障机制，使用信息加密和掩码显示等技术措施，防止被偷窥或截屏。对安全级别较高的服务，还应增加加密之外的身份验证与操作延时等技术措施。

(二)"两微一端"建设要点

1. 网络设施和功能模块建设要点

在网络基础设施建设方面，应重点提供安卓系统客户端、iOS系统客户端等主流系统及下载渠道。

在政务模块方面，应重点关注基础服务功能供给设置。例如，有无离线缓存服务模块、离线状态能否查阅历史浏览信息、可否查阅门户网站播发的各种政务信息、可否将客户端图片下载到手机查看等。

在拓展服务模块设置方面，应重点关注微博与微信的共享设置、版本定期更新与升级、地理位置服务、地图服务、不定期推送重要政务信息等。

2. 服务内容建设要点

（1）关注信息覆盖面，将社会救助行业动态、政策法规及解读、救助大数据、救助标准、救助公示、救助机构调整等信息广泛上线。

（2）关注服务内容的实用价值。提供办事指南、业务咨询、工作流程、条件查询、各类救助办理进度等查询服务。

（3）政务信息的常态化维护。信息播发及时性、客户端信息与门户网站信息一致性。

3. 安全保障机制建设的要点

应关注移动政务客户端软件下载服务、软件卸载、访问注册、敏感信息监控、违法信息截获、密码保护、协议检测、反页面劫持、信息篡改截取等板块。核心要点为：①当用户卸载移动客户端软件时，应用程序、存储数据与信息等应能彻底清除。②设置用户登录时，密码输入填写次数保护，最好以三次为限。③移动终端其他程序和设备在未获授权情况下不能截获用户录入的信息。④保护客户端软件不被逆过程控制。⑤保障程序代码、原文件、重要敏感信息数据异地网络传输时的绝对安全，同时要确保客户端软件和服务器之间互联互通数据的安全。

四 互联网谣言治理和社会舆论引导

"互联网＋"社会救助谣言需要依法规范治理，民政部门和社会救助经办机构应准确监测舆论走向，及时发布权威信息辟谣，并构建由互联网企业、大众媒体、爱心网民、意见领袖、公益慈善组织参与的多元化治理机制。

（一）依法查清谣言产生的根源

"互联网＋"社会救助谣言形成的主要根源之一是社会救助对象实际享受到的法定权益和应享受的社会救助待遇供给之间存在一些落

差。规范治理"互联网+"社会救助谣言，不仅需要发布权威信息以澄清事实，更应深查"互联网+"社会救助谣言形成的深层原因，也就是说，要弄清楚社会救助对象的真实诉求和谣言产生的真相。例如，在最低生活保障救助覆盖范围方面出现谣言，可能是有些低收入群体和边缘户对制度覆盖范围或自身无法享受救助待遇的不满；自然灾害救助中流传的关于医疗机构借机敛财的谣言，可能是人们认为政府未能及时发布医疗收费价格信息或者对政府腐败等行为不满的宣泄。民政部门和社会救助经办机构的要务是禁绝谣言的进一步传播，而不仅仅是证实谣言是错误的。归根结底，应公开、公平、公正地切实保障社会救助对象的法定权益。

（二）建立多渠道辟谣信息发布机制

健全官方网站尤其应重点建设微信、微博和客户端新媒体平台，第一时间从谣言源头、本质剖析、假象纠驳、事实澄清、正义唤醒等方面予以辟谣。同时，发挥传统纸质媒体、官方新闻发布会、商业性质的新媒体渠道在辟谣中的作用。缩短辟谣信息传递长度，避免多层次、多环节的辟谣信息传播渠道，以免辟谣信息衰减甚至被冲淡。

（三）健全治谣政策法规

应细化治理谣言的政策法规条款。目前，有的治理谣言的政策法规中的具体条款存在漏洞。以2015年11月1日起施行的《中华人民共和国刑法修正案（九）》为例，该法规定，编造并在网络媒体上传播虚假灾情或明知故犯在网络媒体上传播虚假灾情的，依其对社会秩序危害程度分别处于不同刑期。可是，并没有详解编传灾情等谣言的含义。而且，谣言制造者若是自然人，则此谣言在社会上被广泛传播后造成了一定程度的秩序混乱的责任应由这个制造者自然人承担还是由扩大谣言的其他个体承担呢？在治理谣言的政策法规条款的执法层面，民政部门和社会救助经办机构应建立常态化社会舆论监测和监管机制。最为重要的是，必须建立并落实责任追究机制，加大对谣言制造者和传播者的处罚力度，同时也要处罚辟谣不得力的相关责任人。当前，处罚机制仅针对谣言的制造者，谣言的传播者却不被处罚，而且对谣言制造者的处罚较轻。例如，2016年6月23日，江苏省盐城市阜宁县龙卷风灾害谣言的造谣者仅被当地公安机关行政拘留三天，处罚极轻，而其他推波助澜的传谣者却未受到任何处罚。

（四）发挥大数据资源的辟谣作用

重视大数据在辟谣中的作用，使用大数据资源，科学地统计分析并及时监测谣言的大声源头和发展趋势，掌控谣言的演变路径，甄别谣言制造者和传播者的动机、个体特征，进而精确判断谣言的影响范围和程度，据此构建谣言冲击力判定指标体系和处理等级，建立辟谣内容数据库、谣言传播途径数据库、谣言科普知识库、谣言发展历史库。加强搜索引擎对谣言信息的搜索力度。通过网络大V和网络舆论领袖开展精确辟谣信息发布，降低辟谣成本，及时有效地遏制谣言的进一步扩散。使用大数据资源和挖掘技术，探究谣言和某些事件的相关性，例如，分析谣言和政府腐败、社会变革、技术进步、财富再分配机制、文化国际融合、大众社会心理变化、百姓素养等复杂因素的相关性，系统地探究谣言产生的深层原因和负面冲击力，循因定策，禁绝谣言。

五 建设"一网办理"政务体系

各级民政部门和减灾部门应根据《国务院关于加快推进"互联网+政务服务"工作的指导意见》提出的原则、方向和工作目标，在2020年年末，建成由民政部主导建设的全国整体联动、多部门协同合作、一网在线办理的"互联网+"社会救助政务服务体系。

（一）完善官方门户网站服务需求功能

民政部门和减灾部门应加快健全官方门户网站服务功能，社会救助经办机构应加速健全门户网站、子站、网页的服务功能，三方合力，提供多元化的综合性服务，主要应提供以下五项基本服务功能。

（1）为全国各级民政部门、减灾部门、社会救助经办机构提供政务服务信息。这主要是为民政部门系统提供服务。

（2）为全国各地区的公益慈善机构提供政务信息查询、组织登记、募捐资质认定、评估检查、表彰处罚、救助需求信息、数据统计、在线打印、技术安全等各项服务。

（3）为社会救助对象提供服务。发布公益慈善机构的救助服务项目、救助标准、申请条件、办理流程、办公场所、联系方式等相关内容。目前，社会救助业务工作分散在多个系统，即使民政系统承担的社会救助业务也分散在不同的内设部门，这种服务管理体制，既不利于社会救助对象"一站式"查询信息和在线办公，也不利于社会救助志愿者开展相关工作。

（4）为互联网社会救助募捐平台提供服务。2016年，民政部确定了首批在线募集社会救助资金的互联网平台，这些平台需在民政部的监管下开展募集资金活动，它们需要和民政部进行在线业务对接。民政部门网站应设置专门的服务板块，围绕着平台信息发布、业务开展、财务工作、资料报送等方面开展服务工作。

（5）加快建成民政部门与其他社会救助承担部门、参与部门的"一网办理"对接机制。以民政部门网站为核心，为各个系统、部门的网站设置接口。在民政系统内容，应将民政部网站与慈善部门网站、社会组织网站、各类官办基金会网站、互联网募捐企业平台、社会力量社会救助网站、志愿者服务网站对接；在民政系统外部，应将民政部门网站与气象部门、地震部门、应急部门、国土资源部门、海洋部门、金融部门等政府部门、公共服务部门的网站对接。

（二）完善官方门户网站技术需求功能

"互联网+"社会救助一门办理政务服务平台应遵循民政部主导建设的原则，民政部应开放服务平台，但是，需掌控数据资源的所有权，分步开发，分模块招标，梯级布局，透明建设。采取社会化建设托管模式，减少政府后续管理负担。

（1）在技术服务方面，要达到二级以上数据保护等级，确保数据安全使用。要考虑服务器能力，至少应保证并发访问量1000时的平均响应时间不低于500毫秒。这要求建立网络应急技术服务管理系统，能够确保突发事件条件下的爆访正常。而且，技术服务系统必须具有高度稳定性，全年不间断地提供服务，系统访问可达到率不低于99%。要健全数据备份安全保护机制，一般社会救助事件的数据保存期不低于两年，重大社会救助事件的数据保存期不低于五年。还应健全恶性攻击的阻断机制，阻断时间不超过十五分钟，最好在十分钟以内，并在半小时以内解决问题。此外，还要健全数据篡改、校验、错误提示等防控技术机制，确保网站安全运行和数据安全完整供给。

（2）应考虑计算云存储模式、硬件配置和服务能力，要兼顾中西部地区尤其是边远贫困地区开展工作的便利性，在硬件配置上，不要提出高标准要求。

（3）严格把好技术质量关，管控技术服务商的法定资质、实际经验、资金规模、团队优势、云服务能力、安全体系等方面。

（4）应考虑移动互联网政务服务技术系统建设工作，考虑智能手机、平板电脑以及其他移动终端的使用需求，建设好互联互通、反应迅速、视觉感好的移动技术服务体系。

第二节 健全"互联网+"自然灾害救助政务服务体系

自然灾害救助是短时间内社会关注度最高的社会救助类型。由于自然灾害救助工作时间紧、任务重、责任大、压力大，民政部门、社会救助经办机构和减灾部门也时常在灾情演变、信息确认与传递等方面出现不同程度的误判。互联网、物联网与自然灾害救助工作融合发展的实践探索已取得了一定成效，这种新模式和新机制的深入发展仍需要做好一些重要工作。

一 加快"互联网+"自然灾害救助网络基础设施建设

第一，建立"互联网+"自然灾害救助互联互通与信息共享机制。转变"信息公开是例外，不公开是惯例"的旧观念。破除信息"孤岛"、数据割据等观念、理念、部门利益保护意识。充分发挥政府海量信息数据资源在自然灾害救助中的重要作用。把民政、减灾、国土资源、住房和城乡建设、交通运输、水利、农业、卫生计生、统计、林业、地震、气象、保监、海洋以及军队等部门存储控制管理的信息整合成一个互联互通的共享平台。

第二，为乡镇、村级组织配备必要的网络设备和技术系统。扩大农村地区 APP 技术系统覆盖面，使其辐射到村级社区、农户、乡镇企业和其他组织。

第三，健全自然灾害救助政府门户网站，及时更新信息，清理僵尸网站，发挥部门领导信箱、QQ 咨询、微信平台、微信公众号的作用。

第四，加快推进自然灾害救助服务体系与互联网、物联网、通信网、遥感网、传感网等技术系统的深度融合。完善防灾减灾信息基础设施。充分利用国家、社会资源和新一代信息技术成果，加强顶层设计和架构研究，形成更广泛的互联互通的防灾减灾信息基础设施，实现互联网、物联网、通信网、遥感网、传感网等深度融合和人、机、物泛在互联，增强应用支撑和安全保障能力，防范由于"互联网+"带来的新风险。优化数据中心布局，构建国家自然灾害与风险管理云计算和大数据服务平台，形成以数据为核心的信息流、业务流和服务流，提高信息服务内容在线化水平，信息服务辐射至基层社区、企业和家户，惠及普通大众、相关机构和社会组织，服务于各级政府科学决策。

二 构建多支柱救灾保障机制和平台

政府自然灾害救助部门应转变观念，做好以下五个方面的工作。

第一，牢固树立"互联网+"自然灾害救助理念。构建"互联网+"自然灾害预警、"互联网+"灾情发布、"互联网+"社会参与、"互联网+"自然灾害救助、"互联网+"救灾捐助、"互联网+"舆情应对等重点保障机制和平台。

第二，建立制度化的各级地方政府"一把手微信群"网络平台，由本级政府一把手、分管副职领导、防灾减灾与社会救助等相关部门负责人加入，以信息化推进"互联网+"自然灾害救助工作。

第三，健全门户网站建设，并加速从静态的网页转向丰富多彩的基于智能手机的 APP 系统。与此同时，还应系统规划智能物联网发展框架。按照现在的全球网络技术更新速度，APP 系统被替代的时间迅速缩短，取而代之的是智能可穿戴产品。物联网的兴起表明，政府如果仍旧关注现在的静态网页和 PC 浏览则已经严重落后于时代发展步伐。

第四，加强防灾减灾信息资源利用。着力推进数据汇集和发掘，深化大数据在防灾减灾领域的创新应用，利用大数据洞察民生需求，研发大数据、数据挖掘、知识发现和表达等关键技术，最大限度地利用数据，提高灾害管理科学决策的精准性和可靠性。基于多灾种、多数据、多方法、多要素关联综合，分析业务逻辑，创新业务模式，深入研究业务流程与数据应用深度融合和全息数据呈现的大数据解决方案，开展灾害风险、灾害损失和社会影响等灾情信息综合分析评估，提高其科学性、客观性、准确性和时效性。围绕全社会生产、生活和管理的灾害信息服务多样化、个性化和差异化需求，研究新产品、新服务和新业态，形成大数据产品体系，提升信息产品、服务、内容的有效供给水平，强化网络减灾文化建设，缩小城乡区域差距，防灾减灾信息惠民更加公平普惠和便捷高效。

第五，创新防灾减灾资源开放共享政策。科学规范地利用"互联网+"和大数据技术，破解政策"瓶颈"，完善与之相适应的政策体系、标准规范和体制机制。促进防灾减灾公共信息资源和社会事业等数据开放共享和高效利用，加快防灾减灾政府信息平台互联互通和集成整合，盘活数据资源，消除信息"孤岛"，加强业务协同，保障数据安全。加强跨界融合型人才培养，创新灾害管理模式，积极促进防灾减灾与新一代信息技术融合的业务和服务以及科技与产业的发展，实现数据信息获取利用的及时、充足、可持续，灾害评估与产品服务的定性、定量、定位，业务系统与平台的互联、互通、互动，资源开发与协同融合的共建、共享、共用。

三 加快"移动互联网+"自然灾害救助体系建设

目前，我国发展"互联网+"自然灾害救助体系须具有较好的网络基础。

第一，移动互联网与自然灾害救助融合具备活跃度高的优越条件。"互联网+"已逐步渗透到经济社会发展各个领域，其基础性、先导性作用及战略性地位将成为推动"互联网+"自然灾害救助的主要力量。

第二，移动互联网与自然灾害救助融合建设具备技术优势。当重大突发自然灾害发生时，由于信源通道不同，灾区的电话往往都打不通，而手机微信却能畅通。因此，要发挥微信、微博、新闻客户端等移动互联网工具在灾情播报、辅助救援、通信联络等方面的重要作用。

第三，移动互联网与自然灾害救助融合具有丰富的基层人力资源。加快开发和推广村级、乡镇级的移动电话报灾 APP 应用技术系统，设置干旱、洪涝、风雹、台风、地震、山体崩塌、山体滑坡、泥石流、低温冷冻、雪灾、风暴潮、海啸、森林草原火灾、生物灾害、其他等模块，以文字、照片、视频、语音等形式上报灾情。村级、乡镇级的移动报灾 APP 应用都要指定专人和负责部门，明确其权利、责任和义务，做到据实上报灾情，防止虚假信息引发居民恐慌和灾后救助混乱。

四　健全应用制度和标准规范体系

依据《自然灾害救助条例》和《国家自然灾害救助应急预案》等制度，健全互联网和防灾救灾救助具体制度与标准规范。完善基于互联网的全国性防灾救灾救助风险管理信息平台和数字减灾工程建设。健全大数据公开、资源使用、数据确权等制度。建立健全灾害舆情监测和监管处罚制度。依法监控虚假灾害信息。制定民间志愿者参与自然灾害救助管理办法等制度。加快建设灾害预警的法律保障体系。传递及时、覆盖面广且复播率高的灾害预警模式是有效开展灾害防御工作的核心环节。亟待制定与完善明确各级各类灾害管理部门、诸多大数据关联企业、其他组织机构及社会公众灾害预警与警情传达中权力和责任的法律规范体系，避免侵害数据产权、知情权、隐私权、公平受益权等的人为预测与虚假警情传播，保障科学性、持续性与准确性的预警标识识别与采集、警示产品制作与处理以及警情数据的发布与流转等。

五　完善信息技术系统和救助方式

利用互联网及时报送灾情，进一步开发完善目前的手机报灾 APP 系统，使其与安卓系统、苹果移动操作系统、思科网际操作系统等主流技术系统融合，并与北斗、GPS 等导航定位技术系统融合。使用无人机监测灾害，通过互联网传输采集的图像和视频信息，提高救灾救助综合分析能力。使用互联网远程遥控智能机器人开展灾后搜救，提高灾后搜救成功率。使用视频监控系统指挥现场救援。视频监控、视频会议等数据通信系统作为抗震救灾应急联络指挥的辅助系统，在通报险情、指挥救援、紧急救助等方面发挥出的重要作用，是传统语音通信系统无法替代的。除此之外，无线视频传输系统也是救援者的助手，不仅可以在人员不能进入的地方进行拍摄并实时传回图像，而且可以在抢救受伤人员时实现远程会诊。

六　重视"物联网+"自然灾害救灾物资运输管理

加快储备救灾物品智能化建设进程，对分散运输的救灾救助物品的不同组成部件采用射频识别技术，可确保不同部件数量、型号在发放和组装时能完全匹配。对于食品、饮用水等对安全性要求较高的生活物资，借助射频识别技术，可快速准确地识别生产日期、类型，确保灾民安全放心使用。利用射频识别技术对救灾救助物资进行精准管理，实时了解物资的运输及分配情况，根据实际需要，对物资进行及时调配和分发。发挥顺丰、申通、中通等物流企业免费邮寄救灾物品作用。在这方面，日本的做法值得借鉴。日本地震灾害频发，政府在全国各地区的地震带上都设置了监测装置，24小时将信息实时传递到监控机构。在东日本大地震灾害发生后，日本更加重视"物联网+"地震自然灾害救助，打造了地面、高山、水中、空中"四位一体"的立体化的物联网防灾救灾救助综合体系。同时，信息技术及射频识别技术也被广泛地应用到预防地震的各个层面。日本气象厅利用网络技术实现"紧急地震迅速预报"，即把家庭、办公室的家电产品、房门等物品和互联网连接起来，由电脑自动控制，当地震计捕捉到震源的纵波以后，可以在3—5秒后发布紧急预报，系统接到紧急地震迅速预报以后，能即刻自动切断火源（一般来说，离震源数十千米至上百千米的地方地震横波大约30秒才到）。在灾难应急机构的要求下，手机都安装了GPS接收器，便于救援人员准确追踪到使用者位置。目前，在日本使用的手机，大约有30%可以由GPS追踪到。在救灾中使用射频识别技术，在避难的道路路面上贴上射频识别技术标签，避难者通过便携装置可以清楚地知道安全避难场所的具体位置；若有人被埋在废墟堆里不能动弹或呼救的话，内置射频识别技术标签的手机会告诉搜救人员被埋者所处具体位置，使搜救者能以最快速度展开营救。

七 重视全民参与救灾的时代趋势

最大限度地吸引社会公众参与灾害预警信息传播、受灾情况报送等工作。推广"互联网＋"远程医疗救助服务，提高救助率和人员生还率。在道路受阻、专家医生无法快速到达灾区现场进行施救的情况下，远程医疗会诊系统打破了空间限制，将后方宝贵的专家医疗资源及时传送到灾区一线，可以及时为灾区需要救护的灾民提供权威的医疗指导。远程医疗系统综合了现代通信技术、医疗影像技术、多媒体技术和网络传输技术，提供远距离医学信息和服务，具体包括远程诊断、远程会诊及护理、远程教育、远程医疗信息服务等所有医学活动。远程医疗系统，在业务层面，实现多媒体通信系统与医院医疗信息系统的对接；在功能层面，实现各联盟医院的视频、音频和数据以及医疗业务的互联互通；在应用层面，实现手术室、医疗培训室、诊治室、放射室等科室的全面互通。在救灾活动中，远程医学系统充分发挥了后方对前方的医疗支援作用。灾区各医院的远程医学卫星站点和医疗队的机动远程医疗装备，成功地进行了多例远程医疗会诊。远程医学系统还将灾区医疗救治的动态视频、音频信息等第一手资料，在第一时间直接传送到指挥组和前方军区抗震救灾指挥部，使抗震救灾指挥部门能够及时了解和掌握一线救治情况，发挥前后方医疗救治信息沟通和网上指挥协调的作用。

推广"互联网＋"金融平台服务，发布捐赠信息，便于民间捐赠，让捐赠资金和物品接受社会监督。依托互联网，利用视频监控及人脸识别快速搜索需要寻找的亲人。生命侦测仪是通过测试被探测者的呼吸运动或者移动来工作的。由于呼吸的频率较低，一般每分钟16次，就可以把呼吸运动和其他较高频率的运动区分开来。在汶川大地震搜救中，中国和世界各国的专家，利用生命探测仪进行探测，搜救出数万名被困的同胞。音频生命探测仪可探测以空气为载体的各种声波和以其他媒介为载体的振动，并将非目标的噪声波和其他生命探测仪背景干扰波过滤，进而迅速确定被困者的位置。高灵敏度的音频生命探测仪采用两级放大技术，探头内置频率放大器，接收频率范围为1—4000赫兹，主机收到目标信号后再次升级放大。它通过探测地下微弱的诸如被困者呻吟、呼喊、爬动、敲打等产生的音频声波和振动波，就可以判断生命是否存在。雷达生命探测仪通过检测人体生命活动所引起的各种微动，从这些微动中得到呼吸、心跳的有关信息，从而辨识有无生命。

八 积极推动大数据科研成果转化应用

积极推动"互联网+"自然灾害救助和"物联网+"自然灾害救助科学研究成果的实际应用。在这些方面，日本、欧美等部分科学研究成果的实际应用经验值得借鉴。2011年3月11日，日本东部海域突发了震级高达9级的强烈大地震。本次地震的破坏力极大，引发了大海啸和福岛核泄漏严重事件。大地震突发后，日本东京大学的科研团队开展了基于移动互联网的大数据挖掘科学研究工作，取得了很大成效[1]。这个团队建立了一个包含160万人的年度GPS移动轨迹数据库，据此，对东日本大地震和福岛核事故发生后的灾民移动、避难行为进行了建模、预测和模拟。研究了灾民从避难起点到终点的中长期避难行为路线、特点、逃离时间点分布、城市拥堵、灾民逃离灾区的不同距离、灾民回流时间和特征、受灾城市不同时间点的人口变化率。研究发现，大型灾难后的灾民避难行为通常是群体性的，并受到新闻舆论、行政命令、救灾措施、灾民的社会关系以及社交网络等多方面因素影响。瑞典斯德哥尔摩大学的科研人员也曾开展过大数据挖掘研究，研究团队收集了190万海地手机用户的移动数据，通过这些数据，分析2010年1月12日海地大地震发生后灾民的移动行为模式。研究人员精确地计算出了人们在灾后一个月内撤离到同一个省份的比例（85.5%）等数据，误差仅为0.85—1.6个百分点[2]。意大

---

[1] 参见宋轩《大数据下的灾难行为分析和城市应急管理》，《中国计算机学会通讯》2013年第8期。

[2] 吕欣：《大数据与自然灾害：基于手机的人类行为规律挖掘与行为预测》，博士学位论文，国防科学技术大学，2016年。

利、英国等国家的科研人员也开展过类似研究，科研团队基于移动互联网探究了阿尔卑斯山地震受灾人群的疏散时间、方向、距离、回流等课题。我国的国防科技大学、电子科技大学、国家减灾中心减灾和应急工程重点实验室等科研机构和团队目前也在积极挖掘基于移动互联网的自然灾害救助数据信息，自然灾害救助部门应重视诸如此类科研成果的转化应用。

九 建立自然灾害救助预警人力资源平台

重点培训、培养区县、乡镇和村级三级自然灾害救助部门工作人员。大数据挖掘技术是寻找涉灾数据资源前瞻性应用途径的重要工具。通过关联算法，有效识别和利用固态物理设备、移动终端及从各行业的海量传感器中提取的原始数据，需要专业能力和综合素质兼优的复合型从业队伍保驾护航。

第一，基于大数据灾害预警参与组织和个人的能力评估与结果验证，制订具有针对性的操作培训方案，并有效地协调监测团队，有利于避免具体灾害事件预警过程中人员不到位或能力不足的恶劣状况。

第二，通过建立嵌入大数据灾害管控平台的人力资源管理信息系统，全方位优化人员数据收集、处理、存储与分布流程，形成人才决策、协调、控制与分析的开放式管控机制，确保涉灾因素获取、审查、处理与传输全程的最优化。

概言之，互联网对自然灾害救助工作的影响是颠覆性的，救灾部门和人员应改变抵制、漠视、懒政等做法，深刻理解"互联网+"自然灾害救助工作大趋势，提高认识，加快推进多元化、社会化、全民化"互联网+、物联网+自然灾害救助"服务体系建设进程。

第三节 构建"互联网+"社会救助多方合作机制

政府和社会力量合作开展社会救助尤其是自然灾害救助是大势所趋，这将改变政府大包大揽的传统救助格局。在"互联网+"时代，互联网公司掌握了社会公众的家庭金融数据、消费数据、出行数据、健康数据、个体信息、心理特征、兴趣爱好等数据资源。这些数据能为政府开展社会救助业务提供有力支撑，为构建政府主导的多元化社会救助服务体系奠定了基础。为此，民政部门、社会救助经办机构、减灾部门应构建包括互联网公司、公益慈善机构、爱心人士、爱心企业和其他参与社会救助的组织在内的综合性的服务体系。

一　建立基层组织发现机制

（一）构建社会救助发现机制组织框架

探究建立村委会或社区、乡镇或街道两级社会救助项目主动发现机制的组织架构体系。建立相应的数据库，将动态化、常态化收集到的信息数据按照大众传媒、公益慈善组织、互联网公司、爱心企业、爱心人士、其他参与救助力量进行分类建库。在发现社会救助信息或线索后，立即做出救助决策。在社会救助发现机制组织框架中，设立由村委会或社区、乡镇或街道救助经办机构工作人员、社会工作者、爱心志愿者、城乡居民等参加的社会救助评估工作组，掌握社会救助对象群体的近况，第一时间实施救助。

（二）完善社会救助发现机制业务流程

评估及扶贫帮困工作组要对救助家庭和救助对象做好实情摸排，填写《实情摸排情况信息表》。若发现急需救助的贫困群体和家庭，应立即帮助对方申请相应的社会救助，并逐级上报。对暂时处于救助边缘的贫困群体和家庭，需要把他们列入重点发现群体和家庭数据库，跟踪记录对方信息。

（三）推进社会救助发现机制应急响应工作

各地区的乡镇、街道和区县一级社会救助经办机构和减灾机构应对扶贫帮困救助工作组发现并上报的救助家庭和群体进行快速甄别，第一时间处理完成审核等相应程序工作，将救助款物拨付到位。对超过救助上限的贫困群体和家庭可探索转给愿意提供救助的社会力量。扶贫帮困救助工作组要定期回访监测那些暂时不具备救助条件的贫困群体和家庭，若发现这些贫困群体和家庭满足条件，应立即启动快速响应机制，给予救助。

（四）建立社会救助发现机制多元化信息协作共享平台

整合城乡居民最低生活保障救助系统、居民家庭经济状况核对系统和自然灾害救助信息系统，建立包括大数据、卫生计生、人力资源和社会保障、住房和城乡建设、教育、残疾人联合会、红十字会、工会等社会救助部门在内的多部门信息协作共享平台，并吸纳互联网公司等掌握海量大数据的社会组织参与救助。通过社会救助申办平台，将救助供给资源和救助需求信息有效对接，开展精准救助。提高社会力量参与社会救助的积极性，探索政府采购服务、信任委托、业务承包等方式吸纳社会力量。激发社会工作者的服务优势，建立专业且多元的主动发现机制。吸纳居家养老服务中心、残疾人康复中心和日间照料站参与救助工作，并委托其采集贫困群体和家庭的基础信息和贫困信息，帮助收集困难家庭信息，扶贫帮困救助工作组开展评估。

二　构建互联网公司战略协作机制

积极培育引入互联网公司具有的强大的网络新基础设施资源。这些新基础设施可以归纳为云、网、端。云、网、端能对构建"互联网+"自然灾害救助体系起着重要的支撑作用。以云为例，截至目前，海南省、浙江省、贵州省、河南省、河北省、甘肃省、广东省、吉林省、天津市、宁夏回族自治区、新疆维吾尔自治区、广西壮族自治区12个省份已经利用阿里巴巴公司研发的大规模分布式计算系统（飞天技术平台）构建政务服务数字化平台，推动公共服务智慧化[①]。目前，在中国云基础设施供给领域的龙头企业有华为、中兴、SUN、浪潮电子、成都鹏博士、亚马逊、浙大网科、华东电脑、微软、思科、迈克菲、IBM、EMC、谷歌、华云数据、世纪互联、联想、东软、用友、中国移动、中国联通、中国电信。这些都是构建"互联网+"社会救助体系可以倚重的优势资源。

民政部门、社会救助经办机构和减灾部门可以和百度公司、腾讯公司、阿里巴巴公司、中国社会救助基金会、新浪微公益、壹基金等

[①] 国家药监总局也与阿里云建立了合作机制，实现了对境内每盒药品从生产、批发到配送、零售各个环节所有信息的完整记录与实时监管，药品流通效率极大提高。

互联网巨头、公益慈善机构建立战略合作关系，探究"互联网+"社会救助大数据库及"互联网+"社会救助指数的指标体系、统计口径、监测范围、业务分类、指标测算、数据编码等问题。利用这些互联网公司和社会组织的大数据，补充和完善政府拥有的社会救助大数据。充分发挥互联网公司在社会救助大数据挖掘利用、捐款、产品救灾、行为救灾、寻亲寻人等方面的服务作用，为政府制订精准救灾方案提供有力支撑。民政部门和社会救助经办机构应依据国家《关于积极推进"互联网+"行动的指导意见》和相关规定和规划，加大对互联网新基础设施资源的保护力度，提高社会救助工作效率。

第六章 "互联网+"社会救助典型范例

《社会救助暂行办法》第十章第五条规定强调了社会力量参与社会救助的作用、范围、机制、渠道、方式。在近年来的社会救助工作中，互联网公司以及其他社会力量参与社会救助的范围越来越宽，程度越来越深，作用越来越大，社会救助的成效得到了政府、社会公众的广泛认可。它们的作用和价值在自然灾害救助实践中体现得更加明显。在互联互通的网络时代，政府应积极探索改变原来的社会救助格局，吸纳更多的社会力量参与社会救助工作，这既是落实《社会救助暂行办法》立法规定与践行立法精神的需要，也是弘扬中国传统社会救助文化的需要。故本章特精选了"互联网+"自然灾害救助、"互联网+"社会救助众筹和"物联网+"社会救助三个方面的典型案例，以突出和彰显互联网公司以及其他社会力量参与社会救助的作用和价值。

第一节 "互联网+"雅安地震灾害救助[*]

2013年4月20日，四川省雅安市芦山县突发了7.0级强烈地震。截至4月24日，本次地震共造成196人死亡，21人失踪，11470人受伤。受灾人口达152万，受灾面积达12500平方千米。在地震灾害

---

[*] 本案例根据潘乱的《突发地震互联网公司该如何救援?》和丁傲西的《灾难当前，我们需要灾难救援平台》以及腾讯社会救助众筹平台等资料综合编写而成。感谢潘乱和丁傲西等作者的贡献。

第六章 "互联网+"社会救助典型范例 | 197

发生后，互联网公司、志愿者、社会组织等社会力量积极参与地震灾害救助工作。互联网公司充分发挥已经成熟的微博、微信等社交平台的作用，在灾情播报、辅助救援和通信联络等方面，有力地辅助了政府开展的自然灾害救助救援工作。

比汶川地震和玉树地震进步的是，当雅安地震突发时，我国的微博、微信等社交平台已经成熟①。截至 2016 年 4 月，仅腾讯微博的注册账户总数就已经达到了 5.4 亿，日均活跃用户数量超过了 2.6 亿。截至 2016 年 3 月末，微信平台的月均活跃用户已经达到了 5.49 亿，用户覆盖了 200 多个国家，使用的语言数超过了 20 种。各个品牌的微信公众号总数已经超过 800 万个，移动应用对接数量超过 8.5 万个，微信支付用户约为 4 亿。这些雄厚的网络基础资源和实战优势有力地支撑了互联网公司参与雅安地震救援救助工作，也为理论界研究大数据下的"互联网+"自然灾害救助的方式、领域、作用和经验提供了典型范例。互联网公司参与雅安地震救援救助工作的主要贡献有信息救助、善款救助、寻亲救助及电商物流和位置服务四个方面。

一　信息救助

在雅安地震突发后一小时内，互联网上发出的关于雅安发生强烈地震的微博信息条数超过了 1300 条。由于电话通信不畅，微信、微博、新闻客户端等移动互联网工具成为灾区与外界联系的重要"生命线"，它们在灾情播报、辅助救援和通信联络等方面发挥了极大的作用。

（一）灾情信息播发

4 月 20 日 8 时 3 分，即在雅安地震突发之时，四川省成都市高新减灾研究所（民间机构）使用自建的地震预警技术系统通过多终端同步发布预警信息。与此同时，中国地震台网通过新浪微博发布了地震

---

① 2008 年的汶川地震发生时，微博、微信公众号等还不存在，社会公众获取灾情信息的渠道主要是门户网站和传统媒体。人们对互联网公司的认识还比较模糊，对其在自然灾害救助中的作用未予认可。互联网公司的反应也很单一：捐钱。
2010 年 4 月 14 日，青海玉树地震发生时，新浪微博初露峥嵘，但是其影响力很微弱。社会公众获取灾情信息的主要渠道与 2008 年 4 月相比并没有发生太大变化，互联网公司的反应与 2008 年基本相同。2010 年，移动互联网还处于概念阶段，人们习惯的电脑网页访问方式并不是特别适合公共信息的快速发布与传播；移动互联网时代的微信尚未诞生。

自动测定信息，8时14分，发布正式测定的地震级别和震源深度，该信息在4小时内被转发的条数超过了10万条。8时16分，头条新闻网通过微博播发地震信息。20日上午，雅安地震高居新浪微博热门话题首位，微博总数高达几千万条，截至17时，微博总数超过了6400万条，其中，寻人微博信息总数超过231万条，报送平安的微博信息总数超过1008万条。根据中国地震台网监测数据，4月20日，该网发布的微博信息为99条，如果按照7天估算，共计发布的微博信息条数约为345条，累计转发量超过了56.2万次，曝光总数高达1.93亿次；该网的安卓版地震速报APP实时发送地震消息超过了1.74亿条。除微博外，移动新闻客户端也发挥了很大作用。在地震突发后10分钟内，搜狐新闻客户端就通过Push发布机制推送地震消息，15分钟后，便开通了雅安地震直播工作室，全面启动手机搜狐和新闻客户端，直播工作室最高在线人数超过了160万人。截至20日19时，留言信息总数超过了123万条，网络用户活跃度位居全国各大网络门户移动版首位（见表6-1）。

（二）求救信息播发

在雅安地震突发6分钟后，位于震中芦山县的个人微博用户"meaningless_批话多"发出了来自震区的首条信息，20日共计发出微博信息13条，向灾区以外传递自己家附近的灾害情况。个人微博用户"青衣江河畔"发布个人求助信息，20日8时47分，发布了"芦山发生地震，本人附近房屋大量坍塌，有人员伤亡，求支援！"信息。该信息受到社会各界高度关注。

在地震突发12分钟以后，芦山县居民娜娜通过微信向朋友圈发出求救信息："地震了，我们家的房子没了，快来救救我们，全村房子都垮了，我不知道这个信息发得出去不！如果你们看到就帮帮我们，我们的地址在四川雅安芦山县！帮帮我们！"某网友将该条信息转发到微博上，还向中国国际救援队发出微博救助娜娜的信息。数千万网友将该条信息迅速转发出去。

4月20日10点3分，网友"李之柱"通过微博发出了求助信息，称1000多位师生被困在雅安上里古镇。这条微博受到广泛关注，十

表6-1　　互联网新媒体参与雅安地震灾情信息播发

时间	信息传媒	信息内容
8时2分	成都高新减灾研究所	首条微博：成功提前28秒收到芦山8时2分48秒预警信息，成都烈度1.6度
8时3分	中国地震台网速报	发生地震地点是雅安雨城区附近，被新浪微博官方视为首条地震信息
8时4分	新浪微博@华西都市报	首条来自传统媒体的微博地震消息："成都地震了！！！！"
8时6分	《成都晚报》新浪微博	首发消息："地震了？吓死了"，被称为第一家发出地震消息的传统官方媒体
8时6分	新华社微博@新华视点	发出首条信息，内容引用了3分钟前的中国地震台网速报信息
8时7分	要致富走夜路	成都微博用户发出首条个人微博。内容是四川成都发生地震，震感强烈
8时8分	四川新闻中心	通过新华网微博账号@四川发布，在震后6分钟发出的首条政府地震快讯
8时8分	新华网	震后6分钟发快讯，内容是雅安5.9级地震，是最早发布地震消息的全国媒体
8时9分	人民网	发出首条雅安地震消息
8时12分	搜狐客户端	10分钟内发Push消息，15分钟后直播，手机搜狐和新闻客户端最高在线人数160万
8时13分	路透社	震后11分，西方最早快讯：Magnitude 7.0 quake strikes Szechuan region of china
8时14分	国家地震局	中国地震台网通过新浪微博发出了正式消息：四川省雅安市芦山县发生7.0级地震
8时20分	新华社	根据中国地震台网测定再次播发快讯，震级确定为7.0级，震中芦山县
8时20分	东方卫视	东方卫视8时20分发出首条口播，随后直播，是全国首家直播地震新闻卫星电视
8时33分	新华社	地震31分钟后，播发了首张地震现场照片
15时30分	《重庆晚报》《都市热线》	地震7个小时后，在车站、码头、步行街、轻轨、地铁站发首张地震号外《芦山挺住》
16时00分	《重庆晨报》号外	发行10万份以"震憾"为题的号外

几分钟后，雅安市雨城区应急指挥部舆情中心派出救援队员和车辆，转移了被困师生。12 时 14 分，"李之柱"发出微博信息："都安全了，车来了，谢谢大家！！！很感谢！！"

4 月 20 日 14 时 30 分，腾讯公司的"雅安地震救助"微信公众平台收到来自四川的求助信息："我们被困在了姚桥镇初级中学附属教师职工宿舍了，目前房子已经全部坍塌了，我女朋友不见踪影，求大家救救我们！"腾讯公司迅即播发，该信息以每分钟 100 条的速度爆炸增长。腾讯公司还开通了微信公众号"芦山地震救助"，关注度迅速超过了 12 万人次。腾讯公司调集人员甄别求救信息，并立即反馈与互动，两天内共收到有效求救信息 750 条，其中 14 条信息得到回复。互联网媒体参与雅安地震求救信息播发情况见表 6-2。

表 6-2　　互联网新媒体参与雅安地震求救信息播发情况

时间	信息传媒	信息内容
8 时 8 分	个人用户 meaningless_批话多	"我以为我要死了！震中肯定在芦山县！我家房子已垮！"是震中发出的首条微博
16 时 00 分	谷歌公司	上线了专项服务"谷歌寻人"，之后国内公司立即跟进

（三）救援救助信息播发

4 月 20 日 8 时 20 分，中国国际救援队发出了官方微博："如果您的手机有信号，那么请您快快告诉我们您的位置、震感和看到的破坏情况。"此后，成都军区开通了"雅安芦山抗震救灾"微博，第一时间播发救援信息。在黄金救援 72 小时内，该账号共发送微博信息 400 多条。另一个救援通报的官方账号"雅安市政务服务中心"不断地播发物资需求信息，例如，彩条布、雨具为重点；妇女用品、婴幼儿用品如奶粉、棉絮、防水布、食物如面包、压缩饼干、矿泉水、方便面、毯子、帐篷、手电、电池、发电机、收音机、药品等。由于雅安—芦山路段堵车严重，为确保救援军车、专业救援队伍车辆快速进入灾区。"雅安市政务服务中心"发出呼吁："亲们，理性救援，千万不要让拥堵造成救援悲剧!"恳请社会车辆及非专业救援人员服从现场公安交警指挥,不要盲目进入灾区。8时26分,中央电视台新闻频道口播首条地震信息,随即开通一系列连线及特别直播,播报了武警赶往震区救灾的实时画面。在地震灾害突发后,官方机构和互联网新媒体均通过微博传递救援救助信息,及时播发灾区现状、需要和救灾进展,对灾民进行心理疏导和精神慰藉,有力地辅助了政府开展灾害救援工作。

（四）舆论监督和谣言纠正

20日9时30分,四川省成都市某网友发布微博信息,呼吁从成都到雅安的高速公路免费。在随后不到一个小时内,该信息被网友转发总量超过了几万次。10时41分,成都市到雅安市的高速公路沿线收费站便全部取消收费,直接抬杆放行。之后,取消收费的还有成都市—温江区—邛崃市的成温邛高速公路以及从雅安市到凉山州的雅西高速公路。4月22日,有网友在微博上发出了河南省某高速公路向来自山东省某运送救灾药品的车队收取高速公路费的信息,此信息迅速在网上爆炸式传播,网友纷纷对收费站口诛笔伐。

在地震突发后不久,微博上盛传一则信息:"一个叫徐敬的女孩请速回雅安水城县人民医院,妈妈伤得很严重,想见她最后一面,爸爸号码:1519338××××。"有的网友经过查证后发布辟谣微博,揭露该号码为诈骗电话。网友和爱心组织还监督此前公信力遭受质疑的中国红十字总会的救灾行为,网友"明发滨江新城社区"发评论指出:"请按照国际红十字会的制度和规范运作,公开透明慈善。"或许真正道出了网民心声。《人民日报》则挑选三名志愿者监督中国红十字总会的救灾善款使用,并在官方微博上发布监督结果。此外,社交网络上的谣言也比平日少了很多,微博的自净功能空前达到最优化。例如,《新快报》记者刘虎在微博中发布虚假的灾区图片,很多博主迅速将其删除,大量微博用户也参与声讨和举报行动。

二 善款救助

在地震突发后,全国各大互联网公司迅速做出反应,其速度超过了一直是灾害救助救援主力的国有企业。腾讯公司在地震突发3个小时后立即启动立体化的救灾机制,紧急向灾区捐赠500万元首批善款。金山公司、百度公司、阿里巴巴公司等互联网公司随即陆续发出捐款和承担各种责任的承诺。为了迅速筹集善款,互联网公司创新了筹集善款的方式。例如,阿里巴巴公司开通支付宝网络募捐平台,新浪网开通微公益网络筹资平台,腾讯公司开通财付通筹款平台,百度公司与壹基金联手开通筹集善款公益平台。其中,阿里巴巴公司的支付宝捐赠平台开通时间为20日12点,是全国第一个上线的网络救灾产品,爱心网友可通过电脑或者移动电话在线捐赠。截至5月12日23时,入驻支付宝雅安地震捐赠平台的公益基金共计12家,参与捐赠的爱心网友达45.5万人次,募集的善款总额高达3160万元。截至23日16时,新浪微公益众筹平台协助发起了37个筹资项目,募资总额超过了1亿元。大众点评网开通了"爱心团捐"通道,截至4月25日共募集善款67万元,参与捐款的爱心网友总数达17万人次。爱德基金会、中华社会救助基金会等知名公益慈善机构也都通过网络众筹平台募捐。腾讯公司开通了首个面向海外的募捐平台,维萨卡和万事达卡持有者可以通过财付通平台在线捐赠。此外,韩国三星中国公司共捐赠6000万元人民币,美国苹果公司共捐赠5000万元人民币,我国台湾地区富士康科技公司共捐赠5000万元人民币,是雅安地震救灾中捐款额最高的三家科技企业。

三 寻亲救助

在寻亲寻人救助中,各大互联网公司表现出了值得称赞的高姿态,开拓创新,务实合作。20日16时,谷歌公司上线了寻人服务产品。此后,搜狐公司、百度公司、新浪公司、腾讯公司、一淘公司、奇虎360公司等互联网公司也都推出纷纷网络寻亲寻人服务。新浪微博上线了"雅安寻人"微话题;腾讯公司开通了"雅安地震救助"微信公众号,作为雅安地震救助信息播发平台;360公司推出了"地震寻人"服务。归纳而言,各个互联网救助平台推出的在线服务主要是"我要寻人""我要报平安""我要救援"。首个寻亲寻人救助成功案例是手机尾号3548的孟姓寻亲者向搜狐公司的寻亲寻人平台网络发出求救其父母信息,搜狐公司立即与灾区救援队取得联系,20日

23时，该寻亲者的父母被安全救出。

其实，在寻亲寻人网络救助平台搭建之初，各个互联网公司并没有建立互联互通合作机制。在虎嗅网等业内新媒体和周鸿祎等行业领袖的力促下，信息共享和互通机制才建立起来。截至22日12时，国内主要互联网公司的寻亲寻人平台和数据均全部开放。14时，谷歌公司向符合寻亲寻人信息交换格式的360公司和搜狗公司开放了应用程序编程接口。此后，各大互联网公司信息平台和数据资源实现了互通共享。其实，各大互联网公司在竞争中建立起合作机制确实不易，但是，为了救灾寻人，各个公司为此也付出了很大代价。

从合作机制发展历程中可知各大互联网公司的高风亮节。20日16时，谷歌公司推出在线寻人服务。该服务基于谷歌APP引擎服务，在中国访问此项服务并不顺畅。可是，谷歌公司为了寻亲救人则出人意料地推出了简体中文版。这在业内产生了不小的影响。当晚，搜狐公司、360公司、一淘公司、新浪公司、腾讯公司、百度公司都推出网络寻亲寻人服务。新浪公司和腾讯公司整合了微博、微信寻人信息资源；百度公司依托贴吧信息资源；另外一些互联网公司则采用与谷歌公司寻亲寻人类似的可扩展标记语言数据结构。不过，这也引发了一个问题，即寻亲寻人救助平台较多，网络用户究竟该登录哪一个救助平台发送平安信息和发布寻亲寻人信息呢？这种困境在2005年8月美国的卡特里娜飓风灾害中也出现过，当时全美国的寻亲寻人网络平台约有25个，人们曾因不知道还选择哪一个平台而苦恼过，为此，美国互联网行业公司开发了网上寻人信息格式，该格式适用于不同国家、地区和不同信仰族群。2010年1月12日海地地震发生后，谷歌公司后来便将这种网上寻人信息格式推广到该灾害救助中。

21日15时，虎嗅网呼吁各大互联网寻亲寻人平台统一使用网上寻人信息格式，以利于信息共享。17时，360公司首先采用网上寻人信息格式，公司董事长周鸿祎提出与百度公司、搜狐公司联合构建统一格式。搜狗公司首席执行官王小川、一淘网负责人、新浪副总裁褚达晨等推出寻亲寻人救助服务平台的互联网公司负责人纷纷表态开放公司的寻亲寻人救助服务平台数据。

4月22日上午,百度公司推出了"全网寻人"平台,聚合了将多家寻亲寻人救助服务网络产品。

可喜的是,在突发自然灾害时,各大互联网公司放弃竞争,充分发挥自己的优势,基于公开协议和共享数据,参与自然灾害救助。具有代表性的范例是:在信息发布方面,微博、微信、门户网站等新媒体工具与传统媒体默契配合;在募集善款方面,阿里巴巴公司的支付宝和腾讯公司的"财付通"将爱心人士、公益慈善组织、受灾群体连接到一起;在位置服务方面,高德地图、谷歌地图、百度地图等推出动态灾区地图产品;在寻亲寻人救助平台方面,各大互联网公司均采用网上寻人信息格式,统一了后台数据。概言之,互联网公司切实践行了社会责任。

四 电商物流和位置服务

在得知雅安地震信息后,腾讯电商控股公司迅速购买灾区最需要的大米、食用油、棉被。在与中粮集团有限公司沟通后从当地仓库紧急调拨15吨大米和1000桶食用油,并自行采购了500床棉被。为了确保救灾物资顺利抵达灾区,腾讯电商控股公司旗下的易迅成都公司迅速调集人手,打通了进入灾区的手续,并开通了一日三送的物流服务。21日,便把15吨东北大米、5升装菜籽油1000桶、10000平方米防雨布及500床棉被运抵灾区。京东公司和凡客公司等爱心网络公司也积极开展了此类电商物流救助工作。

在雅安地震灾害救助中,国内很多民营物流公司也都积极参与应急物流行动,免费寄送救灾物品,顺丰、申通、圆通、中通、韵达、全峰等民营快递企业,以及德邦物流、安能物流、传化公路港等干线运输企业,均借助自身优势为爱心个人和组织免费邮寄救灾物品。

在位置服务方面,爱心互联网公司积极推出系列最新服务。其中高德公司的雅安专项位置服务独具特色。21日18时,高德公司开通了雅安地震救灾专项导航服务,汇聚了最新救助工作站(点)信息,帮助救助救援组织及时将灾民送到最近的救助工作站(点)。高德公司还提供了行车公告和位置分享服务,信息发送者可用短信将自己所在的地理位置发出,信息接收者不需要互联网,打开短信后即可自动在高德导航客户端上定位位置。高德公司在短短的 34 小时内便推出专用导航服务，并设置了即时更新与升级端口。从技术产品角度评价，专用导航服务可以称为高德公司奉献的最具含金量的公益服务。

五 总结与启示

应充分发挥互联网公司在自然灾害救助救援中的重要作用，构建政府主导的多元化救灾体系。在我国自然灾害救助发展史上，民政部门、减灾部门、红十字会等政府机构、社会救助团体、国有企业等组织是救灾的主力军。现如今，互联网产业崛起，上述官办性质的组织不再是我国自然灾害救助的唯一力量。在本次的雅安地震救助中，互联网公司发挥了不可替代的重要作用。百度公司、360 公司、谷歌公司、新浪公司、搜狗公司、腾讯公司等知名互联网公司无论在线上还是在线下都踊跃参与救助。这些互联网公司的救灾经验值得总结，作用应予肯定。有的网络服务项目得以保留至今。例如，走失人口的寻人平台、失物招领等服务项目。所以，我国应构建以政府、官办性质的公益慈善组织为主导的，互联网公司、爱心社会组织和爱心志愿者参与的多元化自然灾害救助服务体系。

发展物联网服务体系，建立应用信息跟踪技术体系，跟踪和反馈爱心人士和社会组织捐赠的财物去向。政府应建立互联网技术和物联网技术支撑的款物跟踪信息技术系统，让爱心人士和爱心社会组织了解捐赠的财物究竟到了哪个村庄和哪些灾民手中，善款购买了药品还是帐篷，购买了被褥还是矿泉水。这既是对爱心人士和社会组织的激励，也是对那些拟参与捐赠的爱心人士和社会组织的保证。

发挥微信、微博和客户端的作用，促进信息资源自由化互联互通。健全社交媒体在救灾中的知识普及、谣言纠正、舆论监督、信息汇聚、寻人寻亲、新闻传播等服务体系，让爱心人士、社会组织以及其他网络用户践行社会责任。

政府应引导互联网公司构建灾难救援平台。在雅安地震救助中，互联网公司的贡献应予肯定，但是，"互联网+"灾害救助也存在一些局限性和突出问题。

例如，互联网公司仓促推出寻人服务，但是，实际效果并不理想。在 2014 年的鲁甸地震救助中，互联网公司不再推出寻人服务。互联网公司也不关注灾难救援平台建设，导致灾民求助渠道有限。一个表现是忽视了微博局限性。灾民发出的求助信息通常只有在微博大 V 转发后才被人真正关注。可是，大 V 转发量过大也会带来麻烦。在雅安地震救助中，大量爱心人士和组织一窝蜂涌进灾区，导致通往灾区的道路被堵，大量专业救援队伍、解放军救援装备无法在第一时间进入灾区。如果求助信息没有被微博大 V 转发，则会出现救助失衡问题，雅安地震突发后，各大媒体纷纷报道芦山县和宝兴县，结果导致大量救援物资过剩。而同为重灾区的天全县却无人知晓。直到第 4 天才有媒体关注到天全县灾情。

因此，国家应建立统一的灾难救援平台，通过公安系统校验人名和身份证信息，通过电信运营商获得精确的灾民求助位置信息。从技术层面设计"紧急求助"功能，将求助信息分类划归到不同微博号，例如，雅安地区的网友登录"雅安帮助"微博号。求助信息只要没有得到解决就会一直保留在微博上，这样，可确保微博求助信息不会被湮灭在海量的普通微博信息中。

第二节 "互联网＋"社会救助众筹

众筹的含义是指筹资主体面向社会公众募集资金，公众捐赠的金额大小不等。有的是定额捐赠，通常是月捐；有的是不定额捐赠，捐赠金额随意，上不封顶。"互联网＋"众筹是指在互联网上发布筹款项目以募集资金的方式。"互联网＋"社会救助众筹是指开展社会救助活动的主体为募集善款而采取的开放式网络筹资方式。开展社会救助活动的主体，既可以是公募机构、非公募机构，也可以是自然人。前两者基本都是从事公益慈善事业的机构；后者多是突遭意外事故急需救助资金的自然人。目前，我国有多家公益慈善机构都开通了"互联网＋"社会救助众筹平台。例如，腾讯公益慈善基金会、中国红十字基金会、中国扶贫基金会、壹基金、嫣然基金会、阿里巴巴蚂蚁金服、招商银行网通月捐平台、新浪微公益、京东公益、百度公益中心、爱德基金会。其中，设立最早、规模最大、成效最显著的互联网企业众筹平台当属腾讯公司创建的腾讯社会救助互联网众筹平台，其开创的运行策略和激励机制值得借鉴。

一 互联网众筹平台

腾讯社会救助互联网众筹平台是腾讯公司旗下的腾讯公益慈善基金会为参与社会救助开通的开放式互联网筹资平台。腾讯社会救助互联网众筹平台是目前中国最大的互联网公益平台。腾讯基金会创建于2007年6月，是民政部批准设立的全国性非公募基金会，也是全国首家由互联网公司创办的公益慈善基金会。

腾讯基金会旨在推动"互联网+"社会救助事业的深度融合与发展，至今已创设了互联网众筹平台、乐捐众筹计划、月捐众筹计划、微爱众筹计划等新兴互联网产品，聚合了亿万爱心网友参与社会救助众筹项目。腾讯基金会还通过"为村"平台、立体救灾、筑德基金等项目，在农村特困扶贫和灾害救灾等多个领域，长期探索"互联网+"社会救助事业融合发展。如今腾讯社会救助互联网众筹平台已成为全国最大的互联网公益慈善生态开放平台。截至2016年8月17日17时15分，腾讯社会救助互联网众筹平台筹集的社会救助总额超过了11.33亿元。

腾讯基金会还与全球首家"互联网+"医疗救助众筹平台——美国Watsi众筹平台合作。截至2016年8月14日，Watsi公司通过腾讯社会救助互联网众筹平台募集的医疗救助资金额达360万元，参与众筹的爱心网友人数超过了65万人。

二 互联网众筹项目

腾讯社会救助互联网众筹平台设置的计划和项目主要有月捐、乐捐、微爱、为村、筑德基金、存在、益行家。其中，乐捐和月捐两种新兴的互联网众筹方式颇具亮点。同时，为了实现社会救助互联网众筹目标，腾讯基金会建立健全了激励机制、诚信机制、资金支付安全以及技术安全保障措施，构建了一整套保障制度体系。

(一) 乐捐众筹项目

乐捐众筹项目是腾讯基金会开发的社会救助项目自主发布平台。它包括众筹项目的发起、众筹行动、在线互动回应等板块。在乐捐众筹项目中，通过实名认证的社会自然人、公募机构以及非公募机构均可以自主发起设立众筹项目，在获得腾讯基金会审核通过后，就可以开展互联网众筹活动，但是，需要及时反馈众筹项目的执行情况和进度，以接受社会各界的监督。参与众筹项目的爱心网友和组织可在互联网众筹平台上任意选择需要救助的项目，通过财付通等互联网支付或渠道，参与众筹捐款，金额随意。

社会个体或公益慈善组织若想通过乐捐众筹平台筹集社会救助资金，需按照以下流程进行操作：

第一，众筹主体信息认证注册。众筹主体登录乐捐首页的 QQ 号后直接点击"发起项目"，进入认证注册页面。若是非公募机构（包含但不限于民间公益组织、高校社团、公益企业、国外非营利组织、基金会下设机构）或者公募机构，则需点击乐捐首页相应的"注册"按钮，之后按提示逐步注册，审核时间是 5 个工作日。若是个人用户，则需点击首页"实名认证"，即时提交，即时通过。无论是非公募机构还是公募机构，在注册信息审核期间，均不影响其发起众筹项目，等审核通过后，腾讯基金会把审核结果发送到众筹项目申请者的 QQ 信箱中。

第二，众筹项目发布。认证通过后，即可依提示填写信息并提交申请，审核期为 10 个工作日。

第三，众筹项目审核。乐捐众筹平台需审核自然人或者非公募机构发布的众筹项目的真实性、众筹项目设计以及可执行性。公募机构发布的众筹项目则在图文被确认无误后即可直接筹资。

第四，在线众筹善款。众筹方在筹集善款过程中，如果同时开展了救助行动，可以根据救助情况调整进度。社会自然人或者非公募机构两者开展的众筹项目在筹款结束后，众筹项目的执行者必须填写为其提供支撑的公募机构出具的众筹项目协议书。公募机构在接收到众筹项目执行者返回的众筹项目协议书之后，在公示时间内将善款拨付给众筹项目的发起方。一般是在收到众筹项目协议书之后的几个工作日内（有的是5个工作日）。

第五，实际支付众筹善款。网上筹款结束后，救助机构必须将筹集的善款实际拨付给救助对象。众筹项目执行方必须按照之前公示的众筹方案切实推进，并依实际情况调整执行进度。

第六，众筹项目结项。救助工作完成后，众筹项目的发起方、项目的执行方和公募机构三方编写结项报告，详细记载众筹项目开展的全过程和款物明细，将其公示在网上，供爱心网友查阅和监督。

为了保障乐捐众筹项目的安全性和公信力，腾讯基金会特制定了基本的审核标准：

（1）众筹项目和救助对象情况必须真实准确，不得涉及暴力恐怖、颠覆党和国家政权、影响社会和谐稳定的内容。

（2）众筹项目的书写内容应具体详细，语句通顺，含义明晰；图片质量符合网络技术要求。

（3）众筹项目应具有可操作性，项目周期、救助地区、救助方式等都应清楚明了。

（4）众筹项目全过程和结果应公示，接受爱心网友和社会监督。

（5）众筹项目不得涉及营利性商业行为和非公益慈善性质的炒作行为。

在实施限制性做法的同时，腾讯社会救助互联网众筹平台也制定了优先支持措施。一是已经在腾讯社会救助互联网众筹平台上成功注册的公募机构开展的高质量救助项目。二是众筹主体开展的具有一定创新性的社会救助项目。三是众筹主体开展的已被大众媒体报道过且社会影响良好的项目。四是自然人开展的社会救助众筹项目，但必须已获至少一家社会公信力高的公益慈善组织推荐的项目。五是面向16周岁以下贫困家庭开展救助活动的大病儿童项目。

腾讯社会救助互联网众筹平台对善款的拨付也做了规定。筹资环节结束后，应立即将善款拨付给救助对象。如果众筹项目的发起方是公募机构，善款必须直接归入公募机构的"财付通"账户。如果众筹项目发起方是自然人或者非公募机构，则接收救助款的公募机构和众筹项目发起方确认后拨付资金。例如，中华少年儿童慈善救助基金会在救助款筹集过程结束后，如果有需要紧急救助的少年儿童，则中华少年儿童救助基金会在同救助医疗机构核对确认之后1—3个工作日内将善款拨付到位。

截至2016年8月14日，腾讯互联网乐捐众筹平台共计完成4350个救助众筹项目，正在募集资金的众筹项目有2893个，正在落实中的救助项目7864个。

（二）月捐众筹项目

月捐众筹项目是腾讯基金会与那些旨在募集社会救助善款的公益慈善组织合作，面向自然人爱心网友开通的一种新型互联网众筹方式和平台。爱心网友可在线选择拟捐款的社会救助项目，通过"财付通"等支付工具参与众筹项目。

爱心网友在参与众筹捐款之前，需要和腾讯基金会签署"财付通"委托扣款协议书，"财付通"是腾讯公司自行开发的在线支付工具，按月自动从爱心网友的"财付通"账户中定期定额扣款，目前是每个月10元。为了保障爱心网友善款安全，腾讯基金会制定了严格的规范和评审标准，审核月捐项目和筹款的公益慈善机构。

目前，月捐众筹平台开通了两种捐款方式：一是微信支付。爱心网友参与众筹捐款的一般流程是：微信→钱包→腾讯公益"每月一捐"。选择想要捐款的项目或者直接进入月捐项目的捐款页面，定额捐赠时需签订微信支付委托代扣协议，之后方可进行第一个月捐款，每个月的捐款记录都可在微信端腾讯公益个人中心查询。所捐赠的善款通过腾讯在线微信支付平台即刻入账，也就是说，爱心网友捐赠的救助资金已进入公募账号。二是爱心义卖支付。发起社会救助项目的公益慈善机构把自己筹集到的那些具有特殊价值和意义的物品放入拍拍店铺进行在线拍卖，所得善款则将进入公益慈善机构开设的公共账户，之后用于社会救助项目。

（三）微爱众筹计划

微爱众筹计划是腾讯基金会支持从事社会救助事业的公益慈善机构设立的成长计划。目的是辅助公益慈善机构、参与救助的企业、从事救助事业的明星、爱心网友以及参与公益慈善志愿者，推动社会救助事业健康成长。截至 2016 年 8 月 18 日，微爱众筹计划累计向各类从事和参与社会救助事业的组织、个人发放救助资金 494 万元，参与微爱众筹计划的人数累计已达到 459 万人次，辅助的救助项目遍及全国。微爱众筹计划免费提供 QQ 群、微空间、广告、搜索等在线产品服务。

1. 微爱开放平台

微爱开放平台主要服务于在腾讯救助互联网众筹平台上注册且旨在运用网络服务、虚拟产品和新媒体资源开展社会救助的公益慈善机构。目前微爱开放平台服务产品的具体情况见表 6－3。

表 6－3　　　　　　　　微爱开放平台服务产品

在线产品	功能描述	申请条件
公益超级群	免费，支持 1 个号码多个超级群，500 人在线即时沟通，并提供贴心专属公益定制功能	公益指数≥5
公益邮箱	免费，无须硬件及维护费用，多方式提高效率，多终端随时随地接入，顶级安全保障	公益指数≥5
公益微空间	免费，在腾讯微博提供可定制的公益空间，与 6 亿网友和相关公益机构灵活互动	公益指数≥2
认证空间	免费，在 QQ 空间提供公益机构专属认证空间，与微博、筑力计划社区等产品深度整合	公益指数≥2
SOSO 整合搜索	免费，海量用户通过搜索直达公益机构网站，展示机构详细信息、筹款账号、官方微博	公益指数≥5
企业 QQ	免费，可用于客服和组织管理，25 万好友支持，一号多人管理等功能	公益指数≥15
广告资源	免费，帮助制作宣传广告、自助式广告投放系统、效果优化、完整效果分析报告	公益指数≥20

2. 微爱公益智库

（1）建立救助事业导师推荐机制和辅助措施，帮助从事社会救助事业的公益慈善机构了解微爱辅助计划和微爱成长机制，提高其运营能力。

（2）开通在线培训平台，为开展社会救助活动的公益慈善机构在线培训从业人员。

（3）开展业务交流活动，每个自然年度开展一次到两次全国性的行业交流活动。

3. 微爱成长计划

（1）申请条件。微爱成长计划的申请者必须是已通过微博认证或QQ空间认证的非公募基金会、民办非企业单位、社会团体以及挂靠在各个基金会的公益慈善救助机构。

（2）评选指标和标准。应具有比较强烈的参与意愿并有基本的新媒体运营传播经验；应基本完成组织内部建设并逐步开始重点自身能力建设与社会交流；应具有创新可持续发展并备受关注的救助项目；应能在新媒体计划和产品方面发挥行业引领作用。

（3）微爱成长计划的支持政策。一方面提供资金支持。一般入选项目可获3万—5万元扶助资金，优秀入选项目可获10万—20万元扶助资金。另一方面提供资源支持。微爱救助平台给予网络服务、虚拟产品、公益智库、网络推广等多资源扶助。

（4）申报流程。微爱救助平台全年接受申请注册，凡是成功注册并通过微博、QQ空间认证后就可以在线提交申请，5个工作日内回复。

申请人需要选择一个由微爱成长计划提供的导师（一般是优秀救助机构），导师的职责是为申请人在加入微爱、众筹善款、签订合同、项目监督等环节提供指导。所有入选机构都必须参加网络竞播，如果在竞播期间的分享量和转播量排名进入前50%，则可获5万元奖金；若排在后50%，也可获3万元奖金。同时，微爱救助平台也建立了约束措施，即入选机构需要提供符合要求的新媒体传播物。介质形式有两类：一类是视频类介质，如微电影、Flash动画、纪实性宣传视频，内容可以是宣传公益慈善机构、救助项目、救助文化、救助作品等。另一类是使用一系列项目图片进行报道或者采取图片、文字结合的方式报道救助项目，内容可以是公益慈善机构救助的特困弱势人群、救助工作以及可读性强的救助故事。

4. 年度微爱明星

凡是参与年度微爱明星评选的单位必须是参与微爱成长计划的社会救助经办机构。关键指标是在线传播效果、全年善款筹集总额、行业专家评估、导师团评价。微爱明星将获10万—20万元的扶持资金。

5. 微爱校园计划

支持具有创新性和可持续发展优势的高校公益慈善社团与项目。微爱众筹计划为入选的公益慈善救助项目提供2000—4000元奖励金。还从年度公益慈善救助项目中筛选部分优秀项目,每个项目奖励不高于两万元的扶助资金。在项目筛选上,侧重以下两类项目:一类是内容或运作方式具有创新性的公益慈善项目,此类项目的输出成果应是使用视频传播公益慈善文化或者宣传具有感人性的救助故事。另一类是符合公益慈善救助技术发展趋势的电脑端或者移动智能手机端的公益应用项目。为激励高校社团还设立了共享激励机制,社团可在腾讯微博和QQ空间中传播或者共享公益慈善项目,如果传播或者共享数量进入前50%,则该项目可获4000元奖励金;即使排在后50%的项目,也可获2000元奖励金。微爱众筹计划不定期举办全国性行业经验交流会,邀请救助业绩突出的高校社团和团队成员参加腾讯基金会年度公益慈善盛典。开放腾讯平台为高校社团提供项目介绍宣传服务,编撰高质量的公益慈善救助文集并公开出版。

三 网络众筹实效

(一) 灾害救助和特困救助众筹

仅2008—2013年,全国各大公益慈善组织通过腾讯社会救助互联网众筹平台募集的社会救助资金总额就高达5371万元。其中,壹基金的筹资额为3981万元,腾讯网友爱心基金的筹资额为1186万元,中国扶贫基金会的筹资额为143万元,中国红十字基金会的筹资额为122万元,中国儿童少年基金会的筹资额为19万元,爱德基金会筹集的资金额为5.8万元,嫣然天使基金筹集的资金额为3.8万元;四川省青少年发展基金会筹集的资金额为3.7万元,中华社会救助基金会的筹资额为2.7万元,中国妇女发展基金会的筹资额为1.9

万元，中国青少年发展基金会的筹资额为 4.8 万元，广东省志愿者事业发展基金会的筹资额为 6.4 万元。2014 年至今，腾讯社会救助互联网众筹平台募集的社会救助资金总额再创历史新高，在最低生活保障救助、灾害救助、特困救助、救急难、大病医疗救助、教育助学救助等领域都做出了重要贡献。

1. 已结束的灾害救助和特困救助众筹项目

按照参与社会救助众筹项目人数从多到少排序，前 20 个众筹项目的参与总人数超过了 231 万人次，众筹资金总额超过了 6840 万元。从众筹时间结构来看，众筹项目的筹资时间有长有短。有的众筹项目的筹资时间短暂，但筹资额却很高。例如，救助消防员烈士家属项目的筹资只有一天，筹资额竟高达 103 万元；芦山地震的日筹资额高达 273860 元；鲁甸地震的日筹资额高达 191135 元；尼泊尔和西藏地震的日筹资额高达 250204 元。这表明互联网众筹平台具有筹资速度快、能力强、参与人数多等明显优势（见表 6-4）。

表 6-4　　　　已结束的灾害救助和特困救助众筹项目
（参与众筹人数前 20 名）

救助项目	筹款时间	众筹执行方	救助款（元）	捐款人数（人次）
空巢老人	2016 年 1 月 8 日至 2 月 19 日	中华社会救助基金会	1147409.20	519610
芦山地震	2013 年 4 月 20 日至 6 月 17 日	壹基金	15610029.8	352972
汶川地震	2008 年 6 月 6 日至 2011 年 1 月 18 日	深圳壹基金公益基金会	23768284.00	321951
旱区儿童	2010 年 3 月 24 日至 7 月 8 日	中国儿童少年基金会	5144253.50	316848
玉树地震	2010 年 4 月 14 日至 7 月 8 日	中国儿童少年基金会	6579841.00	153273
抗战老兵补贴	2013 年 11 月 8 日至 2014 年 9 月 1 日	云南青基会	1808118.04	124553

续表

救助项目	筹款时间	众筹执行方	救助款（元）	捐款人数（人次）
鲁甸地震	2014年8月3—19日	爱德基金会	3058163.28	107136
留守老人	2013年12月26日至2014年1月15日	中华社会救助基金会	1796874.65	81197
山区儿童送新衣服	2013年7月29日至2014年2月15日	新年新衣	1072231.62	49821
尼泊尔及西藏地震	2015年4月25日至5月5日	中国扶贫基金会	2502040.93	35137
贫困地区学生厨房	2015年5月14日至8月14日	中国下一代教育基金会	837200.78	31422
消防员烈士家属	2015年8月13—14日	中国少儿文化艺术基金会	2002681.43	29829
缺水地区水窖	2015年6月2—12日	中国妇女发展基金会	274196.67	28298
失学女童	2008年6月19日至2011年4月20日	中国儿童少年基金会	176297.94	27526
城市环卫工	2016年4月15—23日	高山	389177.92	27265
消防员烈士家属	2015年8月1—13日	中华思源工程扶贫基金会	1023576.68	23272
灾区儿童	2008年6月13日至2009年3月23日	中国儿童少年基金会	181680.63	22711
春节送妈妈红包	2015年2月12日至3月27日	中国妇女发展基金会	480583.05	20252
早产双胞胎急救	2015年12月11日至2016年2月1日	郑州市爱馨社工服务中心	235726.80	20084
新春走访慰问	2015年12月7日至2016年2月1日	宁夏义工联合会	313174.78	19178

2. 执行中的灾害救助和特困救助众筹项目

按照参与社会救助众筹项目人数从多到少排序，前20个众筹项目的参与总人数超过了1636万人次，众筹资金总额超过了5567万元。有些众筹项目的日均筹资额很高，例如，光脚儿童脱光计划的日均筹资额为361669元，日均参与捐款人数为10448人次。鲁甸地震、尼泊尔和西藏地震两个众筹项目的日均筹资额也都非常高，分别超过了46万元和40万元（见表6-5）。

表6-5　　执行中的灾害救助和特困救助众筹项目
（参与众筹人数前20名）

救助项目	筹款时间	众筹执行方	救助款（元）	捐款人数（人次）
贫困儿童营养改善	2016年5月13日至8月13日	安利公益基金会	7953883.64	5407342
非洲儿童饥饿	2015年3月17日至2016年6月30日	无锡灵山慈善基金会	5915773.82	3163755
先天性心脏病	2016年2月1日至5月1日	南平市慈善总会	3022869.61	1435515
缺水地区送甘泉	2016年4月26日至7月26日	中国妇女发展基金会	2000044.76	1330881
助力女性创业发展	2016年2月1日至5月1日	中国妇女发展基金会	3005650.90	1031496
海南缺水地区发展	2015年11月26日至2016年2月26日	海航集团社会责任部	2699997.09	934086
加纳女童免费午餐	2015年12月14日至2016年3月14日	海航集团社会责任部	2000002.28	684939
贫困地孩子洁净水	2016年1月29日至4月29日	中国妇女发展基金会	1500355.58	518484
缺水地区送洁净水	2016年2月1日至5月1日	中国妇女发展基金会	1000680.87	338301
越战老兵拍纪录片	2016年3月16日至6月16日	殷伟	23495.98	207564

续表

救助项目	筹款时间	众筹执行方	救助款（元）	捐款人数（人次）
高原贫寒家庭过冬	2015年8月25日至2016年3月31日	中国妇女发展基金会	1400200.51	196554
妈妈手工艺合作社	2015年8月18日至12月7日	中国妇女发展基金会	1033540.61	182169
鲁甸地震	2014年8月3—19日	壹基金	8322815.56	165790
埃博拉疫区儿童	2014年10月16日至2015年1月16日	世界粮食署（中国办公室）	1604424.73	159927
母亲邮包	2016年1月11日至4月11日	中国妇女发展基金会	408274.40	146138
光脚儿童脱光计划	2015年11月5—16日	中国扶贫基金会	4340034.44	125377
高原娃娃蓄水池	2015年11月17日至2016年6月30日	益童（孤儿）成长中心	510225.85	94202
尼泊尔和西藏地震	2015年4月25日至5月10日	壹基金	6469117.42	92471
乡村女教师乳腺癌	2015年8月27日至11月27日	芭莎公益慈善基金	256142.15	74622
血友病儿童救助	2015年8月25日至2016年5月23日	中国妇女发展基金会	2201045.35	70129

3. 募集中的灾害救助和特困救助众筹项目

按照参与社会救助众筹项目人数从多到少排序，前20个众筹项目的参与总人数超过了1732万人次，众筹资金总额超过了6139万元。由于这些众筹项目筹款时间尚未结束，最终的筹资额还会增加。截至2016年8月16日，在这20个众筹项目中，筹资额已经超过1000万元的项目有2个，占10%；超过100万元的项目有10个，占50%。其他众筹项目的筹资额也都达到了25万元。从参与众筹项目的爱心网友数量来看，有9个项目的参与人数超过了10万人次，占45%（见表6-6）。

表6-6 募集中的灾害救助和特困救助众筹项目
（参与众筹人数前20名）

项目简介	筹款时间	众筹执行方	救助款（元）	捐款人数（人次）
善行天下完美中国	2016年6月17日至9月17日	中国妇女发展基金会	10000927	6817405
关爱高龄老人	2016年7月15日至10月15日	上海大慈公益基金会	9039431.61	6176117
抗战老兵关怀计划	2014年9月2日	深圳市龙越慈善基金会	19908009.45	1506049
贫困山区孩子加餐	2015年6月23日	中国扶贫基金会	2448744.11	933282
缺水地区干净水	2016年1月8日至12月31日	中国妇女发展基金会	1697736.23	437786
留守儿童	2016年5月19日至8月19日	中华慈善总会	502520.73	345251
幸存老兵助养行动	2014年9月3日	中华社会救助基金会	7127075.11	260205
贫困孩子营养午餐	2016年2月19日至12月31日	中国少年儿童基金会	456297.42	243254
贫困儿每天一个蛋	2014年3月5日	联劝基金会	797376.73	109134
南方水灾救援	2016年6月14日至8月20日	中国扶贫基金会	861234.85	99485
长江流域水灾急救	2016年6月12日至8月20日	壹基金	1268891.61	76939
净水计划	2015年8月24日	壹基金	258306.63	59256
贫困孤儿学费补贴	2015年5月6日至2016年12月31日	中国妇女发展基金会	820928.97	38079
贫困儿童营养改善	2015年8月21日至2016年12月31日	安利公益基金会	1663565.43	37999
阜宁风灾	2016年6月24日至8月28日	壹基金	1214417.07	35646
留守老人居家养老	2016年5月23日至8月23日	中国社会福利基金会	660714.92	34533
洪灾孩童送应急包	2016年7月5日至8月28日	中国少年儿童基金会	306534.94	31003

续表

项目简介	筹款时间	众筹执行方	救助款（元）	捐款人数（人次）
湖北水灾	2016年7月4日至10月4日	壹基金	593840.96	28395
阜宁12级风灾	2016年6月24日至8月28日	爱德基金会	1233527.94	24787
紧急驰援南方水灾	2016年6月16日至9月16日	爱德基金会	526674.90	23949

注：数据统计时间截至2016年8月16日。

4. 众筹救助实例

从上述三个表中的众筹项目的筹资额和参与捐款人数的统计分析结果看，腾讯社会救助互联网众筹平台为国内许多知名公益慈善组织搭建了快速高效的筹资平台。同时，还积极整合财付通、QQ等网络资源，充分发挥自身的网络优势，建立起了立体化的救助体系。

在2008年5月的汶川地震灾害救助行动中，腾讯基金会第一时间开通网上众筹平台，撤掉了网站首页的商业广告，推迟所有新游戏公测，全力以赴筹集救灾资金。5月12日14时33分，即在汶川地震发生后5分钟，腾讯公司在自己的官网上用QQ弹出窗口发布了首条大地震信息；在随后10分钟内，闪电式设立首个地震救灾专题栏目，并组建地震宣报领导小组和工作组，24小时连续播报；3个小时后，网络众筹款就达到100万元。在"5·12"地震灾害救助中，腾讯社会救助互联网众筹平台共筹集1000万元QQ爱心网友捐款。20日14时35分，腾讯社会救助互联网众筹平台众筹额超过了2000万元，创下互联网众筹史上最高纪录。截至28日14时28分，腾讯社会救助互联网众筹平台众筹额超过了2295万元，腾讯社会救助互联网众筹平台是国内筹资额最多的网络众筹平台。

在2013年9月的芦山地震灾害救助中，腾讯公司除号召内部员工捐款7000万元之外，还充分发挥腾讯社会救助互联网众筹平台优势迅速募集爱心网友资金 5346 万元。地震发生后，腾讯社会救助互联网众筹平台第一时间开通"乐捐计划"众筹通道，设立了"有你救有力量——四川雅安地震紧急救援"募捐专题板块，同时，与壹基金、中国扶贫基金会等国内知名公益救助组织联手发起互联网众筹行动。乐捐计划紧密契合智能移动互联网的发展趋势，开通了智能手机众筹和扫描二维码众筹的渠道，超过 200 万爱心网友参与了本次众筹行动，众筹总额达到 1707 万元。

（二）救急难和大病救助众筹

1. 已结束的救急难和大病救助众筹项目

按照参与社会救助众筹项目人数从多到少排序，前 20 个众筹项目的参与总人数超过 48 万人次，众筹资金总额超过 708 万元。有 14 个项目的筹资额超过 20 万元，占 70%。50% 的众筹项目的参与人数超过两万人次。有些项目的日均筹资额都比较高，例如，血癌、白血病、交通事故等救急难众筹项目的日均筹资额都在 8 万—15 万元（见表 6-7）。

表 6-7 已结束的救急难和大病救助众筹项目
（参与众筹人数前 20 名）

救助项目	众筹时间	众筹执行方	众筹资金额（元）	参捐人数（人次）
重病孤儿救助	2013 年 11 月 8 日至 2015 年 4 月 27 日	春苗计划	821965.41	44312
农民工交通重伤	2016 年 2 月 15—22 日	广东扬善促进会	214651.47	43178
唇腭裂修复手术	2015 年 8 月 27 日至 11 月 27 日	杭州微笑天使	731065.63	39413
白血病急救	2016 年 1 月 15—29 日	高秀莲	300043.96	31608
白血病急救	2015 年 7 月 3 日至 10 月 3 日	中国少年儿童基金会	1208805.46	31054
骨髓移植手术	2015 年 8 月 14—17 日	张志嵩	400020.09	28199

续表

救助项目	众筹时间	众筹执行方	众筹资金额（元）	参捐人数（人次）
复杂病	2015年8月1日至12月20日	中华儿慈会	152044.41	27360
车祸急救	2016年4月15—20日	陕西国际基金会	380075.18	27299
障碍性贫血重症	2016年4月7—16日	荣丽	300849.06	26962
血癌	2016年1月12—16日	北京新阳光基金会	300439.63	23553
骨髓移植	2016年6月17—26日	荣丽	150025.10	20855
白血病	2016年2月15—17日	北京新阳光基金会	202528.12	20369
骨髓手术	2015年7月3日至2016年3月31日	张泽锐	442412.00	16916
复杂综合病	2015年9月30日至10月3日	爱心家园义工联	100063.23	16652
大病救助	2015年2月16日至4月2日	大病医保公益基金	442098.71	14447
血癌移植	2016年4月1—5日	北京新阳光基金会	150023.45	14297
血癌	2016年3月11日至6月11日	中国少年儿童基金会	253096.30	13326
淋巴瘤	2014年7月31日至9月5日	柏一鸣	108620.19	13175
血癌	2015年10月26日至2016年6月8日	北京新阳光基金会	161671.72	13149
白血病	2015年12月30日至2016年4月2日	深圳慈善会	261000.96	12995

2. 执行中的救急难和大病救助众筹项目

按照参与社会救助众筹项目人数从多到少排序，前20个众筹项目的参与总人数超过了838万人次，众筹资金总额超过了2980万元。总筹资额在100万元以上的众筹项目有7个，占35%；总筹资额在50万元以上的众筹项目有15个，占75%。参与人数在10万人次以上的众筹项目有14个，占70%。无论是众筹总额还是参与众筹人数都成效显著（见表6-8）。

表6-8　执行中的救急难和大病救助众筹项目
（参与众筹人数前20名）

救助项目	筹款时间	众筹执行方	救助款（元）	捐款人数（人次）
医疗机构援建	2015年12月18日至2016年4月20日	中国红十字基金会	5007508.40	2411649
残障儿童孤独症	2016年1月11日至4月11日	爱佑慈善基金会	3000002.42	1051903
白内障	2015年12月14日至2016年3月14日	海航集团社会责任部	3000002.17	1025882
自闭症	2015年11月26日至2016年3月31日	中国扶贫基金会	2041172.76	708789
白血病	2016年4月15日至7月15日	北京新阳光慈善基金会	1019850.44	687463
大病贫困儿童	2015年9月2日至12月2日	中华儿慈会儿童紧救中心	2000000.93	684826
听障儿童	2016年4月27日至7月27日	中国扶贫基金会	434430.55	299599
重病患儿	2015年12月23日至2016年3月23日	深圳关爱行动公益基金会	800835.90	268470
女性两癌筛查	2015年10月28日至2016年3月31日	中国妇女发展基金会	520022.67	179287
细胞瘤	2016年7月21日至8月7日	吴广	300528.23	143937

续表

救助项目	筹款时间	众筹执行方	救助款（元）	捐款人数（人次）
先天性心脏病	2015年9月1日至12月17日	搜狐焦点公益基金	648409.36	130968
唇腭裂	2016年3月22日至6月30日	嫣然天使基金	510248.04	129051
消防员家庭	2015年4月2日至12月31日	安居防火救助基金	6851825.47	123739
非洲贫困医疗	2016年2月3日至5月10日	美国Watsi	656321.18	113180
肿瘤	2015年8月2日至11月20日	中华儿慈会儿童急救中心	1048917.67	81423
彝族冬衣	2015年11月2日至12月21日	中国妇女发展基金会	114357.44	70953
眼病	2015年8月26日至2016年4月20日	《读者》光明行动	720047.88	70456
血液病	2015年9月1日至12月1日	吴卫华	809717.58	68800
石骨症	2015年8月18日至11月18日	张燕	223251.35	64859
白血病	2016年8月3—6日	曾红艳	100166.87	64157

3. 募集中的救急难和大病救助众筹项目

按照参与社会救助众筹项目人数从多到少排序，前20个众筹项目的参与总人数超过了429万人次，众筹资金总额超过了3563万元。总筹资额在100万元以上的众筹项目有14个，占70%；总筹资额在200万元以上的众筹项目有6个，占30%。参与人数在10万人次以上的众筹项目有9个，占45%；参与人数在5万人次以上的众筹项目有17个，占85%。无论是众筹总额还是参与众筹人数都是成绩斐然（见表6-9）。

表 6-9 募集中的救急难和大病救助众筹项目
（参与众筹人数前 20 名）

救助项目	筹款时间	众筹执行方	救助款（元）	捐款人数（人次）
残障儿童	2016 年 7 月 13 日至 10 月 13 日	周迅工作室	1376149.33	936094
孤儿大病保险	2013 年 11 月 26 日至 2016 年 8 月 31 日	孤儿保障大行动	1455904.48	716411
早产儿急救	2015 年 4 月 3 日	北京春苗儿童基金会	4729830.52	411490
自闭症、脑瘫和罕见病	2015 年 3 月 18 日	壹基金	3592175.80	393881
重症孤儿救助	2015 年 4 月 23 日	北京春苗儿童基金会	5520292.03	308577
爱心病房	2016 年 1 月 8 日	中华儿慈会急救中心	4523484.57	301787
白血病	2016 年 3 月 24 日	中国社会福利基金会	1389496.50	273015
先天性心脏病	2015 年 4 月 28 日	北京春苗儿童基金会	94318.64	134471
脊柱畸形	2016 年 5 月 30 日至 8 月 30 日	深圳慈缘慈善基金会	1729955.22	126176
唇腭裂	2016 年 5 月 6 日至 10 月 6 日	浙江微笑明天基金会	214447.85	99488
孤贫家庭早产儿	2016 年 1 月 26 日	John Lo（罗硕瀚）	1633862.59	82388
换肝	2016 年 1 月 29 日	中华儿慈会儿急救中心	1652853.43	73777
弱视儿	2016 年 4 月 24 日至 10 月 24 日	《读者》光明行动	1707783.85	69733
大病医保	2014 年 7 月 16 日	大病医保公益基金	2120547.73	67687
儿童大病筛查	2015 年 8 月 27 日至 2016 年 11 月 30 日	祝福宝贝专项基金	1810359.61	66353
白血病	2016 年 6 月 2 日至 8 月 28 日	黄德利	233635.16	55552
尿毒儿	2016 年 6 月 3 日至 9 月 3 日	天使妈妈救助团队	36405.27	51458
血液病	2016 年 6 月 17 日至 9 月 17 日	中华少儿救助基金会	1290603.33	47280

续表

救助项目	筹款时间	众筹执行方	救助款（元）	捐款人数（人次）
脑瘫	2016年5月25日至2016年8月25日	中国少年儿童基金会	172532.58	38890
细胞移植	2016年7月25日至8月28日	许俊雄	342927.38	37587

注：数据统计时间截至2016年8月15日。

（三）教育助学救助众筹

1. 已结束的教育助学救助众筹项目

按照参与社会救助众筹项目人数从多到少排序，前20个众筹项目的参与总人数超过了270万人次，众筹资金总额超过了1828万元。总筹资额在50万元以上的众筹项目有10个，占50%；参与人数在5万人次以上的众筹项目有6个，占30%（见表6-10）。

表6-10　　　　已结束的教育助学救助众筹项目
（参与众筹人数前20名）

救助项目	筹款时间	众筹执行方	救助款（元）	捐款人数（人次）
贫困儿童新年礼包	2015年2月9日至3月2日	中国扶贫基金会	6933018.71	1223729
贫困小学生冬装	2015年11月20日至2016年1月20日	中国扶贫基金会	1787727.73	630211
为留守童年添彩	2015年5月7日至9月4日	多彩开始公益活动	919357.87	282234
彝族娃娃新年新衣	2015年11月18日至12月18日	爱心家园义工联	300017.17	155180
山区孩子过冬棉被	2015年9月16—30日	广东麦田教育基金会	703408.67	67664
孤残儿童慰藉	2015年11月16—21日	北京春晖儿童基金会	1680365.77	59282
助贫困孩子读书	2015年6月12日至9月12日	中国社会福利基金会	126056.97	48923

续表

救助项目	筹款时间	众筹执行方	救助款（元）	捐款人数（人次）
湖南课桌椅救助	2016年2月2日至3月3日	怀化市志愿者协会	679501.15	28191
留守儿童学习用品	2015年12月8日至2016年3月31日	陕西国际文化基金会	256474.33	25303
艾滋病特困儿童上学	2015年8月26日至2016年2月26日	北京青爱教育基金会	996047.72	24187
藏区助学	2016年5月18—26日	四川科技扶贫基金会	346057.24	22106
乡村快乐运动场建设	2015年6月17日至7月14日	中华社会救助基金会	78765.74	21745
希望工程圆梦	2015年6月19—26日	重庆青少年发展基金会	301095.78	16789
山区教师慰问	2015年9月6日至12月6日	镇雄云福乡村促进会	122676.65	15724
高寒孤儿院过冬煤	2015年10月28日至11月1日	益童（孤儿）成长中心	80085.02	15187
"5·12"灾区伤残学生激励	2009年5月26日至2012年4月24日	爱德基金会	271177.51	15145
一对一助贫困高中生	2015年3月17日至9月1日	无锡灵山慈善基金会	981981.06	14121
贫困地区学生营养加餐	2014年4月11日至12月15日	中国扶贫基金会	72547.86	12683
山区孩子体育梦奥运梦	2009年2月6日至4月20日	中国扶贫基金会	893696.31	12675
乡村孩子运动梦	2014年2月1日至7月15日	中华社会救助基金会	745428.92	12017

2. 执行中的教育助学救助众筹项目

按照参与社会救助众筹项目人数从多到少排序，前20个众筹项目的参与总人数超过了2930万人次，众筹资金总额超过6571万元。

总筹资额在500万元以上的众筹项目有5个，占25%；总筹资额在300万元以上的众筹项目有9个，占45%；总筹资额在100万元以上的众筹项目有15个，占75%。参与人数在200万人次以上的众筹项目有7个，占35%。参与人数在100万人次以上的众筹项目有10个，占50%。无论是众筹总额还是参与众筹人数都是成绩斐然的（见表6-11）。

表6-11　　　　　　执行中的教育助学救助众筹项目
（参与众筹人数前20名）

救助项目	筹款时间	众筹执行方	救助款（元）	捐款人数（人次）
贫困学生资助	2015年11月1日至2016年5月3日	顺丰公益基金会	12000000.9	5826215
山区孩子大学梦	2016年5月4日至8月4日	贵州习酒公司	6700000.3	4557729
高校贫寒大学生	2016年5月9日至8月9日	宋庆龄基金会	4691294.95	3202059
希望工程助学	2015年7月10日至2016年4月30日	中国青少年发展基金会	7767562.63	2945170
关爱女性健康	2016年4月26日至7月26日	中国妇女发展基金会	4259558.15	2927760
贫困学子大学梦	2015年8月20日至2016年6月30日	宋庆龄基金会	7200547.93	2458411
女童与妇女保护	2015年12月14日至2016年3月14日	海航集团社会责任部	6070701.33	2084439
丰富孩子学习	2016年5月3日至8月3日	中国扶贫基金会	1860000.58	1257112
贫困儿爱心加餐	2015年5月13日至11月25日	中国扶贫基金会	692461.38	1245228
援建鲁甸县小学	2015年10月16日至2016年1月16日	中国扶贫基金会	3000000.78	1024912

续表

救助项目	筹款时间	众筹执行方	救助款（元）	捐款人数（人次）
贫困地区教师	2015年11月25日至2016年3月8日	中国扶贫基金会	2074721.69	712972
贫困学子春节礼	2015年11月26日至2016年2月26日	海航集团社会责任部	1000002.30	342825
寒门学子帮扶	2015年11月27日至12月8日	石皎	1000397.81	168172
留守儿童新年礼	2016年1月29日至2月24日	中国人口福利基金会	1000043.14	155054
孤残儿童	2016年3月11日至6月20日	中国少儿文化基金会	300804.06	92237
微笑童行助学包	2016年4月13日至7月13日	中华儿慈会	184251.19	75643
乡村儿童图书馆	2015年8月29日至11月29日	上海蒲公英儿童发展中心	3054635.59	62718
留守儿童监护网	2015年11月12日至2016年3月10日	中国扶贫基金会	976993.64	60228
乡村运动场	2014年4月29日至6月9日	中国扶贫基金会	1721969.80	58973
留守儿童课桌椅	2015年10月9日至2016年3月31日	中国少年儿童基金会	150044.00	44674

3. 募集中的教育助学救助众筹项目

按照参与社会救助众筹项目人数从多到少排序，前20个众筹项目的参与总人数超过了821万人次，众筹资金总额超过5206万元。总筹资额在200万元以上的众筹项目有6个，占30%；总筹资额在100万元以上的众筹项目有16个，占80%。参与人数在50万人次以上的众筹项目有5个，占25%；参与人数在10万人次以上的众筹项目有12个，占60%。无论是众筹总额还是参与众筹人数均成绩斐然（见表6-12）。

表 6-12　　　　　募集中的教育助学救助众筹项目
（参与众筹人数前 20 名）

救助项目	筹款时间	众筹执行方	救助款（元）	捐款人数（人次）
乡村支教	2015 年 8 月 25 日	美丽中国	9567375.92	3702592
孤困失依孩子照顾	2016 年 5 月 20 日至 8 月 20 日	苗圃行动	1000000.91	682770
碧播职业教育计划	2016 年 5 月 27 日至 8 月 27 日	施耐德电气志愿者协会	1000000.13	675970
欢乐国学校园行	2016 年 3 月 25 日至 9 月 25 日	深圳陈一丹慈善基金会	1014693.05	658114
改善乡童学习环境	2015 年 4 月 3 日至 2016 年 8 月 28 日	联劝基金会	1681685.24	580647
贫困女童求学梦	2015 年 8 月 28 日至 2016 年 12 月 31 日	中国少年儿童基金会	5352821.07	392997
山区孩子新衣	2014 年 9 月 25 日	中国青少年发展基金会	5443869.71	256247
乡村儿童发展	2015 年 2 月 10 日至 2016 年 12 月 31 日	壹基金	841739.44	200870
儿童素养教育计划	2014 年 4 月 2 日	上海真爱梦想公益基金会	9669150.04	182709
学生营养加餐	2013 年 7 月 1 日	中国扶贫基金会	1812192.96	168339
儿童白血病	2015 年 2 月 26 日	北京新阳光慈善基金会	2924715.88	152642
儿童免被性侵	2015 年 7 月 15 日至 2016 年 12 月 29 日	女童保护	1626573.97	145323
乡村体育教育	2015 年 5 月 18 日	中国社会福利基金会	3308230.15	94234
发现中国的梵高	2014 年 3 月 27 日	联劝基金会	1724056.33	70827
乡村小脚丫计划	2016 年 3 月 18 日至 9 月 18 日	起点工程	666328.37	60284
寒门学子大学梦	2016 年 7 月 7 日至 10 月 7 日	爱心家园义工联	156369.36	47547
山里娃送新衣	2016 年 1 月 11 日	中国青少年发展基金会	750606.42	40881
留守儿童	2015 年 6 月 1 日至 2016 年 1 月 31 日	上学路上儿童关爱中心	1171428.47	39170
高原上温暖学校	2015 年 9 月 8 日至 2016 年 9 月 30 日	黄希彤	1248293.07	27708
尘肺家庭孤儿救助	2013 年 11 月 8 日	中华社会救助基金会	1103109.88	27434

注：数据统计时间截至 2016 年 8 月 16 日。

截至 2016 年 8 月 17 日 17 时 15 分，腾讯社会救助乐捐众筹平台项目中，正在募款中的众筹项目 3012 个，正在执行中的众筹项目 7841 个，已结束的众筹项目 4480 个。三者合计 15333 项。仅上述 9 个表中初步统计的 180 个众筹项目的总参与人数就高达 8835 万人次，总筹资额高达 3.9 亿元。由此可见，腾讯社会救助互联网众筹平台的募集资金能力很强，速度快，公众信任度高，社会影响力大。在政府包揽社会救助体制向社会公众广泛参与救助体制转型过程中，互联网社会救助众筹平台的发展值得大力扶持。

四 社会救助众筹激励机制

为了肯定爱心网友参与救助捐款的贡献，并激励爱心网友持续捐款，腾讯基金会设计了一系列激励机制。

1. 爱心积分激励机制

腾讯社会救助互联网众筹平台在月捐计划中建立了 QQ 成长分级递进激励机制，这种激励机制分为 A1—A8 八个等级，级别高低取决于爱心积分值的高低，爱心积分值越高，成长级别就越高。当爱心积分值达到 108 分时，成长级别为 A1 级；当爱心积分值达到 2000 分时，成长级别为 A2 级；当爱心积分值达到 7000 分时，成长级别为 A3 级；当爱心积分值达到 2 万分时，成长级别为 A4 级；当爱心积分值达到 5 万分时，成长级别为 A5 级；当爱心积分值达到 10 万分时，成长级别为 A6 级；当爱心积分值达到 18 万分时，成长级别为 A7 级；当爱心积分值达到 30 万分及以上分值时，成长级别为 A8 级。

QQ 爱心积分值分为月捐爱心积分值和散捐爱心积分值两个部分。月捐爱心积分值是指爱心网友通过月捐救助众筹平台捐款所获取的爱心积分之和（见表 6-13）；散捐爱心积分值是指爱心网友通过月捐救助众筹平台参与散捐活动获取的爱心积分值之和（见表 6-14）。月捐爱心积分和散捐爱心积分对比如表 6-15 所示。

2. 公益豆众筹激励机制

公益豆是腾讯基金会开发的一种在线虚拟产品，爱心网友只要参与救助众筹项目捐款就可以得到相应数量的公益豆。在善款捐赠完成的同时，可以获取公益豆。爱心网友每捐赠 1 元善款就可以得到 1 个

表6-13　月捐爱心积分值的计算

计算公式	变量和规则说明
$Q = 10X + 8Y$	（1）Q 是单个月捐项目每成功捐款一个月的积分值。X 为月捐定额，目前为每个月 10 元，Y 为月捐成功月数。（2）多个月捐项目在当月获取的积分可以累加
示例计算	示例1：月捐一个项目且成功 1 个月，月积分值 Q = 10×10 + 8×1 = 108 分。 示例2：月捐一个项目且成功两个月，月积分值 Q = 10×10 + 8×2 = 116 分。 示例3：月捐两个项目，一个项目成功两个月，另一个项目成功 1 个月，月积分值 Q =（10×10 + 8×2）+（10×10 + 8×1）= 224 分。

表6-14　散捐爱心积分值的计算

计算公式	变量和规则说明
$Q = 10X$	（1）Q 是单笔成功捐款获取的爱心积分值。（2）X 为捐款额。（3）多笔捐款按单笔捐款获取的爱心积分值累加。当月捐额小于 10 元时，按 10 给分；大于等于 10 元时，按每月最多 100 积分，分月给予，非 100 的倍数积分在最后一个月给予；捐款在 1 元以下和捐款非整数部分（如 60.15 元按 60 元计算积分）不计入积分
示例计算	示例：6 月 6 日一次性散捐 33 元，散捐积分值给予规则为：6—8 月，每月 100 积分，9 月 6 日 30 积分，截至 9 月 6 日，散捐积分值为 330 分

表6-15　月捐爱心积分和散捐爱心积分对比

捐款方式	累计积分（5 个月）				
	6月6日	7月1日	8月1日	9月1日	10月1日
	捐款成功	捐款成功	捐款成功	捐款成功	捐款成功
月捐 10 元	108（达到 A_1）	224	348	480	620
散捐 10 元	100	200（达到 A_1）	300	400	500

公益豆。公益豆激励机制分为三个等级：一是当爱心等级为 A0 级和 A1 级时，每捐赠 1 元善款，可得到 1 个公益豆。二是当爱心等级为 A2 级、A3 级、A4 级时，每捐赠 1 元善款，可得到两个公益豆。三是当爱心等级为 A5 级、A6 级、A7 级、A8 级时，每捐赠 1 元善款，可

得到3个公益豆。公益豆的数值规则是计算到个位,小数点以后不予计算。公益豆的用途主要有两个:一是可以参与"星礼星愿"活动,即爱心网友可用公益豆抢拍影视明星和腾讯公司提供的爱心礼品。二是可以参与微爱计划。

3. 爱心礼包众筹激励机制

这激励机制设计了小礼包、中礼包、大礼包、超级礼包、爱心果、爱果果和公益装扮七种不同的爱心礼包。参与月捐众筹计划的爱心网友可以根据月捐成功月数的不同,领取不同种类的爱心礼包。七种爱心礼包明细见表6-16。

表6-16　　　　　　　七种爱心礼包明细

小礼包	1. 爱心果种子6颗;2. 农场爱心装扮1套;3. 领取权限是月捐成功月1个月
中礼包	1. 爱心果种子12颗;2. 农场爱心装扮1套;3. 可赠送的爱心果种子6颗;4. 领取权限是月捐成功月2—3个月
大礼包	1. 爱心果种子18颗;2. 农场爱心装扮1套;3. 可赠送的爱心果种子12颗;4. 爱果果幼崽1个;5. 普通化肥6袋;6. 领取权限是月捐成功月4—7个月
超级礼包	1. 爱心果种子18颗;2. 农场爱心装扮1套;3. 可赠送的爱心果种子12颗;4. 爱果果幼崽2个;5. 普通化肥12袋;6. 领取权限是月捐成功月8个月及以上
爱心果	1. QQ农场特供爱心种子;2. 作物类型为三季作物;3. 成熟时间为31小时;4. 预计产量是24个;5. 果实价值是100个金币;6. 预计收入为7200个金币;7. 收获经验是27个金币/季
爱果果	1. QQ牧场特供爱心动物;2. 成长时间是16小时;3. 生产时间是90小时;4. 预计产量15个;5. 产物价值69个金币;6. 动物价值12100个金币
公益装扮	1. QQ农场特供装扮;2. 背景是希望的田野;3. 房子是爱心学校;4. 栅栏是心心相连;5. 狗窝是暖洋洋窝

为了方便爱心网友领取爱心礼包,这个激励机制设计了极为便利的领取方式:一是首次参与月捐计划或者在已开通的月捐计划中继续捐款都可领取爱心礼包;二是登录腾讯公益网,在月捐计划活动页面

或者个人中心领取爱心礼包；三是在腾讯QQ农场或牧场中的"我的物品包"中领取爱心礼包。

爱心礼包众筹激励机制还制定了一些约束措施：一是月捐计划的成功月数计算方法。爱心网友参与月捐计划以后，如果是单个的月捐众筹项目，每成功捐赠1个月（每个月定额10元），表明爱心网友的成功月为1个月。如果爱心网友同时开通了多个月捐众筹项目，多个月捐众筹善款额可以累计计算。二是爱心礼包的领取次数。每个QQ号对应一次领取行为，也就是说，爱心网友每次只能用一个QQ账号登录且只能领取一次爱心礼包，在一个自然月内，不可以重复领取爱心礼包。即使爱心网友在同一个自然月中的捐款次数在两次及两次以上，也不可以重复领取爱心礼包。即爱心网友每个月领取爱心礼包的次数和捐款次数与金额无关。三是爱心网友在某个月份开通了月捐众筹账号，但是，在次月未成功捐款，则不可以领取爱心礼包。四是爱心礼包领取时间有限制。在某个自然月中，爱心网友领取爱心礼包的截止时间为当月最后一天的24点，逾期将不可再领取。五是爱果果和爱心果是腾讯QQ农场专门为参与月捐众筹计划的爱心网友研发的网络产品，QQ牧场商店不销售爱果果，在其他活动中也没有获得爱果果的途径；爱心果是无法从土里挖出来的，因为它并非随机种子。网友只有参加月捐众筹计划，才能获得爱果果和爱心果。

4. 月捐彩贝积分激励机制

彩贝积分机制是腾讯社会救助互联网众筹平台设计的一种通用积分体系。参与月捐众筹计划的爱心网友，每个月可获赠10个彩贝积分。爱心用户参与的众筹计划越多，获赠的彩贝积分就越多。彩贝积分比较实用，爱心网友可以用它换取虚拟产品。尤为重要的是，彩贝积分具有现金价值功能，爱心网友可以用它购买物品、购买机票、用作善款。100个虚拟彩贝积分可以兑换1元人民币。爱心网友在完成月捐计划以后，就可以领取彩贝积分，彩贝积分自动转入爱心网友的账户。爱心网友可以在下次捐款、购物之前，查阅自己的彩贝积分总额。彩贝积分的有效期限为1年，不过，只要爱心网友有增加彩贝积分的记录，全部彩贝积分的有效期限从最后一笔彩贝积分增加之日起向后延长 1 年。但是，如果在一个自然年度内，爱心网友的彩贝积分未出现增加的记录，则到期后的全部彩贝积分都将清零。

5. 月捐财付激励机制

参与月捐众筹计划的爱心网友每个月可获得 50 点财富值。当财富值达到 200 点及 200 点以上时，就可以免费激活财付通，并成为财付通会员，财付通会员的权益是点亮图标，成为财付通会员之后，就可以免费点亮图标。财付通会员还享有专属的 QQ 秀产品，免费领取一套精品 QQ 秀产品。还可以参加心悦俱乐部并享受相关服务。

6. 月捐会员成长激励机制

参与月捐众筹计划的爱心网友，每个月可获得 5 点会员成长值，成长值会在爱心网友成功捐赠善款后的 48 个小时以内入账。获取会员成长值的前提条件是爱心网友必须先成为 QQ 会员，QQ 会员享有一些特权，这些特权的种类主要是 QQ 特权、游戏特权、生活特权和购物特权。特权等级越高，月捐会员的特权就越多。如果爱心网友尚不是 QQ 会员，那么即便参与了月捐众筹计划也不能获取会员成长值。当爱心网友成功捐款后，会员成长值则自动入账，爱心网友可以在 QQ 会员官方网站上查阅自己的会员成长值总额。

7. 会员徽章激励机制

参与月捐众筹计划的爱心网友，每个月可领取会员徽章。爱心网友领取会员徽章的前提条件是先成为 QQ 会员，然后，才可以在 QQ 会员徽章馆中领取会员徽章。

8. 微博勋章激励机制

参与月捐众筹计划或微爱计划的爱心网友每个月可领取微博勋章，这种勋章有金质勋章和银质勋章两种。当爱心网友成功完成月捐计划续捐后，金质勋章便会在腾讯微博上点亮。如果爱心网友首次参与月捐加护捐款，则需要在成功完成捐款的 24 小时后，才能点亮微博勋章。

9. 点亮公益图标激励机制

当爱心网友参与月捐众筹计划并成功首捐 10 元以后，便可获得 108 分的爱心积分，此时，其 QQ 上的公益图标会在 24 小时内自动点亮。公益图标点亮后将不再熄灭。如果爱心网友在乐捐众筹计划或者月捐众筹计划中的单笔捐款总额大于等于11元，那么爱心积分会在次月2日累积达到110分时，公益图标便会自动点亮（见表6-17）。

表6-17　　　　　公益图标等级和爱心积分的换算关系

公益成长阶段	D1	D2	D3	D4	D5	D6	D7	D8
爱心积分值（分）	108	2000	7000	20000	50000	100000	180000	300000以上

10. 公益成长积分和公益指数激励机制

公益成长积分等于活力积分、魅力积分和专业积分之和。三个积分的计算规则见表6-18。

表6-18　　　　　　　公益成长积分计算规则

类型	行为	分值（分）	类型	行为	分值（分）
活力值	用户注册	+100	活力值	发起线下公益活动	+50
	发布日志	+2		删除线下公益活动	-50
	删除日志	-2		线下活动被删除	-100
	日志被删除	-10		微博积分	按微博经验值1:1计算
	上传照片	+1	魅力值	加入机构志愿者	+2
	删除照片	-1		线下公益活动好评	+1
	照片被删除	-10		线下公益活动差评	-1
	发起线上公益活动	+5	专业值	正式注册公益机构	+100
	删除线上公益活动	-5		获得腾讯产品认证	+100
	线上活动被删除	-10			

公益指数的大小一般取决于公益成长积分的多少，两者的换算关系见表6-19。

表6-19　　　　　　　　公益成长积分计算规则

公益指数	1	2	3	4	5	6	7	8	9	10
成长积分（分）	10	100	200	600	1000	2000	2500	5000	8000	12000
公益指数	11	12	13	14	15	16	17	18	19	20
成长积分（分）	16000	20000	25000	35000	50000	80000	120000	180000	250000	400000

11. 热门集锦激励机制

热门集锦激励机制的主要特点是赠送的七个礼包都和热门在线游戏相关联。

（1）借助"重返西游"游戏赠送礼包。爱心网友在某个自然月成功完成月捐计划后，可获得"斗战神灵武宝匣"，领取蓝武、武器精炼卷、威灵果、布袋。如果爱心网友继续完成月捐计划两个月和3个月，可获得两个月和3个月的激励礼包。每一种激励礼包只能获领一次，获领后绑定。

（2）借助"七雄争霸"游戏赠送礼包。爱心网友在某个自然月成功完成月捐计划后，可获得"爱之所在大礼包"，领取点券卡、仙品凤凰晶、建筑排程卡。如果爱心网友连续成功完成月捐计划3—6个月，可获领其他礼包，其他礼包每个限领一次。

（3）借助"新寻仙"游戏赠送礼包。爱心网友只有在开通月捐众筹计划或者持续捐款后，才可以获领礼包。如果是单笔在线捐款，无法领取礼包。如果是爱心网友持续成功完成月捐计划满1个自然月、3个自然月、6个自然月、12个自然月，获领的爱心礼包不同。满1个自然月可领取十级回生水10瓶、五级蓝田玉、至尊VIP符7天；满3个自然月可领取公益精灵、快乐似神仙、流光凤羽7天；满6个自然月可领取12格包裹、星驰战虎15天、玉石精华；满12个自然月可领取七彩鹊桥30天、天罡破界石、至尊VIP符30天。

（4）借助"寻仙"游戏赠送礼包。爱心网友成功完成月捐计划后可领取公益精灵、寻仙公益大使、归元葫芦等礼包。获领后礼包会发到角色包裹内，每个账号仅限领一次。

（5）借助"QQ"游戏赠送礼包。爱心网友成功完成月捐计划后，可获得一份价值20Q币的QQ游戏爱心礼包，可领取游戏秀、3天蓝钻、800欢乐豆、1小时双倍积分卡、3QB购物券等礼包。

（6）借助"倚天"游戏赠送礼包。爱心网友成功完成月捐计划后，可获得一次倚天豪华月度礼包奖励。如果爱心网友连续成功完成捐款5个月，可领取英雄令（蓝）、四级技能书、中级洗练石；如果爱心网友连续成功完成捐款6个月，可领取中级幸运符、高级气血包、大型攻击丹；如果爱心网友连续成功完成捐款7个月，可领取中级强化石、高级内力包、大型气血丹。

（7）借助"萌三国"游戏赠送礼包。爱心网友成功完成月捐计划后，可获得"萌三国"绝版武将公益宝贝。

五 网络众筹模式经验与启示

腾讯社会救助互联网众筹平台是我国众多新兴互联网众筹平台之一。截至2016年8月18日，腾讯社会救助互联网众筹平台筹集的善款总额累积超过了11.35亿元，参与捐款总人数高达7571万人次。国内很多开展社会救助的公益慈善机构都非常看好互联网众筹平台，可是，为什么只有腾讯社会救助互联网众筹平台能取得如此骄人业绩进而成为全国最大的社会救助互联网众筹平台呢？概言之，其在探索过程中积累了一些宝贵的经验，这对我国救助善款互联网众筹平台的发展具有一定的启示和借鉴价值。

（一）经验总结

腾讯社会救助互联网众筹平台运行经验可以简要地概括为以下五个方面。

（1）腾讯社会救助互联网众筹平台在突发性自然灾害救援救助中发挥了迅速筹集善款的重要辅助作用。在灾害救助事件面前，腾讯基金会每次都迅速启动互联网众筹平台为国内各家公益慈善机构筹集社会救助善款提供平台和技术支撑。同时，腾讯基金会也积极筹资，开展立体化的救灾救助行动，切实履行互联网企业应担负的社会责任。在汶川地震、雅安芦山地震、鲁甸地震、尼泊尔和西藏地震、阜宁风灾等自然灾害救助中表现得极为明显，切实发挥了为政府分忧、为困难群众解愁的作用。

（2）腾讯社会救助互联网众筹平台的公信力很高。国内知名度极高的壹基金、嫣然基金、宋庆龄基金会、中华社会救助基金会、中国扶贫基金会等公益慈善机构都汇聚于腾讯社会救助互联网众筹平台。仅在本书前文统计的180项救助项目中就有公益慈善机构88家。

（3）腾讯社会救助互联网众筹平台筹款速度快，参与众筹的爱心网友人数多。正如前文所述，有的众筹项目一天就可以筹集到几十万元善款。

（4）腾讯社会救助互联网众筹平台善于发挥公司强大的网络资源优势。将腾讯QQ游戏、腾讯微博、热门游戏等资源与筹集善款活动融合到一起，既迎合了新媒体时代网民的迷恋游戏需求，又成功地完成了筹款计划。

（5）建立了筹款规则、约束制度和激励机制，有效地保障了众筹行为有序化发展，一系列激励爱心网友持续参与捐款的机制多样且有效。

（二）案例启示

当前，我国互联网公开募集救助善款众筹信息平台的发展虽然尚处于起步阶段，但是，其筹集善款的优势已经显现出来。除腾讯社会救助互联网众筹平台之外，其他互联网众筹平台的成效也非常显著。例如，截至2016年8月24日，蚂蚁金服公益众筹平台累计捐赠次数为1.4亿人次，募捐总额为5.4亿元。中国青少年发展基金会累计筹款总额46.56亿元，仅2016年1月至8月24日的善款总额就高达2.7亿元。中国扶贫基金会从2016年1月至8月24日的善款总额就高达2.4亿元。但是，有些假借互联网公开募集信息平台实施网络诈骗的违法犯罪行为扰乱了金融环境和社会秩序。为此，政府应扶持并监管其发展，夯实政府主导、公益慈善机构辅助、社会广泛参与、互联网众筹平台支撑的新型社会救助体系，充分发挥互联网众筹平台在社会救助中的重要作用。要重点引导和发挥其在自然灾害救援救助、大病医疗救助、临时救助、救急难等社会救助活动中的重大作用。同时，也应建立健全互联网众筹平台法规政策，确保这种新型筹资方式良性健康发展。

具有积极意义的是：2016年7月21日，民政部办公厅下发了《关于遴选慈善组织互联网公开募捐信息平台的通知》（民办函〔2016〕275号）。本次通过遴选方式指定慈善组织互联网公开募捐信息平台依据的法律是《中华人民共和国慈善法》，该法第二十三条规定，"慈善组织通过互联网开展公开募捐的，应当在国务院民政部门统一或者指定的慈善信息平台发布募捐信息"。8月17日，民政部发布了《关于组织评审互联网公开募捐信息平台的公告》，规定在8月20日对经过形式筛查的全国29家互联网公开募捐信息平台进行遴选评审。8月22日，民政部公示了13家首批慈善组织互联网募捐信息平台遴选结果，其中就包括国内知名的腾讯公益慈善基金会的腾讯公益网络募捐平台、阿里巴巴旗下的蚂蚁金服公益平台、京东旗下的京东公益平台、百度旗下的百度慈善捐助平台、淘宝旗下的淘宝网公益平台以及新浪微公益平台。民政部将对首批指定的13家互联网公开募捐信息平台进行后期动态监管，这是国家规范"互联网+"社会救助众筹平台的务实举措。在本次初审和评审后，那些没有入围首批全国公益慈善组织互联网公开募捐信息平台名单的互联网众筹平台的发展会受到限制。在实际工作中，由于公益慈善机构开展的善举活动多是社会救助活动，尽管两类活动的主管部门不同，但都是为民政部门分忧，故民政部门对名单外的互联网公开募捐信息平台的筹资行为的规范管理必然是一个长期的博弈过程。因此，国家对互联网公开募捐信息平台领域的规范和监管仍需加大力度。

第三节 "互联网、物联网+"自然灾害救助

一 百度LBS+自然灾害救助

2013年4月20日24时，百度地图公布了雅安地震发生后16小时内网友通过百度地图发起的当日对四川地区整体定位请求及位置信息查询量。当天四川地区整体定位请求及信息查询量达1.5亿次，比

平时LBS（位置服务）查询量增长800%。数千万网民通过百度地图获得帮助。

大地震发生后，百度地图在第一时间发起LBS信息标注报平安、雅安路况信息查询、加油站、输血点标注等服务，成为大地震信息疏通实用信息通道。与2008年5月12日汶川地震不同，雅安地震时，移动互联网和LBS技术取得了长足发展，并在地震中开辟出全新的信息绿色通道，不仅使震区外部网友可以同步了解震区交通、位置状况，还成为灾区民众的呼救窗口，在现代救援中，成为一股中坚支持力量。

一位叫"一直在落伍"的网友在微博中分享了自己通过朋友的LBS位置标注获知其安全的消息：之前和"跳不动的尼龙"通过电话。他所处位置算是比较安全……已经由理塘县（百度地图显示理塘县在震中雅安芦山县西边接近260千米处）继续骑行一路向西了。在雅安地震中，像"跳不动的尼龙"这样通过百度LBS标注位置向亲朋好友报平安的网友不在少数。

为及时抢救灾民，百度地图呼吁网友：如果你在震区，需要人帮助，请来分享你的位置，说明你的状况，让大家找到你帮助你，搭建一条LBS救援通道。地震发生后，百度地图迅速更新芦山县周边的道路、交通状况，及时标注灾区附近的高速、国道等最新受损、中断路况情况，让参与救援的医疗、武警、军队及社会车辆，能在最短的时间内赶到灾区，将灾区急需的药品、粮食、帐篷送到需要的人手中。

此外，百度地图还增加成都、雅安等周边火车站、机场等交通状况信息服务，并呼吁社会民众尽量为救灾车辆、力量让出通道。针对余震不断情况，同时，为避免伤害扩增，百度地图陆续更新献血点、救助站、加油站、余震警报点、避难所、医疗点等重要救援标注信息，让灾区人们及时获得救助。

二 "物联网+"自然灾害救助

（一）英国"自治愈"防救屋

英国科研团队从2010年左右开始研究使用无线射频识别技术和传感器来监控地震中的房屋，研究人员建造了一种名叫"自治愈"的房屋，在墙中专门设计了缝隙空间，在墙体中加入可在强压下变为流体的材料。如果受到地震引起的压力作用，流体会流到缝隙中，不会对固体墙面产生影响。房屋依旧存在，但可能会移动位置。如果建筑没有坍塌，通过射频识别技术和传感器收集的数据可用来判别位置偏移量。此外，建筑中的射频识别技术标签和传感器可以共同构建一套地震预警警报系统。

（二）美国的智能穿戴设备+飓风救灾

飓风作为北美最主要灾害之一，对当地人们的生活造成了不可估量的灾难和破坏。美国得克萨斯州为了应对飓风，于2006年启动了紧急项目开发，结合RFID/EPCGen2、GPS和条码技术。灾难转移人员可通过佩戴射频识别技术腕带标明自己的身份信息，如此可避免频繁地记录疏散人员信息，在突发情况出现时，医疗队可以根据射频识别技术腕带快捷地追踪到被疏散人群，及时为残疾人、病人等特殊人群提供医疗救护，通过读取射频识别技术腕带，救护人员可以提取系统中被救护人员的相关信息，以便及时有效地救护。

瑞士阿尔卑斯山地质灾害监测技术。瑞士阿尔卑斯山地质和环境状况长期监控现场不再需要人为参与，而是通过无线传感器对整个阿尔卑斯山脉实现大范围深层次监控，监控内容包括温度变化对山坡结构的影响以及气候对土质渗水的变化。收集到的数据除可作为自然环境研究的参考外，经过分析后的信息，也可作为提前掌握山崩、落石等自然灾害的事前警示。

（三）韩国的射频识别技术+森林火宅

韩国政府为保护遗迹，在寺庙旁的林区安装射频识别技术系统以监控火灾。通过安装读取器实现火灾监控，读取器能感测和读取到温度资料。此外，经过特殊设计的读取器容器可旋转镜头，以感测周围环境，而不用在林中架满感测器。读取器取得的资料被放置在一个平台上，寺方需定时监视温度，如火灾意外发生，可通过系统发出警示，寺方可据个别读取器定位知晓火灾发生地点。

（四）长江三峡库区的无线传感器网络灾害预警

在长江三峡库区特殊地带滑坡灾难监测预警中，无线传感器网络

(WSN)技术得到了很好的应用,利用各种传感器实时采集信息,通过无线方式将信息传输给控制中心,能够解决布设有线监测系统的缺陷,且适用于GMS网络信号无法覆盖的偏远山区滑坡灾害监测。WSN具有无线性、网络自组织性以及较强抗破坏能力,可以在基础通信设施被毁坏情况下完成一定通信任务,因此能成功地应用到滑坡危险地带的灾难监测预警中。

(五)中国的射频识别技术+城市洪灾救援

公安部第三研究所物联网研发中心研发一种物联网技术,在车内装载射频识别技术射频识别芯片、传感器及GPS模块,将车辆、汽车厂商及4S店、公安部门联通到一个信息平台上。射频识别芯片相当于汽车的电子身份证,包含车主、车型等信息;传感器可感应车内温度、水位等,GPS模块则可帮助定位。车主还可将自己的手机,通过蓝牙等方式与传感器联通。当汽车出现淹水现象,车门、车窗都自动关闭时,传感器自动感应后,会将危险信息传达到车主的手机上。车主则可将信息传达到信息平台。信息到达平台后,会被汽车厂商、4S店、公安部门等看到,救援人员会根据车上的GPS模块找到汽车的具体位置。如果汽车被淹在水里,救援人员只要拿着射频识别接收器,对着汽车扫描,就可确定具体车辆,实施救援。

(六)射频识别技术+火灾逃生

火灾逃生面罩产品集成了无线射频识别技术,逃生人员只需用手指触摸就可激活面罩上的电源和射频识别技术系统,直接与救援人员通信。面罩前面会激光投影一个大大的指引箭头,引导逃生人员选择最佳逃生路线,更快地找到最近逃生点。技术集成主要为逃生者导向,面罩是一个读头,而在逃生路径上安装耐高温射频识别技术电子标签,读头可通过读取路途中的射频识别技术电子标签进行定位导向。

目前,有些研究指出,移动互联网覆盖范围迅速扩大,导致社会公众登录政府网站的次数锐减,政务官方网站的实际使用率不高。不可否认,移动互联网已经成为社会公众上网的主要渠道,但是,政府网站仍有独特优势。尤其在政务办理等方面,政府网站的作用是移动互联网难以取代的。今后的重点发展方向是政府网站服务体系、移动互联网服务体系和政务物联网服务体系。民政部门应重点做好两方面的工作：一是在民政系统内部，要加强互联网政务服务平台建设，增加系统内各部门之间的协同合作；二是在政府互联网发展框架下，应加大与其他部门之间的协同合作。

在政府网站服务体系、移动互联网服务体系和政务物联网服务体系三个方面，政府网站服务体系建设亟须加强，移动互联网服务体系应健全内容和技术保障，提高微信、微博、客户端的宣传。需要强调的是，政务物联网服务体系目前没有得到应有的重视，在这方面，应积极探索与阿里巴巴、京东、腾讯、百度等拥有海量数据资源及各类信息的知名互联网公司的合作方式，加大合作力度。对于互联网与传统业务的融合，政府在加大互联网政府服务体系建设中，应坚持开放观念，吸纳民间互联网公司加入，依法构建适度的官民合作的模式，发挥民间互联网公司的重要作用。诸如腾讯、淘宝、百度、新浪等互联网公司参与自然灾害救助和建设社会救助善款众筹平台的经验就值得推广。

参考文献

[1] 阿里研究院：《互联网＋：从IT到DT》，机械工业出版社2015年版。

[2] 阿里研究院：《互联网＋：未来空间无限》，人民出版社2015年版。

[3] 安妮·许勒尔：《触点管理：互联网＋时代的德国人才管理模式》，于嵩楠译，中国人民大学出版社2015年版。

[4] 柏亮：《众筹服务行业白皮书》，中国经济出版社2014年版。

[5] 陈成文：《社会救助与建设和谐社会》，湖南师范大学出版社2007年版。

[6] 崔万有：《日本社会救济与社会福利》，北京师范大学出版社2009年版。

[7] 陈卫中：《互联网＋阿里巴巴——如何才能决胜未来》，人民邮电出版社2015年版。

[8] 陈畴镛：《信息化与经济社会发展研究辑刊——互联网＋经济转型与文化传播创新型研究》，科学出版社2016年版。

[9] 翟运开：《互联网＋时代的运程医疗服务运营关键问题研究》，科学出版社2016年版。

[10] 陈爱民：《互联网＋：人人都能看懂的互联网＋转型攻略》，北京工业大学出版社2015年版。

[11] 陈爱民：《互联网＋的O2O实战攻略》，北京工业大学出版社2016年版。

[12] 陈金雄：《互联网＋医疗健康：迈向5P医学时代》，电子工业出版社2015年版。

［13］曹磊等：《互联网＋跨界与融合》，机械工业出版社 2015 年版。
［14］陈根：《互联网＋医疗融合》，机械工业出版社 2015 年版。
［15］陈建英：《互联网＋大数据》，人民邮电出版社 2015 年版。
［16］陈逵：《互联网＋的红利时代》，化学工业出版社 2016 年版。
［17］曹磊：《互联网＋海外案例》，机械工业出版社 2015 年版。
［18］杜丽丽：《互联网＋挑战新红利时代》，石油工业出版社 2016 年版。
［19］方丽菲：《互联网＋生存模式》，北京工业大学出版社 2015 年版。
［20］付峥嵘：《破局传统行业拥抱互联网＋之策略与法则》，人民邮电出版社 2016 年版。
［21］郭春光：《众筹互联网＋时代的融资新思维》，人民邮电出版社 2015 年版。
［22］郭春光，《互联网＋微创业》，人民邮电出版社 2016 年版。
［23］华海敏：《创新引擎：互联网＋时代的机遇与挑战》，电子工业出版社 2015 年版。
［24］胡敏洁：《福利权研究》，法律出版社 2008 年版。
［25］胡鞍钢：《中国自然灾害与经济发展》，经济科学出版社 2013 年版。
［26］黄俊尧：《互联网＋创新2.0下的经济新格局》，京华出版社 2015 年版。
［27］侯建民：《互联网＋地震》，地震出版社 2016 年版。
［28］海斯特伯格：《互联网＋技术融合风暴》，徐凤銮译，中国人民大学出版社 2015 年版。
［29］侯书生：《党员干部互联网＋知识读本》，红旗出版社 2015 年版。
［30］侯建民：《互联网＋地震——我们如何与地震相处》，地震出版社 2016 年版。
［31］江礼坤：《实战移动互联网营销》，机械工业出版社 2015 年版。
［32］荆涛：《互联网＋传统企业商业模式升级与创新》，中国财政经

济出版社 2015 年版。

[33] 姜德敬：《互联网＋O2O 商业生态破局与重构》，机械工业出版社 2015 年版。

[34] 孔剑平：《互联网＋政府与企业行动指南》，中信出版社 2015 年版。

[35] 李天阳：《一本书读懂众筹》，北方文艺出版社 2016 年版。

[36] 李季：《2015—2016 年中国电子政务发展报告——互联网＋时代的政府管理创新》，社会科学文献出版社 2016 年版。

[37] 刘晓隽：《用户为王——互联网＋时代的企业生存法则》，电子工业出版社 2016 年版。

[38] 刘兴隆：《互联网＋微媒体：移动互联时代的新媒体营销密码》，中国铁道出版社 2016 年版。

[39] 李友梅：《"互联网＋"时代中心城市的辐射力研究》，社会科学文献出版社 2016 年版。

[40] 卢彦：《社群＋：互联网＋企业行动路线图》，机械工业出版社 2016 年版。

[41] 刘华鹏：《互联网＋营销》，中国经济出版社 2016 年版。

[42] 林辉：《"互联网＋医疗健康"时代医院管理创新与发展》，清华大学出版社 2016 年版。

[43] 李亿豪：《互联网＋》，中国财富出版社 2015 年版。

[44] 马云：《读懂互联网＋》，中信出版社 2015 年版。

[45] 穆怀中：《社会保障国际比较》，中国劳动社会保障出版社 2002 年版。

[46] 莫格：《众筹——探索融资新模式开启互动新时代》，中国华侨出版社 2015 年版。

[47] 马明明：《2015 年我国网络与信息安全发展报告》，《信息化前沿》2011 年第 9 期。

[48] 马宗晋：《自然灾害评估、灾度和对策》，中国科学技术出版社 2013 年版。

[49] 马兆林：《互联网＋大数据》，中国科学文化音像出版社 2016

年版。

[50] 梅伊鲍姆:《全球制造大变局——互联网+时代的造物革命》,李一舟译,电子工业出版社 2016 年版。

[51] [美] 马克·哈奇:《创客运动:互联网+与工业4.0时代的创新法则》,杨宁译,机械工业出版社 2015 年版。

[52] [美] 马克·格雷厄姆:《另一个地球:互联网+社会》,胡泳译,电子工业出版社 2015 年版。

[53] 马化腾:《互联网+国家战略行动路线图》,中信出版社 2015 年版。

[54] 马化腾:《互联网+李克强总理国家级战略解读》,中信出版社 2015 年版。

[55] 綦成元:《大融合大变革——〈国务院关于积极推进互联网+行动的指导意见〉解读》,中共中央党校出版社 2015 年版。

[56] 任仲文:《互联网+领导干部读本》,人民日报出版社 2016 年版。

[57] 《国务院关于积极推进互联网+行动的指导意见》,人民出版社 2015 年版。

[58] 邵明宇:《网红经济:互联网用户主权时代新力量》,北京时代华文书局 2016 年版。

[59] [美] 桑德森:《众创时代互联网+、物联网时代企业创新完整解决方案》,吴霁虹译,中信出版社 2015 年版。

[60] 邵明:《互联网+创业》,化学工业出版社 2016 年版。

[61] 唐钧:《中国城乡最低生活保障制度发展的现状与前瞻》,社会科学文献出版社 2005 年版。

[62] 腾讯研究院:《互联网+时代的立法与公共政策》,法律出版社 2016 年版。

[63] 汤珂:《"互联网+"的经济学》,清华大学出版社 2016 年版。

[64] 陶红亮:《"互联网+"网络营销推广实战宝典》,中国华侨出版社 2016 年版。

[65] 腾讯科技频道:《十大行业互联网+转型红利》,机械工业出版

社 2015 年版。

[66] 文丹枫：《互联网＋医疗——移动互联网时代的医疗健康革命》，中国经济出版社 2015 年版。

[67] 吴忠民：《社会公正论》，山东人民出版社 2004 年版。

[68] 王明哲：《互联网＋工会》，中国言实出版社 2016 年版。

[69] 王为：《互联网＋新常态　酣客社群经济方法论》，北京东方影音公司 2015 年版。

[70] 王瑾：《互联网＋公益——玩转公益新媒体》，电子工业出版社 2016 年版。

[71] 王涛：《大变局——互联网＋出新未来》，中央编译出版社 2016 年版。

[72] 王吉斌：《码上转型——传统企业互联网＋实战》，机械工业出版社 2016 年版。

[73] 魏洪伟：《互联网＋移动学习理论与实践》，哈尔滨工业大学出版社 2016 年版。

[74] 王先庆：《互联网＋物流》，人民邮电出版社 2015 年版。

[75] 王俞：《互联网＋》，中华工商联合出版社 2015 年版。

[76] 魏延安：《农村电商：互联网＋三农案例与模式》，电子工业出版社 2015 年版。

[77] 王磊：《无边界——互联网＋教育》，中信出版社 2015 年版。

[78] [美] 威廉·艾格斯：《互联网＋方法革命》，张万洪译，中信出版社 2015 年版。

[79] 万荣：《互联网＋智能制造》，科学出版社 2016 年版。

[80] 王春燕：《三天读懂互联网＋》，中国法制出版社 2015 年版。

[81] 薛薇：《SPSS 统计分析方法及应用》，电子工业出版社 2005 年版。

[82] 向坤：《谁主沉浮：移动互联网＋新浪潮》，电子工业出版社 2015 年版。

[83] 信息社会 50 人论坛：《未来已来——互联网＋的重构与创新》，上海远东出版社 2016 年版。

[84] 徐英：《一本书读懂互联网+金融》，电子工业出版社 2015 年版。

[85] 新浪科技：《互联网+时代的 7 个引爆点》，中国铁道出版社 2015 年版。

[86] 肖壹：《互联网+从互联网金融到个人投资理财》，中国华侨出版社 2016 年版。

[87] 薛金福：《互联网+大融合与大变革》，中国经济出版社 2015 年版。

[88] 袁海涛：《社群众筹传统众筹模式的升级与重构》，机械工业出版社 2016 年版。

[89] 杨勇：《中国式众筹 互联网革命的下半场》，中信出版社 2015 年版。

[90] 杨道玲：《政府网站绩效评估——提升互联网+时代的政务服务效能》，社会科学文献出版社 2016 年版。

[91] 袁毅：《中国众筹行业发展报告》，上海人民出版社 2016 年版。

[92] 严行方：《互联网+创业必读》，中国纺织出版社 2016 年版。

[93] 严行方：《互联网+融资必读》，中国纺织出版社 2016 年版。

[94] 于扬：《互联网+企业行动指南》，机械工业出版社 2015 年版。

[95] 杨现民：《互联网+教育中国基础教育大数据》，电子工业出版社 2016 年版。

[96] 闫岩：《互联网+整合与跨界》，台海出版社 2016 年版。

[97] 杨剑飞：《互联网+教育新学习革命》，知识产权出版社 2016 年版。

[98] 姚乐：《互联网+时代的转型与变革》，电子工业出版社 2016 年版。

[99] 叶峰：《互联网+顶层设计》，经济管理出版社 2015 年版。

[100] 杨龙：《裂变式转型：互联网+转型纲领》，机械工业出版社 2015 年版。

[101] 竹立家：《重塑政府——互联网+政务服务行动路线图》，中信出版社 2016 年版。

[102] 仲昭川：《互联网哲学——互联网+时代的人类智慧》，电子工业出版社 2015 年版。

[103] 钟仁耀：《社会救助与社会福利》，上海财经大学出版社 2005 年版。

[104] 周文文：《伦理理性自由——阿玛蒂亚·森的发展理论》，学林出版社 2006 年版。

[105] 张毅：《互联网+颠覆还是被颠覆》，中山大学出版社 2015 年版。

[106] 赵占波《互联网+保险营销》，首都经济贸易大学出版社 2015 年版。

[107] 赵占波：《互联网+新经济》，首都经济贸易大学出版社 2016 年版。

[108] 张启峰：《转型：互联网+时代的企业突破之路》，世界知识出版社 2016 年版。

[109] 中国互联网+发展研究报告研究组：《中国互联网+发展研究报告》，科学出版社 2015 年版。

[110] 张万洪：《互联网+方法革命》，中信出版社 2015 年版。

[111] 张伟：《互联网+普惠金融：理论与实践》，电子工业出版社 2016 年版。

[112] 朱娜：《掘金互联网+》，石油工业出版社 2016 年版。

[113] 周运煌：《互联网+落地下的新商业模式》，中国言实出版社 2015 年版。

[114] 致远协同研究院：《互联网+工作的革命》，机械工业出版社 2015 年版。

[115] 艾有福：《突发性自然灾害救助的伦理思考》，《湖南师范大学学报》（社会科学版）2013 年第 3 期。

[116] 鲍宗豪：《重视大数据时代的社会治理创新》，《红旗文稿》2014 年第 11 期。

[117] 陈敏：《北斗导航技术在山地休闲旅游应急救援管理中的应用研究》，《四川林业科技》2016 年第 2 期。

[118] 初建宇：《构建工程建设综合防灾标准体系的探讨》，《自然灾害学报》2009年第3期。

[119] 陈自满：《"互联网+"背景下社会救助的渐变》，《河北经贸大学学报》（综合版）2016年第2期。

[120] 陈雁：《谁能享受最低生活保障：城市最低生活保障制度的建立和推进》，《世界经济》2004年第8期。

[121] 陈明文：《分级负责与合理负担——我国农村最低生活保障资金筹措方式浅析》，《湖南行政学院学报》（社会科学版）2007年第1期。

[122] 财政部财政科学研究所：《农村最低生活保障制度研究课题组》，《经济研究参考》2007年第15期。

[123] 邓大松：《我国农村最低生活保障制度存在的问题及其探讨》，《山东经济》2008年第1期。

[124] 范一大：《防灾减灾从"+互联网"到"互联网+"》，《中国减灾》2016年第3期。

[125] 高庆华：《中国自然灾害的分布与分区减灾对策》，《地学前缘》2013年第10期。

[126] 郭捷：《我国民间救助的法律困境与解决对策》，《西南政法大学学报》（社会科学版）2014年第8期。

[127] 高惠军：《新媒体推动公共服务供给转向合作治理模式》，《华南师范大学学报》（社会科学版）2015年第3期。

[128] 顾东辉：《小康社会的最低生活保障线》，《华东理工大学学报》（社会科学版）2003年第2期。

[129] 高文敏：《借鉴国外社会救助的经验完善我国城镇居民最低生活保障》，《理论探讨》2004年第6期。

[130] 黄晨熹：《社会救助的概念、类型和体制：不同视角的比较》，《华东师范大学学报》（哲学社会科学版）2005年第3期。

[131] 洪大用：《如何规范城市居民最低生活保障标准的测算》，《学海》2003年第2期。

[132] 洪大用：《进一步完善中国社会救助体系的若干问题》，《社会

保障制度》2004 年第 20 期。

[133] 洪大用:《当道义变成制度之后——试论城市最低生活保障制度实践的延伸效果及其演进方向》,《经济社会体制比较》2005 年第 3 期。

[134] 洪大用:《完善社会救助,构建和谐社会——2005 年社会救助实践与研究的新进展》,《东岳论丛》2006 年第 3 期。

[135] 黄锦仪:《特重大自然灾害救助转化为网络公共事件的成因分析和对策建议——以余姚"菲特"台风灾害救助为切入点》,《四川行政学院学报》2014 年第 2 期。

[136] 刘三超:《物联网技术在灾害应急救助中的应用》,《中国减灾》2011 年第 9 期。

[137] 廖永丰:《自然灾害救助评估理论方法研究与展望》,《灾害学》2013 年第 7 期。

[138] 刘少云:《标准体系表性能和标准化原理概述》,《中国标准化》2000 年第 9 期。

[139] 林闽钢:《我国社会服务管理体制和机制研究》,《华中师范大学学报》(社会科学版)2013 年第 3 期。

[140] 吕欣:《大数据与自然灾害:基于手机的人类行为规律挖掘与行为预测》,豆丁网,http://www.docin.com/p-768852667.html,2013 年 12 月 7 日。

[141] 吕学静:《完善农村居民最低生活保障制度的思考》,《经济与管理研究》2008 年第 1 期。

[142] 刘娟:《我国农村扶贫开发的回顾、成效与创新》,《探索》2009 年第 4 期。

[143] 马强:《我国推行农村最低生活保障制度的障碍与对策》,《农村经济与科技》2005 年第 11 期。

[144] 邵志国:《"互联网+"助力社区防灾减灾能力提升》,《中国减灾》2016 年第 3 期。

[145] 宋轩:《大数据下的灾害行为分析和城市应急管理》,《中国计算机学会通讯》2013 年第 8 期。

[146] 施锦芳:《国际社会的贫困理论与减贫战略研究》,《财经问题研究》2010 年第 3 期。

[147] 陶亮:《从世界互联网大会看互联网 + 减灾救灾》,《中国减灾》2016 年第 3 期。

[148] 唐钧:《当前我国社会救助的现状与前瞻》,《党政研究》2014 年第 11 期。

[149] 童星:《影响农村社会保障制度的非经济因素分析》,《南京大学学报》2002 年第 5 期。

[150] 王晗:《辽宁省自然灾害财政补偿的问题与对策》,《东北财经大学学报》(社会科学版) 2014 年第 1 期。

[151] 王少辉:《论我国新型弱势群体电子化公共服务供给机制的构建》,《电子政务》2015 年第 6 期。

[152] 王国华:《论"互联网+"下的社会治理转型》,《人民论坛》2015 年第 10 期。

[153] 王瑾瑜:《论农村最低生活保障制度的缺陷与完善——仅以沈阳市××区为例》,《劳动保障世界》2010 年第 11 期。

[154] 王志凌:《对我国农村居民最低生活保障制度中退出机制问题的探索和思考》,《科技信息》(学术研究) 2007 年第 30 期。

[155] 谢俊祥:《智能可穿戴设备及其应用》,《中国医疗器械信息》2015 年第 3 期。

[156] 谢东梅:《农村最低生活保障的制度特征与筹资机制》,《未来与发展》2009 年第 3 期。

[157] 肖云:《论农村最低生活保障对象的目标定位》,《许昌学院学报》2009 年第 1 期。

[158] 肖云:《农村最低生活保障制度筹资研究》,《合作经济与科技》2009 年第 4 期。

[159] 许世建:《为农业经济加保险——对构建江西农村最低生活保障制度的探讨》,《江西农业大学学报》(社会科学版) 2006 年第 3 期。

[160] 杨思全:《信息化能力不足是我国灾害救助能力提升的重要瓶

颈》,《中国减灾》2015 年第 11 期。

[161] 杨立雄:《欧盟社会救助政策的演变及对我国的启示》,《湖南师范大学社会科学学报》2005 年第 2 期。

[162] 曾云燕:《辽宁农村最低生活保障制度研究报告》,《前沿》2009 年第 1 期。

[163] 张宝军:《自然灾害救助服务标准体系初探》,《灾害学》2013 年第 4 期。

[164] 赵复元:《建立农村最低生活制度的综述》,《经济研究参考》2005 年第 5 期。

[165] 张时飞:《辽宁、河北两省农村最低生活保障制度研究报告》,《东岳论丛》2007 年第 7 期。

[166] Barrientos, A. and Santibanez, C., "New Forms of Social Assistance and the Evolution of Social Protection in Latin America", *Journal of Latin America Studies*, No. 1, 2009, p. 41.

[167] Midgley, "The United States: Social Security Policy Innovations and Economic Development", *The Economy and Development*, No. 8, 2009, p. 55.

[168] Peter, Aleoek, *Understanding Poverty*, London: Macmillan Publishing Company, 1993.

[169] Ridge, T. and Wright, S., "Understanding Inequality, Poverty and Wealth", *Policies and Prospects*, No. 9, 2008, p. 15.

[170] Satya Paul, "A model of Constructing the Poverty Line", *Journal of Development Economies*, No. 1, 1989, p. 12.